Jürgen Gottschlich · Dilek Zaptçıoğlu

Das Kreuz mit den Werten

Über deutsche und
türkische Leitkulturen

edition Körber-STIFTUNG

Alle Fotos: Metin Yılmaz, Berlin

Bibliografische Information Der Deutschen Bibliothek

Die Deutsche Bibliothek verzeichnet diese Publikation
in der Deutschen Nationalbibliografie;
detaillierte bibliografische Daten sind im Internet über
http://dnb.ddb.de abrufbar

© edition Körber-Stiftung, Hamburg 2005
Lektorat: Alexandra Senfft
Umschlag: Groothuis, Lohfert, Consorten (glcons.de)
Herstellung: Das Herstellungsbüro, Hamburg
Druck und Bindung: Clausen & Bosse, Leck
Printed in Germany
ISBN 3-89684-059-2

www.edition-koerber-stiftung.de

Jürgen Gottschlich · Dilek Zaptçıoğlu
Das Kreuz mit den Werten

Inhalt

Werte im Wandel

Wertewandel in der Türkei

Wertewandel in Deutschland

Werte in der EU

Werte im Alltag

Heimatträume ausgeträumt

Vom Rhonetal an den Bosporus

Minarett versus Glockenturm

Frauenpower auf Türkisch

Mercedes Türk

Die Istanbuler Europa-Schule

Zivilgesellschaft – Bürgerinitiativen

Wie eine Gruppe Engagierter ein gigantisches Bauvorhaben stoppt

Deutsch-türkischer Dialog auf dem Prüfstand

Wertediskussionen

Ein deutscher und ein türkischer Blick

Prologe

Verständigung über Trennendes
Die Herausforderungen des deutsch-türkischen Dialogs

Eine junge Frau sitzt auf einer sommerlichen Wiese, mit dem Rücken zum Betrachter. Sie trägt ein kirschrotes, eng anliegendes Oberteil, ein weißes Kopftuch bedeckt ihren Hals und ihr Haar. Sie blickt auf eine andere junge Frau, die in der Entfernung im Bikini ein Sonnenbad nimmt: ein Bild, das unzählige Geschichten in sich birgt und unzählige Perspektiven anbietet – türkische Interpretationen, deutsche Meinungen. Am Ende einer langwierigen Bildrecherche und nach vielen Diskussionen mit dem Verlag, wie sich ein Buch über Werte in Deutschland und der Türkei im Titelbild präsentieren sollte, scheint sich zunächst der Titel zu bestätigen: Es ist ein Kreuz mit den Werten.

Ich bemerke, dass wir das Kopftuch-Klischee für die Darstellung einer türkischen Frau bemühen, um die deutsch-türkische Wertedebatte zu illustrieren. Meine Verlagskollegen argumentieren, ein Cover dürfe auch mit einem Klischee spielen, um zu provozieren und Aufmerksamkeit zu erregen. Ich weise darauf hin, dass die junge Frau einen »türban« trägt und durch die spezielle Tragweise des Kopftuches einen politischen Islam proklamiert, den ich ungern auf dem Cover abgebildet sähe. Meine Kollegen sehen das weniger differenziert, weil sie – wie die Mehrheit der deutschen Leser – kaum mit diesem feinen, aber wichtigen Unterschied vertraut sind.

Es ist schwer, über Werte zu diskutieren, geschweige denn sie abzubilden. Denn die Darstellung, ja, bereits die Beschreibung von Werten emotionalisiert wie kaum ein anderes Thema. Das ist auch im vorliegenden Buch immer wieder zu spüren. Wie ein roter Faden zieht sich diese Emotionalisierung von der ersten bis zur letzten Seite subtil durch. Weder das deutsch-türkische Autorenpaar war davor gefeit, noch ist es der Leser, und zwar schon gleich, wenn er den einführenden Text »Gefühlte Werte« liest. Sobald Werte in einem deutsch-türkischen Kontext diskutiert werden, finden fast zwangsweise vermeintlich nationale Zuschreibungen statt: Ein sensibler Deutscher ereifert sich über das türkische Vorurteil, Deutsche seien gefühlsarm. Ein ehrenwerter Türke fühlt sich angegriffen, wenn der türkische Nationalstolz mit Chauvinismus gleichgesetzt wird. Je mehr wir uns mit bestimmten Werten identifizieren oder sie ablehnen, desto emotionaler reagieren wir.

Werte sind privat, sagt die türkische Autorin dieses Buches. Sie sind die Richtlinien im Leben eines jeden Menschen. Wenn auch privat, sind Werte gleichwohl ebenso öffentlich. Denn jede Gesellschaft sozialisiert ihre Mitglieder und prägt sie mit ihren vorherrschenden Werten. Werte bewegen die Öffentlichkeit: »Die haben ganz andere, mit den unseren unvereinbare Werte«, hallte es durch die Straßen der europäischen Hauptstädte, als Passanten in einer Umfrage nach ihrer Meinung zum EU-Beitritt der Türkei befragt wurden. Auch in Deutschland war das immer wieder zu hören. Keinem, der sich dazu äußerte, war jedoch die Frage gestellt worden, was er in diesem Zusammenhang unter »Werten« verstehe. Vermutlich wäre es nur wenigen Befragten gelungen, auf diese Frage konkret zu antworten.

Über welche Werte sprechen wir also? Wer entscheidet darüber, welche Werte eine Gesellschaft vertritt? Werte sind schwer zu beschreiben und zu definieren, sie sind der meist unsichtbare Kitt, der eine Gesellschaft zusammenhält. Sichtbar werden sie in der Regel erst, wenn sie in Konflikt mit anderen Werten geraten. Wertediskussionen sind demnach trennende Diskussionen – zu diesem Ergebnis kommt auch der deutsche Autor des vorliegenden Buches. Sie sind trennend, weil sie Unterschiede verdeutlichen und zu einer (Ab-)Wertung der Werte führen können.

Die Teilnehmer des 11. deutsch-türkischen Symposiums der Körber-Stiftung stellten sich dieser Herausforderung und diskutierten das Thema »Europas Werte: Der christliche, muslimische, säkulare Beitrag«. Jährlich finden auf dem Petersberg deutsch-türkische Symposien statt, auf denen sich auf Einladung der Körber-Stiftung aus beiden Ländern Persönlichkeiten aus Politik, Wirtschaft, Wissenschaft, Kultur und den Medien einfinden, um unter Ausschluss der Öffentlichkeit grundlegende Themen der deutsch-türkischen Beziehungen zu erörtern. Das Thema Werte lieferte viel Stoff für konfliktreiche Gespräche. Auch die Autoren dieses Buches haben an diesem Symposium teilgenommen und ihre persönlichen, widersprüchlichen Eindrücke hier geschildert.

Seit 13 Jahren engagiert sich die Körber-Stiftung mit Symposien, Förderprogrammen, Wettbewerben und Publikationen für den deutsch-türkischen Dialog. Regelmäßig führen wir genau die Art von Diskussionen, die sich auch in diesem Buch widerspiegeln und die entstehen, wenn unterschiedliche deutsche und türkische Sozialisationen, Prägungen und Wertvorstellungen aufeinander prallen. Werte sind nicht statisch. Doch auch wenn sie sich verändern, werden unterschiedliche Vorstellungen und Wahrnehmungen immer bestehen bleiben: Wir sehen unsere Aufgabe darin, auf Möglichkeiten zur Verständigung und Akzeptanz hinzuweisen, die trotz dieser Unterschiede einen Dialog in Gang bringen. Eine Auseinandersetzung mit dem jeweils Anderen, dem Fremden, auf gleicher Augenhöhe und mit der Fähigkeit zur Selbstkritik ist die Voraussetzung für diesen Dialog.

Unseren stiftungsinternen deutsch-türkischen Wertekonflikt in Sachen Buchcover haben wir übrigens auch auf diesem Wege beigelegt. Wir haben uns auf das Motiv mit den beiden jungen Frauen geeinigt. Auf dem Titelfoto, das wir gewählt haben, ist das Kopftuch aber auf traditionelle, unverfängliche Art und Weise gebunden. Über Verbindendes kann man sich offensichtlich erst bewusst werden, wenn man sich über Trennendes verständigt hat.

Oya S. Abalı ist Projektleiterin des Deutsch-Türkischen Dialogs der Körber-Stiftung.
Informationen zum Deutsch-Türkischen Dialog finden Sie unter www.deutsch-tuerkischer-dialog.de.

Das Kreuz mit den Werten

Die Terroranschläge vom 11. September 2001 haben in den USA, aber auch in Deutschland ein neues Nachdenken über die Werte westlicher Gesellschaften ausgelöst. Worin besteht der Kernbestand westlicher Werte, was ist die Wertebasis der Europäischen Union und inwieweit unterscheidet sich diese von den Werten anderer, speziell der islamischen Gesellschaften? Mit ihrem Wunsch, Mitglied der EU zu werden, rückte plötzlich die Türkei in den Fokus dieser Diskussion. Ist dieses große Land mit seiner überwiegend muslimischen Bevölkerung kompatibel mit den Werten der Europäischen Gemeinschaft, die doch aus christlichen Gesellschaften besteht?

Als zwei Journalisten, türkischer und deutscher Herkunft, haben wir von Istanbul aus diese Debatte über Jahre hautnah miterlebt und mitgeführt. Dabei wurde uns immer wieder klar, dass die Wertediskussion oft von falschen Voraussetzungen ausgeht oder nur mit dem Ziel geführt wird, Ausschließungsgründe für die Türkei zu finden. Gleichzeitig hat sich in unserer Zusammenarbeit aber auch gezeigt, dass es natürlich unterschiedliche Erfahrungen und unterschiedliche Sichtweisen zwischen Menschen mit türkischer oder deutscher Sozialisation gibt. Sind deutsche und türkische Werte also doch grundverschieden?

Wir haben in dem vorliegenden Buch versucht, dieser Frage auf den verschiedensten Ebenen nachzugehen. So spielt zum Beispiel in der Türkei in der Debatte um einen möglichen EU-Beitritt die Frage nach unterschiedlichen Werten keine tragende Rolle; die EU ist aus türkischer Perspektive vor allem eine Interessengemeinschaft. Sie funktioniert und gewinnt ihre Attraktivität dadurch, dass alle von ihr profitieren. Die Voraussetzung dafür ist sicher, dass die ökonomischen und politischen Systeme in den beteiligten Ländern einen großen Grad an Konvergenz aufweisen, ohne die eine Abgabe von nationaler Souveränität an eine gemeinsame Instanz nicht funktionieren kann. Diktaturen würden beispielsweise keine Macht an Brüssel abgeben, und die enge wirtschaftliche Zusammenarbeit wäre sicher nicht möglich, wenn nicht alle Beteiligten ein marktwirtschaftliches System mit mehr oder weniger sozialer Absicherung pflegten.

Wenn also mit EU-kompatiblen Werten gemeint ist, dass totalitäre Systeme keinen Platz innerhalb der EU haben, wird im Grunde von einer Selbstverständlichkeit gesprochen. Wenn mit »gemeinsamen Werten« gemeint ist, alle EU-Bürger müssten einen mehr oder weniger einheitlichen Lebensstil pflegen, landet man unweigerlich in einer unproduktiven Sackgasse. Nicht zuletzt deshalb hat sich jahrzehntelang die Wertedebatte innerhalb der EU in eher pittoresken Themen wie dem Stierkampf in Spanien oder den Öffnungszeiten britischer Pubs erschöpft.

Deshalb wurde eine mögliche EU-Mitgliedschaft der Türkei zunächst auch vor allem aus praktischen Gründen infrage gestellt. Kann die EU ein so großes und armes Land verkraften, inwieweit sind die demokratischen Strukturen des Landes gefestigt genug, um eine vertrauensvolle Zusammenarbeit im europäischen Konzert zu ermöglichen?

Mit den Terroranschlägen in den USA am 11. September 2001 nahm die Debatte eine schlagartige Wende: Plötzlich geht es vorrangig darum, ob »unsere Kultur«, »unsere Werte« mit denen der türkischen Bevölkerung kompatibel sind.

Diese Diskussion ist gefährlich. »Jede Kultur«, so der Soziologe Karl Otto Hondrich, gleichgültig ob auf Neuguinea, in den USA, in Deutschland oder der Türkei, »neigt dazu, ihre

Werte, ihre Kultur für die besten zu halten.« Wer über Werte diskutiert, lässt sich leicht dazu verleiten, dem Anderen die eigenen Werte oktroyieren zu wollen, weil sie natürlich die besseren seien. Spricht man erst einmal über Werte, redet man fast zwangsläufig über Trennendes und nicht über Gemeinsamkeiten.

Die Gefahr der Hierarchisierung verschärft sich noch, wenn die Debatte wie zwischen der EU und der Türkei in einer Situation struktureller Ungleichheit stattfindet.»Ihr wollt unserem Club beitreten, also müsst ihr unsere Werte akzeptieren und nicht umgekehrt«, wird den Türken allenthalben entgegengehalten.

Deshalb noch einmal die Frage: Um welche Werte geht es eigentlich? In der Debatte werden Werte hauptsächlich von denjenigen formuliert, die damit Ausschlussargumente konstruieren wollen. Sie zitieren die jüdisch-christlichen, abendländischen Kulturen, auf denen »unsere Werte« basieren, die Aufklärung, die das europäische Denken rationalisiert hat, und die Gewaltenteilung, als Ergebnis des jahrhundertelangen Kampfes der weltlichen gegen die religiöse Gewalt. Demgegenüber stehen der Islam und der orientalische Despotismus, gewissermaßen als die kulturelle Wertebasis der Türkei. Wer die Debatte so bipolar führt, hat nur ein Ziel: die Unvereinbarkeit von Werten zu demonstrieren und damit zu zeigen, dass die Türkei niemals Mitglied der EU werden wird.

Werte sind nicht statisch. Eines der wichtigsten Ergebnisse des vorliegenden Buches ist, dass gesellschaftliche Werte einem viel stärkeren Wandel unterliegen, als man sich gemeinhin klar macht. Wer erinnert sich beispielsweise noch daran, dass bis Ende der 1960er Jahre Ehebruch in Deutschland noch unter Strafe stand? Als im letzten Jahr in der Türkei über die Wiedereinführung einer Bestrafung des Ehebruchs diskutiert wurde, schien dies in Deutschland wie ein Rückfall ins Mittelalter – dabei wurde das gleiche Gesetz erst von der sozial-liberalen Koalition unter Willy Brandt geändert.

In einem Beitrag über den Wertewandel in Deutschland befassen wir uns deshalb mit dem rasanten Wandel, den die Bundesrepublik von der Adenauer-Ära bis heute durchgemacht hat. Kann es einen ähnlich schnellen Wandel gesellschaftlicher Wertvorstellungen in der Türkei geben? Wertewandel, das wird in der Zusammenstellung verschiedener empirischer Untersuchungen deutlich, setzt voraus, dass die Menschen nicht mehr um ihre schiere Existenz, um ihr Überleben kämpfen müssen. In der Türkei hat die Auseinandersetzung mit westlichen Werten bereits im 19. Jahrhundert begonnen. Die Werte, an denen die Menschen sich orientieren, reflektieren aber bis heute, dass nach wie vor noch ein großer Teil der Bevölkerung um sein tägliches Brot kämpfen muss.

Wir haben versucht, aufzuzeigen, wie die »Wertefalle« in Vorurteilen und Sprüchen über den jeweils anderen funktioniert, und in welcher konkreten ökonomischen und historischen Situation sich welche (Wert-)Haltungen ausprägen. Im konkreten Alltag spielen Werte kaum eine Rolle. Das hat damit zu tun, dass in Familien und Beziehungen Menschen zusammenleben, die in der Regel ähnliche Einstellungen haben. Wenn zwischen zwei Menschen aus verschiedenen Nationen Wertediskussionen stattfinden, sind es zumeist ideologische Auseinandersetzungen mit dem Ziel, den anderen herabzusetzen. Kurz, sie sind Gift, dem man am besten mit konkreten Problemlösungen begegnet.

Wir haben uns deshalb angesehen, wie sich unterschiedliche Werte in der deutschen und türkischen Gesellschaft auswirken können und wie die Diskussion über Werte auch den Blick auf konkrete Probleme und deren mögliche Lösung verstellt. In den Reportagen und Porträts spiegelt sich dennoch ein türkischer oder ein deutscher Blick, je nachdem ob sich die türkische Autorin oder der deutsche Autor des Themas angenommen hat.

Die türkische Familie in Kreuzberg hat der deutsche Autor interviewt, das Porträt der Schweizerin in Istanbul stammt aus der türkischen Feder. Die Geschichten über Kirchenbauten in der Türkei und über Moscheen in Deutschland, über Mercedes-Benz in der Türkei, über eine deutsch-türkische Schule in Istanbul und die türkischen Bürgerinitiativen sind aus deutscher Sicht geschrieben. Mit den Schwierigkeiten und Erfolgen von Frauen in der Türkei hat sich die türkische Autorin beschäftigt. Unsere subjektive Wahl der Themen kann gar nicht den Anspruch haben, den gesamten Themenkomplex der Wertediskussion abzudecken. Wir haben die Themen für die Reportagen und Porträts aber nach Situationen ausgewählt, wo Werte aufeinander prallen.

Der letzte Teil des Buches ist dem Wertedialog gewidmet. Eine Tagung in Deutschland, porträtiert von deutscher Seite, nimmt die türkische Autorin zum Anlass, darzustellen, warum dieser Dialog kein Gespräch von Gleich zu Gleich ist. Das Fazit der Wertedebatte in der EU und in Deutschland ist für die Autorin und den Autor eindeutig: Diese Debatte hat mit der Türkei in Wahrheit relativ wenig zu tun. Die Wertedebatte ist vielmehr eine Selbstverständnisdebatte Europas. Vom Ausgang dieser Debatte wird es abhängen, ob die »türkischen Werte« mit den »europäischen Werten« als kompatibel anerkannt werden oder nicht.

Jürgen Gottschlich

Über Werte lässt sich streiten

In der Türkei tobt ein Kulturkampf. Unsere Werte, sagen islamische Fundamentalisten, sind mit den Werten des Westens nicht zu vereinbaren. Im Westen sind die Menschen viel zu freizügig, die Frauen leben gänzlich anders, ihre Männer auch. Sie erziehen ihre Kinder in einem anderen Geiste. Ihre Art, Geschäfte zu machen, zu wohnen, zu leben – das ist alles anders und mit unseren Werten inkompatibel. Wir wollen nicht so werden wie sie, wir wollen nicht ein Teil Europas werden.

Kritische und aufgeklärte Stimmen warnen vor der Schwarz-Weiß-Malerei dieser »Mollahs«. Man müsse den Westen nicht in allen Aspekten nachahmen – eine Diskussion, die in der Türkei schon zwei Jahrhunderte währt. Alles über einen Kamm zu scheren, das Gute zu vernachlässigen und auf extreme Beispiele hinzuweisen, sei ein Ausdruck des Fanatismus. Den »Westler« gebe es so pauschal nicht. Man könne viel voneinander lernen. Bitte keine Verallgemeinerungen!

Leider ist die westliche »Kritik« am Islam und an allem, was darunter verstanden wird, zum Spiegelbild der Geisteshaltung der Fanatiker im Osten geworden. Auch wenn es um den Beitritt der Türkei zur Europäischen Union geht, sind die Gemüter äußerst erhitzt. Der Kulturkampf tobt diesmal jedoch nur zum Schein zwischen den Befürwortern eines türkischen Beitritts und seinen Gegnern. Denn beiden Seiten ist gemeinsam, dass sie die aktuellen »türkischen Werte« für unvereinbar mit den europäischen halten. Der Unterschied zwischen so genannten Türkei-Freunden und Türkei-Gegnern im Westen liegt, wenn nicht zwischen einer schlauen und einer etwas plumpen »Orientpolitik«, darin, dass die einen an die Wandelbarkeit der so genannten schlechten türkischen Werte glauben und die anderen nicht. In jedem Fall werden die »europäischen«, in unserem Falle die deutschen, und die »türkischen« Werte in eine hierarchische Ordnung gebracht – und mit ihnen natürlich auch deren vermeintliche Träger. So hat aus letzterer Sicht ein Deutscher, ein Franzose, Däne, Österreicher oder Pole die richtigen, modernen, fortschrittlichen Werte, der Türke, Araber, Inder, Pakistani und der Indonesier indes die falschen, mangelhaften, rückständigen.

Auf nichts anderes läuft jene »Wertedebatte« hinaus. Sie verallgemeinert und hierarchisiert. Deshalb wird sie auch von jenen Kräften im Osten und Westen geführt, die aus dieser neuen Hierarchie in ihrem Weltbild Nutzen ziehen: Die islamistischen Fundamentalisten wähnen sich mit der einzig richtigen Ideologie ausgestattet, für die kein Menschenleben zu schade ist. Sie sind gottlob in der Minderzahl. Aber ihre Gegner, die eifrigen Werte-Debattierer im Westen, sind gar nicht so wenige. Sie profitieren von der neuen Weltordnung, in der keine Gleichwertigkeit mehr herrscht, weil die wirtschaftlichen Unterschiede zum Himmel schreien. Deshalb müssen sie auf eine fundamentale Weise »erklärt« werden, etwa damit, dass manche Menschen kulturell und religiös zurückgeblieben sind. Wie das Wort »gleichwertig« impliziert, müsste sonst die Relativität vieler Werte zugegeben werden. Das wollen die Diskutanten »unserer und ihrer Werte« ja gerade vermeiden. Wer siegt, hat Recht. Der Sieg wird durch die angeblich besseren Werte erklärt.

Gibt es denn nun überhaupt keine Unterschiede zwischen »uns« und »ihnen«? Ist alle Kritik umsonst? Natürlich nicht. Weder sind »Ehrenmorde« an Türkinnen, die auf Berliner oder Stockholmer Straßen von Ehemännern oder Brüdern niedergeschossen werden, eine Halluzination, noch sind es die Väter, die ihre Töchter mit fremden Männern unter Zwang verheiraten. Gleichwohl und Gott sei Dank erschöpfen sich »Allahs Töchter« nicht in diesen beiden Frauentypen. Auf den Straßen Berlins, Münchens und Istanbuls spazieren selbstbewusste und schöne Türkinnen, die sich von niemandem in ihr Leben hineinreden lassen wollen.

Aber ist es ein Wert für sich, so unabhängig und »frei« zu sein? An dieser Frage scheiden sich die Geister. Die Türken akzeptieren Einschränkungen ihrer Freiheit, wenn es um das Wohl der Familie, der Verwandtschaft oder der Heimat geht. Sie wollen mehrheitlich auf ihre Familie nicht verzichten, auch wenn sie zugleich ihre Freiheit ausleben möchten. Ein Bruch mit ihren engsten Verwandten wäre für sie ein zu hoher Preis für die Freiheit. Gemeinsinn, Solidarität, kollektives Leben und Vaterlandsliebe sind für die große Mehrheit der Türken die wichtigsten Werte.

Der größte Unterschied zwischen den beiden Kulturen liegt ohne Zweifel in dem Individualismus der einen und dem Gemeinsinn der anderen. Aber gibt es denn nicht auch in Deutschland eine »Wertedebatte«? Hat die deutsche Gesellschaft einen Konsens über die »eigenen Werte« getroffen? Oder ist dieser Prozess nicht naturgemäß unendlich, und weichen die Positionen in einer Gesellschaft von über 80 Millionen Menschen nicht auch voneinander ab?

Während die Texte zu diesem Buch entstanden, hat zwischen den beiden Autoren ein lebhafter Austausch über viele Fragen stattgefunden, die hier nicht alle ausführlich erörtert werden können. Wir sind uns nicht in allen Punkten einig geworden. Einige Beispiele: So schätzt die türkische Autorin die oben genannten Werte inklusive *familia* und *patria* mehr als der deutsche Autor, der beides kritisch sieht. Was er unter »Nationalismus« versteht, ist für sie ein schöner Patriotismus, und was sie mit »Nationalismus« meint, ist eine extreme Erscheinung, die die eigene Nation über alle anderen stellt und sich deshalb auf Kosten der anderen auslebt. Staat und Religion haben für beide ähnlich unterschiedliche Stellenwerte: Während sie deistischen Glaubens ist, verzichtet er auf Gott. Allerdings schlägt sich ihr Glaube nicht in einer öffentlichen Ausübung ihrer Religion nieder, während er Kirchensteuern zahlt, weil er damit sinnvolle Gemeindearbeit unterstützen will, was sie wiederum nicht verstehen kann, denn man kann auch areligiöse, gemeinnützige Organisationen mit seinen Spenden unterstützen. Etwas weniger Staat wäre gut, meint sie; er ist der Meinung, dass Staat eine vernachlässigbare Größe darstellt. Dass dem auch in Deutschland nicht so sei und die Menschen in Sachen Arbeit, Bildung, Gesundheit mehr Staat denn je bräuchten, war einer der Streitpunkte, über den die Autoren sich nicht einigen konnten.

Ist die antiautoritäre Erziehung ein Segen? Die Autorin meint Ja, weil sie die Individualität und Kreativität der Kinder fördert. Aber da diese Erziehung aus den Kindern keine solidarisch handelnden, verantwortlichen Menschen zu machen vermochte, muss sie kritisch beäugt werden. Ist die disziplinierte Erziehung türkischer Schulen verderblich? In gewisser Hinsicht schon, denn sie fördert autoritäre Denkstrukturen. Andererseits aber auch nicht, weil sie gewissenhafte und hilfsbereite Menschen formt. Viele der Texte in diesem Buch sind der Versuch, mit vorherrschenden Klischees und Vorurteilen aufzuräumen. Es gibt türkische Frauen, die von morgens bis abends putzen gehen, um zur Haushaltskasse beizutragen, die Kinder großziehen, die Eltern oder Schwiegereltern pflegen. Und die trotzdem nicht anders leben möchten. Unterdrückte Türkinnen? Danach gefragt, ob sie wie ihre europäischen Geschlechtsgenossinnen leben möchten, schütteln sie den Kopf, weil auch sie kein gutes Image von den anderen haben. Aber während Deutsche, sei es wegen der über zwei Millionen Türken in Deutschland oder während des Urlaubs in der Türkei, die Möglichkeit haben, ihre Vorurteile zu testen, ist es für eine gewöhnliche Türkin äußerst schwer, ins Ausland zu reisen und ihren Erfahrungshorizont zu erweitern.

Die Gewohnheit, alles vom Staat zu erwarten, der gerne die umfassende Kontrolle behält, führte zu einer Trägheit in der türkischen Bevölkerung. Seit den 1980ern jedoch wird eine Bürgerinitiative nach der anderen gegründet. Vor allem in den Großstädten, aber auch auf dem Lande, wehren sich Bürger gegen Missstände. Die Geschichte des Kampfes der Bewohner des Bosporus-Viertels Arnavutköy gegen den Bau einer Brücke ist exemplarisch für die wachsende Eigeninitiative der Türken.

Über Werte lässt sich streiten. Aber niemand möchte pauschal in eine von anderen aufgestellte Rangordnung gezwängt werden. Die viel gerühmte Globalisierung bringt tatsächlich Menschen zusammen, die bisher keinen Kontakt miteinander hatten. Sie eröffnet neue Wege der Kommunikation. Alle Menschen auf dieser Erde, vor allem die jungen, wollen diese Vorteile gleichberechtigt nutzen und gleichwertig leben. Es wäre ein großer Wert für sich, die Solidarität der Menschen in der Welt zu stärken. Wenn nicht politisch ähnlich denkende Türken und Deutsche mit gemeinsamen Interessen diese Solidarität herstellen und über alles, auch ihre »Werte«, miteinander sprechen, wer dann?

Dilek Zaptçıoğlu

Werte schätzen

Gefühlte Werte

von Türken und Deutschen

Das Dilemma der Deutschen ist, dass sie in der Welt allenfalls geachtet, aber nicht geliebt werden. Auf der anderen Seite liebt jeder deutsche Türkeitourist die gastfreundlichen Bewohner der anatolischen Halbinsel – aber achten? Nein, die Türkei gehört wohl zu den Ländern auf der Welt mit dem schlechtesten Image, selbst wenn sie dieses seit Ende der 1990er Jahre dank ihrer EU-Ambitionen immer mehr aufzupolieren versucht.

Achtung, Liebe, Freundschaft – kann es diese im Kollektiv überhaupt geben? »Die Franzosen lieben die Deutschen«: Auch wenn dieser Satz inhaltlich stimmen würde, könnten doch unmöglich Millionen von Menschen, einzeln und verbindlich, einander mögen, genauso wenig sie im millionenfachen Kollektiv miteinander »in Dialog« treten können. Was sagen Türken über Deutsche, wenn sie untereinander sind? Worüber lästern sie? Gibt es überhaupt so etwas wie (Vor-)Urteile der Türken gegenüber Deutschen, die viele teilen, und wenn ja, worauf basieren sie? Welche Werte ordnen Türken sich selbst zu, und was unterscheidet diese am meisten von »den Deutschen«?

Türken über Deutsche

Im Vergleich zu Frankreich, dem Land des Savoir-vivre, ist Deutschland ein Land, in dem man lebt, um zu arbeiten, besagt ein französisches Sprichwort. Nichts anderes denken die Türken: »In Deutschland ist kein Leben« – welcher Türke hat das nicht schon einmal gehört, ja, wahrscheinlich sogar selbst schon vielfach zur Verbreitung dieses Urteils über die freudlosen Deutschen beigetragen? »Die Deutschen sind ein grobes, unfreundliches Volk, das vom richtigen Leben, sprich von Lebensfreude weit entfernt ist«, heißt das Vorurteil in voller Länge, das zugleich das Wirtschaftswunder der Nachkriegszeit erklären will. Diesem begegnet man übrigens mit Hochachtung und einem gewissen Neid.

Die Türken sagen, »der Deutsche« grüßt immer, zu jeder Gelegenheit mit dem passenden Wort: »Guten Morgen«, »Tag« und »Abend« oder »Gute Nacht«. Und ab Mitternacht heißt es dann wieder »Guten Morgen«, selbst wenn es draußen noch stockfinster ist, »Mahlzeit!«, auch wenn man gerade nichts isst, und »Schönen Feierabend«, wenn einem gar nicht nach Feiern zu Mute ist. Das geht dem Deutschen mechanisch über die Lippen, und in Wirklichkeit interessiert es ihn nicht besonders, wie es seinem Nachbarn oder Kollegen geht. Der Gruß ist eine Floskel. Aber es ist und bleibt ein Rätsel für Türken, wie der Deutsche an diesem Lippenbekenntnis festhalten kann. Geht mal einer ohne eine Erwiderung an einem so Grüßenden vorbei, wird der Deutsche sich umsehen, als ob man ihm einen lebenswichtigen Wunsch abgeschlagen hätte.

Die Türken denken: Dieses Land spricht sehr viel über seine »Fremden«, wohl um zu verdrängen, dass es seit Jahrzehnten ein Land ist, in dem zumindest die Bewohner der größeren Städte einander fremd geworden sind und aneinander vorbei leben. In den Augen der Türken sind sich in Deutschland alle Menschen fremd. Jeder geht »seinen eigenen Dingen« nach und hat Angst davor, dabei gestört zu werden. Das Leben besteht daraus, seine eigenen Pläne zu verwirklichen, koste es, was es wolle – das ist der Eindruck, den deutsche Bekannte auf Türken oft hinterlassen. Jeder ist auf sich gestellt und will seine Ruhe haben. Deutsche Sätze beginnen stets mit »Ich«; von dem

Anderen etwas zu erwarten, ist verpönt und gilt als Schwäche. Und Schwäche zahlt sich in Deutschland, wo Leistung in goldenen Lettern geschrieben steht, nicht aus. Man lebt und stirbt hier einsam und wird erst entdeckt, wenn der Leichnam zu stinken beginnt. Das sagen Türken über Deutsche.

Türken finden Deutsche auch geizig. Das verachten und loben sie zugleich. »Zeigst du ihnen eine kostenlose Grabstelle, legen sie sich vorsorglich schon mal hinein«, besagt ein türkischer Spruch über die Deutschen – im Gegensatz zu den Dutzenden von »Türkenwitzen« einer der wenigen »Witze« von Türken über Deutsche. Dabei gehen die meisten der Türken auch sehr sparsam mit dem Geld um, weil sie die Hoffnung haben, sich »in Zukunft zu Hause« einrichten zu können.

Unvereinbar scheinen die Vorstellungen von Kindererziehung und vom Umgang mit jugendlichen und erwachsenen Kindern zu sein. Während die türkische Kindererziehung zumindest in der Mittelschicht für deutsche Begriffe nur aus Verwöhnen und Verhätscheln besteht, empören sich Türken darüber, dass »Deutsche« ihre Babys stundenlang schreien lassen. Dass in Deutschland die Kinder früher, als getrennte Haushalte zu gründen noch nicht so teuer war, mit achtzehn ihr Elternhaus verließen oder ihren Eltern Geld geben mussten, um sich an den Haushaltskosten zu beteiligen, konnten Türken noch nie verstehen – ein Vorurteil, das sich heute noch hartnäckig hält. In der ersten Phase der türkischen Migration nach Deutschland, in den 1970ern, wurde davor gewarnt, deutsche Essenseinladungen anzunehmen, weil die Deutschen dem Gast beim Nachhausegehen angeblich die Zeche in die Hand drücken. Ob das tatsächlich je einer erlebt hat, sei dahingestellt.

Sexualität ist ein anderes Thema, das Vorurteilen den Weg ebnet. Wenn viele Deutsche »den Türken« für einen Macho halten, denken viele Türken, dass »der Deutsche« ein Pantoffelheld ist. In deutschen Familien haben die Frauen das Sagen, denken sie. Dabei bangen sie möglicherweise um ihre eigene häusliche Position im Wandel der Zeit. Außerdem nehmen es »die Deutschen« mit der Treue in der Partnerschaft nicht so genau, lautet das andere Klischee. Als Spiegelbild des garstigen Türken, der seine Frau verprügelt und seine Töchter zwangsverheiratet, steht der hässliche Deutsche. Deutsche gehen angeblich grundsätzlich fremd, was deren Partner nicht tangiert. Schon junge Mädchen hüpfen durch alle Betten. Die härtesten Urteile fällen Türken über das deutsche Privatleben, sicherlich deshalb, weil sie kaum etwas darüber wissen.

»Was kommt für mich dabei heraus?« »Ich muss auch auf meine Kosten kommen.« »Ich zieh' mir diesen Schuh nicht an.« »Das geht mich überhaupt nichts an; ich halte mich da lieber raus.« »Tut mir Leid, du musst selbst damit klarkommen.« »Das ist dein Problem.« »Da musst du durch, da kann dir niemand helfen.« Diese und andere Aussagen gelten als typisch deutsch. Solidarität ist in Deutschland nur ein Lippenbekenntnis, mit der Ausnahme von Spenden zu Weihnachten oder nach Naturkatastrophen, sagen Türken. Apropos Weihnachten. Nur ein einziges Mal im Jahr besucht der Deutsche seine Familie: zu Weihnachten. Die Kirche frequentieren nur noch die wenigsten. Die Festtage vergehen mit Ess- und Trinkgelagen. Deutsche gelten in der Regel als ungläubig, weil sie bekanntlich ein anderes Verhältnis zum Glauben haben. Trotzdem nehmen Türken das Christentum ernst und akzeptieren es als einen Glauben an den wahren und einzigen Gott. Die Dreifaltigkeit kann ein durchschnittlicher Türke schwer verstehen. Auch wenn er das Heilige Buch der Christen als »verfälscht« betrachtet, gilt das Christentum für ihn laut Koran als eine zu achtende Schriftreligion. Das Problem vieler Türken ist es, sich keine Ethik ohne Gottgläubigkeit vorstellen zu können. Weil Sittlichkeit an Glauben geknüpft ist, zweifeln viele am moralischen Verhalten von Menschen, die sich offen zum Atheismus bekennen.

Wie fühlen sich Türken von Deutschen behandelt? Zumindest ungerecht, im schlimmsten Falle schlecht. Die düstersten Vorstellungen von deutscher Türkenfeindlichkeit pflegen ausgerechnet jene Türken, die noch nie in Deutschland waren und die dortigen Verhältnisse nur vom Hörensagen kennen. Demnach mag »der Deutsche« die Türken nicht und scheut sich nicht davor, das auch bei jeder Gelegenheit zu zeigen. Mal pöbelt er ihn in der Straßenbahn an, mal lässt er ihn nicht in die Disko, mal belehrt er ihn auf einem Amt oder hinter der Verkaufstheke, und mal schreibt er die übelsten Geschichten über ihn in der Presse, um ihn zu verleumden. »Der Deutsche« fühlt sich großartig, wenn er auf einen Türken herabsehen kann, beispielsweise als sein Meister im Betrieb.

Früher hatten die Türken in Deutschland zwar auch kein Leben, aber zumindest einen ordentlichen Lebensunterhalt. Heute fehlt beides, denken viele Türken in der Heimat über ihre Landsleute in Deutschland. Dabei werden Legenden gestrickt, Märchen erzählt und Mücken zu Elefanten gemacht. Über zwei Millionen Türken in Deutschland, die ihre Ehepartner vielfach aus der alten Heimat holen, sind mit Abermillionen von Menschen in der Türkei verwandt, verschwägert und befreundet. In der Türkei selbst leben Hunderttausende von Rückkehrern, die etwas über Deutschland und »die Deutschen« zu erzählen haben. Eines wird dabei immer vergessen: Trotz der negativen Erzählungen bleiben viele Türken in Deutschland, weil dieses Land ihnen wirklich eine neue Heimat geworden ist, die sie nicht missen wollen. Da ist zum Beispiel das Vertrauen in das deutsche Sozialsystem. Verglichen mit der Türkei ist Deutschland immer noch ein Sozialstaat. Rente, Arbeitslosengeld, Sozialhilfe – in der Türkei ist das noch Zukunftsmusik. »In Deutschland verhungert niemand«, und: »In Deutschland wirst du gut versorgt.« Das gilt auch für die Krankenversicherung – man muss nicht wie in der Türkei davor Angst haben, dass der Krankenwagen erst kommt, wenn alles schon vorbei ist. Die deutschen Autobahnen, der Bahnverkehr, das gute öffentliche Verkehrsnetz, die ganze Ordnung und Korrektheit werden gelobt. Jeder erledigt seine Arbeit gründlich und gewissenhaft. Man kann sogar sein Recht einklagen und gewinnen!

Viele Türken denken heutzutage, dass Deutschland nicht mehr das Land ist, das es einmal war. Ihre Vorurteile hegen sie, weil sie seit Jahrzehnten zu wenig privaten Kontakt zu Deutschen haben. Tatsächlich stoßen mit Türken und Deutschen zwei sehr unterschiedliche Kulturen und Mentalitäten aufeinander. Diese sind im Wandel begriffen. Trotzdem glauben viele Türken, sich vom Leben der Deutschen abkapseln zu müssen, »um nicht so zu werden wie sie«. Das zeugt von einer großen Entfremdung, was die gefühlten Werte der Deutschen angeht.

Deutsche über Türken

Viele Deutsche wollen hingegen nichts mit Türken zu tun haben, weil sie diese für rückständig, autoritär, anders und mit der eigenen Kultur unvereinbar halten. Türken, das sind doch diejenigen, bei denen der Macho-Mann vorneweg schreitet und die kopftuchverhüllte Frau drei Schritte hinterdrein tapert. Das sind diejenigen, die ihren Müll vor die Tür werfen und sich in ihren Vierteln abkapseln, um dort ihre kleine Türkei einzurichten. Die leben doch in Parallelgesellschaften.

Die meisten Deutschen kennen zwar keinen Türken persönlich – außer vielleicht einen Arbeitskollegen, aber der ist dann eben doch ganz anders als die anderen. Er ist nett, aber von den deutschen Kollegen war trotzdem noch keiner bei ihm zu Hause. Man hört und liest ja auch immer so merkwürdige Sachen. Türkische Frauen dürfen nicht aus dem Haus und sprechen deshalb auch Jahrzehnte nach ihrer Ankunft in Deutschland noch kaum ein Wort in der Sprache des Landes, in dem sie doch angeblich leben. Versucht eine junge Frau aus der von der Familie verordneten Isolation auszubrechen, muss sie mit dem Schlimmsten rechnen. Selbst vor Mord schrecken ihre Brüder nicht zurück, das liest man ja jetzt häufig in der Zeitung.

Selbst erlebt hat man dagegen schon mal, wie unmöglich sich die türkischen Jungmänner aufführen. Endlos sind die Klagen über unverschämtes und bisweilen gewalttätiges Auftreten der verzogenen Jungmachos in U-Bahn, Bus und Straßenbahn. Noch schlimmer wird es, wenn sie selbst erst einmal in ihrem hochfrisierten BMW sitzen. Jedes Auto verwandelt sich in eine tödliche Waffe, sobald ein türkischer Macho am Steuer sitzt. Selbst auf dem Fußballplatz, einem der wenigen Orte, an dem man sich in gemeinsamer sportlicher Begeisterung treffen könnte, läuft's nicht. Statt mitzuspielen, gründen diese Jugendlichen ihre eigenen Vereine, und wenn die dann gegen deutsche Mannschaften spielen, gibt es Mord und Totschlag. Da wird der Schiedsrichter angepöbelt, und es wird nachgetreten, was das Zeug hält.

Rücksichtnahme, Umweltbewusstsein, Gleichberechtigung der Geschlechter – ein türkischer Macho ist Lichtjahre davon entfernt. Er versucht jede Frau ins Bett zu bekommen, nur um sie anschließend zu beschimpfen und darauf zu bestehen, selbstverständlich nur eine Jungfrau zur Frau zu nehmen; die importiert er dann aus einem anatolischen Dorf. So bleibt alles beim Alten und Integration findet nie statt.

Das Türkenbild vieler Deutscher ist so von Klischees behaftet, dass es auch durch unzählige Gegenbeispiele kaum zu erschüttern ist. Dass es erfolgreiche türkische Geschäftsleute, türkische Ärzte, Anwältinnen gar gibt, haben die meisten bislang noch nicht wahrgenommen. Selbst wenn ihnen eine Akademikerin, deren Eltern oder Großeltern vor Jahrzehnten in Deutschland eingewandert sind, begegnet, fragen sie sie meistens verblüfft, woher sie denn so gut Deutsch könne. Wer hat denn schon mal einen Türken in der Oper gesehen? Türken gehen nicht ins Theater, Kino oder ins Konzert. Das Argument, man könne einen türkischen Opernbesucher doch nicht von einem ungarischen, italienischen oder mitunter bayrischen unterscheiden, gilt als fadenscheinig. Denn Türken kleiden sich anders. Entweder hat der Türke einen billigen Anzug von der Stange an, dazu eine unpassende Krawatte, oder er zieht gleich im Taliban-Look durch die Fußgängerzone.

Apropos Taliban – da ist doch dieses unsägliche Kopftuch. Türkinnen machen sich mit diesen Tüchern und langen Mänteln, die sie winters wie sommers nicht ausziehen, richtig hässlich. Das ist gegen die Natur der Frau, die sich grundsätzlich schön machen will, und verstößt völlig gegen die deutsche Kultur und die Emanzipation. In Deutschland und Europa haben Frauen für ihre Rechte hart gekämpft. Im Islam, der, wie man ja weiß,»Unterwerfung« bedeutet, nehmen die Frauen ihre Unterdrückung freiwillig hin. Ihre Keuschheit ist ja nun auch anachronistisch. Und dann wollen sie bei ihrer Heirat auch noch unbedingt Jungfrau sein. Das ist doch wie vor hundert Jahren! Türkinnen heiraten auch nie einen Deutschen, aber Türken nehmen sich fortlaufend Deutsche zur Frau. Deren Kinder werden der deutschen Gesellschaft entfremdet, sie werden muslimisch erzogen, beschnitten und anderweitig in Korsetts gesteckt.

Deutsche Kinder hingegen werden schon von Kindesbeinen an zur Selbstständigkeit erzogen. Früh lernen sie, alleine zurechtzukommen. Im Kindergarten wird ihnen beigebracht, wie sie ihre eigenen Bedürfnisse zu erledigen haben. Türken bemuttern ihre Kinder bis ins Teenageralter. Die gehen doch nie aus dem Haus! Bleiben einfach bei Muttern hocken und warten darauf, dass sie ihnen die Socken wäscht, ihre Hemden bügelt und das Essen auf den Tisch stellt. Nur wenn sie heiraten, verlassen sie ihr Zuhause, und ihre Ehefrau muss dann da weitermachen, wo die Mama aufgehört hat. Wenn die Eltern alt werden, dann ziehen sie zu ihren Kindern, ohne zu fragen, ob die sie haben wollen oder nicht. Das sehen die Kinder als ihre Pflicht an. Deshalb sind türkische Familien wie Kletten, die keinen loslassen. Der Clan geht bei denen doch über alles.

Türken können sich in Deutschland nicht integrieren, weil sie anders sind und immer anders bleiben werden. Ihr islamischer Glaube ist unheimlich, und ihre Moscheen sind genauso befremdlich wie ihre Musik, ihre Sprache und ihre Sitten. Das kann man zwar nicht so richtig erklären, aber »jeder weiß, was gemeint« ist. Türkische und deutsche Werte sind nicht kompatibel! Dabei gibt es doch auch andere Beispiele. Hat nicht vor kurzer Zeit ein junger Türke für seinen Film den Goldenen Bären bekommen, ist die aktuelle deutsche Schönheitskönigin nicht türkischer Herkunft, gibt es nicht türkischstämmige Bundestagsabgeordnete und Schriftsteller? Nun ja, Ausnahmen bestätigen die Regel.

Meinungswerte

Die größten Unterschiede zwischen Deutschen und Türken
Vier O-Töne aus Istanbul und Berlin

Gunnar K.

Journalist, 41 Jahre, lebt seit neun Jahren in Istanbul

Also, je länger ich hier in Istanbul lebe und je länger ich darüber nachdenke, habe ich den Eindruck, die kollektiven Unterschiede sind eigentlich ziemlich gering. Die Unterschiede zwischen einzelnen Leuten hier sind jedoch genauso groß wie in Deutschland auch.

Zum Beispiel, dass alle Türken viel herzlicher und emotionaler als die Deutschen sind, halte ich mittlerweile für einen Mythos. Du erlebst hier genauso kalten Egoismus und Berechnung wie dort auch. Allerdings mit einer großen und wichtigen Ausnahme: In der Türkei reagiert fast ausnahmslos jeder positiv auf Kinder. Im Verhältnis mit Kindern gibt es eine Warmherzigkeit, die man in Deutschland meist vermisst. In der Türkei würde es nie passieren, dass man im Restaurant von anderen Gästen dumm angeschaut wird, weil man mit einem Kind zusammen essen geht. Da nimmt einem eher schon mal der Kellner das Kind ab, damit man in Ruhe speisen kann.

Hilfe bei den Kindern gibt es natürlich auch innerhalb der Familie. Der Zusammenhalt und die Solidarität der türkischen Familie ist in der Regel selbstverständlicher als in Deutschland. Aber das hat auch seine Schattenseite: Die Familie will überall mitreden und mischt sich in einer Weise ein, die es in Deutschland nicht geben würde.

Schwierigkeiten als Ausländer, jedenfalls als Ausländer
aus Westeuropa, habe ich nicht. Für viele ist es immer noch
erstaunlich, wenn sie mitbekommen, dass man lieber hier
leben will statt im reichen Deutschland. Bis auf ein paar büro-
kratische Absonderlichkeiten – zum Beispiel kann ich kein
Konto eröffnen, ohne dass meine Frau, die türkische Staats-
bürgerin ist, als Bürgin auftritt. Aber eine echte Diskrimini-
rung gibt es nicht.

Was auf die Dauer allerdings sehr anstrengend ist, ist das
Feilschen und Tricksen beim Einkaufen oder bei anderen Ge-
legenheiten, bei denen es um Geld geht. Jeder Verkäufer und
jeder Taxifahrer glaubt, von den reichen Ausländern prinzi-
piell mehr abkassieren zu können. Es kostet jedes Mal einige
Mühe, bis man klar gemacht hat, dass man sich auskennt
und nicht wie ein Tourist ausnehmen lässt.

Şenol I.
36 Jahre, Projektmanager,
lebt seit seiner frühen Kindheit in Berlin

Der Deutsche will Leistung sehen. Wenn du Leistung bringst,
wirst du anerkannt, wenn nicht, hast du keine Chance. Zwi-
schenmenschliche Beziehungen, menschliche Wärme sind bei
Deutschen offenbar nicht so wichtig. Auch der Kontakt zwi-
schen Familienmitgliedern ist nicht so eng. Oft weiß der eine
vom anderen nicht, was der überhaupt macht.

Allerdings, auch wenn du Leistung bringst – du wirst
dann zwar respektiert, aber so richtig dazu gehörst du auch
nicht. Mein Bruder Ali zum Beispiel. Er hat einen deutschen
Pass. Er hat ein erfolgreiches Geschäft und verhält sich sogar
wie die Deutschen. Er fährt stundenlang durch die Gegend,

um einen richtigen Parkplatz zu suchen, anstatt irgendwo auf dem Bürgersteig oder im Halteverbot zu parken. Aber er sieht nun mal wie ein Türke aus, und deshalb wird er auch nie richtig dazugehören.

Den Deutschen sitzt ihr Deutschtum im Kopf. Man muss lernen damit umzugehen, sonst kann man hier nicht leben. Man darf sich nicht so leicht aufregen und muss viele Sachen gelassen sehen.

Zum Beispiel die Glatzen, diese Skinheads, oder auch die Sprüche, die die NPD jetzt wieder klopft, von wegen »Gute Heimreise«. Wenn ich so was lese, denke ich, die sind doch mit Dummheit gestraft, darüber lache ich nur noch.

Kürzlich habe ich einen Glatzentyp, der auf der Jacke groß aufgedruckt hatte »Ich bin stolz Deutscher zu sein« gefragt, worauf er eigentlich stolz sei. Er hatte keinen Job, er war eben ein Penner, der keine Leistung bringt. Er wusste nicht, was er sagen sollte.

Matthias M.
45 Jahre, Künstler, lebt in Berlin

Die Türken haben Kinder. Immer wenn ich auf der Straße eine türkische Frau sehe, ist meistens ein Kind dabei. Als ich einmal Istanbul besucht habe, war ich fasziniert von der jungen, dynamischen Bevölkerung, dem pulsierenden Leben in der Stadt. Berlin wirkt dagegen ganz schön alt.

Ich glaube, der größte mentale Unterschied ist eine gewisse Gelassenheit bei den Türken. Negativ könnte man sagen, die sind fatalistisch. Positiv ist, dass sie weniger angespannt und weniger hektisch sind.

Unangenehm fallen mir die aggressiven türkischen Jungmänner auf, aber ich denke, das ist eigentlich nichts spezifisch Türkisches, sondern ist Ausdruck der sozialen Situation – als ich in New York gelebt habe, waren es die unterprivilegierten schwarzen Jugendlichen, die sich genauso verhalten haben.

Meine Eindrücke von den Türken sind allerdings sehr oberflächlich, weil ich keinen engeren Kontakt zu Türken in Berlin habe. Hier im Haus wohnt eine türkische Familie, aber die sehe ich kaum.

Unsere erste Erfahrung mit der türkischen Gemeinde ist schon etliche Jahre her und war etwas skurril. Meine Frau und ich haben uns in ein türkisches Café gesetzt und uns gewundert, warum uns niemand bediente. Wir haben dann gemerkt, dass in dem Café nur Männer saßen, und irgendwann ist uns dann aufgegangen, dass Frauen offenbar unerwünscht waren.

Heute sehe ich am häufigsten unseren türkischen Gemüsehändler an der Ecke. Von dem bin ich allerdings ziemlich beeindruckt. Er hat jetzt sogar eine Abteilung für biologisch angebautes Obst und Gemüse eröffnet, die sensationell gut ist. Die Händler haben sich sehr schnell auf die Bedürfnisse ihrer Kundschaft eingestellt.

Ansonsten kenne ich Türken nur von unseren Urlaubsreisen in die Türkei. Freunde von uns haben ein Haus in der Nähe von Dalyan, in einem kleinen Dorf an der türkischen Mittelmeerküste. Die meisten Leute sind uns dort immer sehr herzlich und wahnsinnig nett entgegengekommen. Bei anderen hat man schon gemerkt, dass sie uns als Fremdkörper betrachtet haben. Insgesamt ist die soziale Kontrolle in so einem Dorf enorm. Das hat mich an Spanien von vor 10 bis 15 Jahren erinnert.

Ayşe D.

44 Jahre, arbeitslose Ingenieurin aus Istanbul

Dazu fällt mir spontan kaum etwas ein. Wir haben Freunde in Europa, eigentlich merke ich da keinen großen Unterschied zu uns. Wenn überhaupt, dann doch eher in Kleinigkeiten. Ich glaube, die Deutschen können eher alleine sein als wir. Sie genügen sich selbst, sie brauchen nicht ständig die Gesellschaft ihrer Familie oder von Freunden. Deshalb arbeiten sie wahrscheinlich auch mehr. Sie sind fleißiger. Während wir beisammensitzen und unsere Zeit vertrödeln, produzieren sie etwas.

Andererseits glaube ich, dass Westler deshalb auch etwas egoistischer sind als wir. Sie wissen besser, wo ihr Vorteil liegt und was sie wollen. Sie haben ein klares Ziel und das verfolgen sie konsequent. Sie bleiben so lange am Ball, bis sie erreicht haben, was sie sich vornehmen. Aus unserer Sicht kann einem das schon manchmal etwas eigennützig vorkommen.

Allerdings könnte es der Türkei nicht schaden, auch ein wenig von diesem Fleiß zu übernehmen. Diese Zielstrebigkeit und Konsequenz, das ist ja einer der Gründe für den Wohlstand im Westen. Wenn die Türkei Mitglied der EU wird, wird sie sich deshalb hoffentlich in dieser Beziehung den anderen westeuropäischen Ländern etwas anpassen.

Doch obwohl es den Leuten in Westeuropa materiell besser geht als hier, möchte ich nicht unbedingt dort wohnen. In Europa bleibt man wochenlang fremd und beginnt dann irgendwann, die Tage zu zählen, weil man sich nirgends wirklich wohl fühlt. Man sieht zwar wunderbare Städte, aber als Türke oder Türkin ist man dort unbeliebt. Ich glaube, dass gerade die Deutschen ziemlich türkenfeindlich geworden sind, zumindest nach allem, was man hier so darüber hört und liest. Deshalb würde ich da nicht unbedingt leben wollen. Aber nicht, weil ich befürchte, dass sie andere Werte haben.

Das ist in Amerika übrigens anders. Meine Schwester lebt in den USA, und im letzten Jahr wohnte meine Tochter einen Monat bei ihr und war Gastschülerin an der lokalen Schule. Ich habe sie dort besucht und bin auch eine Zeit lang geblieben. Anders als in Europa fühlte ich mich in Amerika schon nach zwei Wochen heimisch.

Empirische Werte

Eine Analyse wissenschaftlicher Studien

Soziologen haben Menschen in standardisierten Umfragen weltweit, aber auch gezielt innerhalb der EU und bei deren Beitrittskandidaten nach ihren Werten gefragt. Sie wollten damit die Prioritäten und Werteinstellungen unterschiedlicher Gesellschaften jenseits von subjektivem Empfinden und von gesellschaftlichen Vorurteilen vergleichen. Dabei stellte sich als wichtigster Befund heraus, dass es einen entscheidenden Unterschied gibt, der die Werte einer Gesellschaft bestimmt: einerseits Gesellschaften, in denen die Mitglieder aller Klassen oder Schichten, so arm sie im Vergleich zu anderen Angehörigen der Gesellschaft auch sein mögen, ihr Überleben für gesichert halten, und andererseits Gesellschaften, in denen dies nicht der Fall ist. Die Scheidemarke liegt bei rund 10 000 Dollar jährlichem Pro-Kopf-Einkommen.

Diese Erkenntnis stammt von dem amerikanischen Soziologen Ronald Inglehart, einem der weltweit bekanntesten Forscher auf dem Gebiet der Entstehung und des Wandels gesellschaftlicher und individueller Werte. Inglehart, Direktor des Instituts für »Social Research« der University of Michigan, ist der Begründer der »World Values Surveys«, einer Studie, die seit 1970 regelmäßig in mittlerweile 65 Ländern einen repräsentativen Querschnitt der Bevölkerung interviewt. Inglehart und seine Mitarbeiter erreichen 75 Prozent der Weltbevölkerung und nehmen für sich in Anspruch, damit über alle ethnischen, religiösen und kulturellen Grenzen hinweg den globalen Wertewandel messen zu können.

Gleichgültig, zu welcher Religion, Kultur oder Ethnie eine Gesellschaft gehört, in Ländern mit einem durchschnittlichen

Pro-Kopf-Einkommen von unter 10 000 Dollar zählen andere Werte als in reichen Gesellschaften, in denen die Menschen sich sicher fühlen. Am wertvollsten ist zunächst einmal das, was man nicht hat. Postmoderne, postmaterialistische Werte gibt es praktisch nur in Gesellschaften mit gesichertem Auskommen. Das heißt, wo der individuelle Job entweder keine ausreichende Sicherheit bietet oder gar nicht erst vorhanden ist, zählt das Kollektiv mehr als das Individuum – denn nur das Kollektiv garantiert das Überleben.

Dieses Kollektiv ist in der Regel, weltweit an erster Stelle, die Familie. Sicherheit bieten aber auch die Tradition und die Religion. Man muss sich deshalb, in der heute so exzessiv kulturalistisch geführten Debatte vor allem in Bezug auf Länder des islamischen Kulturkreises, diese Basisdaten erst einmal vor Augen führen, bevor man Umfragen etwa aus Deutschland und der Türkei nebeneinander stellt und daraus vielleicht voreilige Schlüsse zieht. Laut Inglehart gibt es noch einen weiteren Punkt. Werthaltung und Wertewandel hängen zwar unmittelbar mit den ökonomischen Rahmendaten einer Gesellschaft zusammen, der Wertewandel hinkt jedoch der ökonomischen Entwicklung immer um mehrere Generationen hinterher, insbesondere, wenn diese, wie bei einigen arabischen Ölstaaten, quasi über Nacht gekommen ist.

So bekannten sich beispielsweise alle älteren Befragten in einer Inglehart-Studie von 1970, die sein Team in sechs reichen, entwickelten Industriestaaten Westeuropas (England, Frankreich, Westdeutschland, Holland, Belgien und Italien) durchführte, überwiegend zu materialistischen, traditionellen Werten. Nur bei den Jungen, im Alter zwischen 15 und 24 Jahren, überwog eine postmaterialistische Werthaltung. Dies hat sich erst im Laufe der letzten 30 Jahre, während einer stabilen, anhaltenden Wachstumsphase in ganz Westeuropa, geändert.

Dabei hat Inglehart aber auch festgestellt, dass Werthaltungen relativ stabil sind. Die jungen Postmaterialisten von 1970 vertraten auch 1990 noch dieselben Ansichten, sie bekannten sich also im Alter nicht stärker zu traditionellen Werten.

Das gilt aber nicht nur für Westeuropa. Die Postmoderne ist ein globales Phänomen reicher Gesellschaften und gilt genauso für die USA und Japan. Erstmals seit dem Zweiten Weltkrieg gibt es Gesellschaften, in denen die gesamte Jugend mit dem Gefühl aufwachsen konnte, ihr Überleben sei gesichert. Das war die Basis für die Entwicklung postmoderner Werte – für die Betonung der eigenen Individualität, die Gleichberechtigung der Frau sowie für die Prioritäten Umwelt und kulturelle Vielfältigkeit.

In traditionellen Gesellschaften, aber auch in industriellen Schwellenländern, dominiert dagegen die kulturelle Starrheit: Die Rolle der Frau ist weiterhin festgelegt, und der Religion kommt eine ungleich größere Bedeutung zu als in den entwickelten Industrienationen. Erst der dort kontinuierlich ansteigende Wohlstand hat dazu geführt, dass sich eine weltweite Umweltbewegung und eine erfolgreiche Frauenbewegung entwickeln konnten und dass kulturelle Diversität, inklusive Homosexualität, in der Gesellschaft zunehmend akzeptiert wurde. Doch halten sich diese postmodernen, postmaterialistischen Werte angesichts der wirtschaftlichen Stagnation der letzten zehn Jahre, oder erodieren sie bereits?

Wo sehen Umfragen die Unterschiede?

Die Antwort darauf gibt der »European Values Survey« (EVS), eine von der EU in Auftrag gegebene Studie, in deren Rahmen seit Anfang der 1980er Jahre die Bevölkerung in den EU-Ländern und in den Ländern der Beitrittskandidaten nach ihren Wertvorstellungen befragt werden. Der deutsche Soziologe Jürgen Gerhards hat in der Zeitschrift »Aus Politik und Zeitgeschichte« anhand dieser Umfragen versucht, die Frage »Passt die Türkei kulturell zur EU?« zu beantworten. Dabei hat er als Grundlage Wertvorstellungen miteinander verglichen, die sich als europäische Werte aus der europäischen Verfassung und aus den europäischen Verträgen ergeben. Als Datengrundlage benutzt er die Erhebung des EVS aus den Jahren 1999–2000. Zum Vergleich werden folgende Werthaltungen herangezogen:

1. Wie wichtig ist für die Befragten Religion ganz allgemein?
2. Inwieweit akzeptieren die Befragten die Trennung von Religion und Politik bei der Führung eines Landes?
3. Wie tolerant verhalten sich die Befragten gegenüber anderen Religionen?
4. Wie tief greifend ist die Demokratie als Regierungsform bei den Befragten verankert?
5. Wie entwickelt ist die Zivilgesellschaft in den verschiedenen Ländern?
6. Wie akzeptiert ist die Gleichstellung der Geschlechter vor allem im Erwerbsleben?

Gerhards stellt in seiner Analyse vier Gruppen nebeneinander: die alten EU-Mitglieder (15 Länder), die seit Mai 2004 neu hinzugekommenen 10 EU-Staaten, die beiden Beitrittskandidaten Bulgarien und Rumänien und als vierte Gruppe die Türkei. Das Ergebnis dieser Analyse wirkt auf den ersten Blick eindeutig. Während die alten EU-Staaten in ihren Werthaltungen sehr homogen erscheinen, weichen die folgenden Länder in einem immer größeren Maße vom Kern ab, je weniger sie in die EU integriert sind und je weiter sie geographisch an der Peripherie liegen.

Bei der ersten Frage geben in den alten EU-Ländern knapp 18 Prozent an, Religion sei ihnen sehr wichtig, in den neuen EU-Ländern sind es rund 23 Prozent und in den Beitrittsländern Rumänien-Bulgarien schon 34,1 Prozent. In der Türkei behaupten sage und schreibe 81,9 Prozent, dass ihnen die Religion sehr wichtig ist. Nun spielt die Religion in der Türkei zweifellos eine größere Rolle als in Deutschland, doch dieser Messwert zeigt auch eine Schwäche, die standardisierten Umfragen notwendigerweise innewohnt. Es wird manchmal nur scheinbar dasselbe miteinander verglichen. Denn in Deutschland bekennen sich zum Beispiel diejenigen zur Religion, die ihre Religion auch praktizieren. In islamisch geprägten Ländern wie der Türkei bekennt sich jeder zur Religion, auch wenn er nie zur Moschee geht. Der praktische Wert der Aussage ist deshalb gering. Außerdem unterschlägt die Unterteilung in »alte« und »neue EU-Staaten«, dass es in diesen Gruppen auch Länder wie Griechenland, Irland, Italien, Polen und Malta gibt, in denen die Religion eine weitaus wichtigere Rolle spielt, als es die nivellierten Mittelwerte suggerieren.

Hinzu kommt, dass Befragungen wie die des EVS immer den politisch-gesellschaftlichen Kontext, in den sie gestellt werden, ausblenden. Das zeigt etwa die Frage, ob »es besser für das Land wäre, wenn mehr Menschen mit einer starken religiösen Überzeugung politische Ämter innehätten«. In der Türkei antworteten darauf 57,1 Prozent positiv. Doch diese Frage wurde zu einem Zeitpunkt gestellt, als die Frustration über die säkularen alten Parteien einen bis dahin nicht gekannten Höhepunkt erreicht hatte und der heutige Ministerpräsident Tayyip Erdoğan sich anschickte, eine neue Partei mit religiösen Wurzeln zu gründen. Wie wir heute wissen, wurde Erdoğan aber nicht überwiegend wegen seiner religiösen Überzeugung gewählt, sondern weil der größte Teil der Wähler hoffte, ein frommer Mann wie er, der nicht zum politischen Establishment gehörte, werde weniger korrupt als die Politiker sein, die das Land bis dahin geplündert hatten. Die Umfragen zeigen in der Türkei außerdem, dass die große Mehrheit der Bevölkerung das seit den 1920er Jahren eingeführte laizistische System im Prinzip zwar für richtig hält, jedoch Anstoß an der strengen kemalistischen Auslegung des Laizismus nimmt. Dass Gerhards die Umfrage dahingehend interpretiert, dass die Mehrheit der türkischen Bevölkerung am liebsten einen religiösen Führer hätte, ist deshalb keine zwangsläufige Schlussfolgerung.

Nach religiöser Toleranz fragte das EVS mit: »Hätten Sie etwas dagegen, wenn ein Jude in Ihrer Nachbarschaft leben würde?« In der Türkei wurde diese Frage mit 61 Prozent am stärksten bejaht. Die jahrhundertelange positive Geschichte der jüdischen Gemeinde, erst im Osmanischen Reich und später innerhalb der Republik, spricht indes gegen einen ausgeprägten Antisemitismus in der türkischen Bevölkerung. Allerdings ist diese Haltung vom israelisch-palästinensischen Konflikt stärker als in Westeuropa überlagert. Die Türkei hat zwar gute Beziehungen zu Israel, emotional ist der größte Teil der Bevölkerung aber auf palästinensischer Seite engagiert.

Wie sehr das Fehlen des historisch-politischen Kontextes die Ergebnisse der Umfrage verzerrte, zeigen die Antworten zum Thema Demokratie. Knapp 90 Prozent aller Türken sagten aus, die Demokratie für die beste aller Regierungsformen zu halten. Das sind nur unwesentlich weniger als in den alten und neuen EU-Ländern und sogar deutlich mehr als in Bulgarien-Rumänien. Laut Gerhards soll das aber irrelevant sein, denn die Türken stimmten mit 61 Prozent zu, dass »man einen starken Führer haben sollte, der sich nicht um das Parlament und

Wahlen kümmern muss«. Auch in diesem Fall relativiert der politische Hintergrund die Schlussfolgerung. Denn anders als in der Bundesrepublik, die sich nach den bitteren Erfahrungen von Weimar seit nunmehr 50 Jahren durch äußerst stabile Regierungen auszeichnet, hat die Türkei speziell in den letzten 15 Jahren eine Phase höchster Instabilität durchgemacht. Eine schwache Koalitionsregierung folgte der anderen, und es gab in den gesamten 1990er Jahren keine Regierung, die eine vollständige Legislaturperiode an der Macht blieb. In solchen Zeiten ist Stabilität ein Wert an sich, und entsprechend begeistert sind die meisten Türken darüber, dass seit 2001 endlich wieder eine Regierung eine stabile Mehrheit hat und Ministerpräsident Erdoğan einen starken Führer abgibt.

Der Begriff »Führer« ist in der Türkei, anders als in Deutschland und anderen europäischen Staaten, auch nicht negativ besetzt. Im Gegenteil, dem großen Modernisierer der jüngeren türkischen Geschichte, Mustafa Kemal Atatürk, wird noch heute in einer für viele Deutsche besonders irritierenden Form gehuldigt. Das bedeutet aber nicht, dass die Bürger deshalb am liebsten ihre demokratischen Rechte an einen Führer abtreten würden.

Bleibt noch die Geschlechterfrage. Die feministische Bewegung hat in der Türkei im Vergleich zu Deutschland noch einen weiten Weg vor sich. Aber als europäischen Wert hat Gerhards aus dem EU-Regelwerk nicht die Gleichberechtigung an sich, sondern die Gleichberechtigung im Erwerbsleben angenommen. Nun sind in der Türkei nur knapp 35 Prozent – im Gegensatz zu fast 70 Prozent in den alten EU-Ländern – dafür, dass ein Mann nicht eher einen Anspruch auf einen Arbeitsplatz als eine Frau hat. Interessant ist aber eine weitere Frage, die das Bild erst abrundet: 88 Prozent der Befragten in der Türkei befürworten, dass beide Ehepartner zum Haushaltseinkommen beitragen, in der alten EU dagegen nur 75 Prozent. Es ist also keineswegs so, dass die Türken der Meinung sind, die Frau solle gefälligst zu Hause bleiben, sondern sie gehen – so die gesellschaftliche Realität – davon aus, dass ein Mann mehr verdient und die Familie deshalb besser ernähren kann.

Besonders dieses letzte Beispiel belegt noch einmal deutlich, wie sehr Inglehart mit seiner These Recht hat, dass die Entwicklung von Werten und Normen eng mit der ökonomischen Entwicklung der Gesellschaft zusammenhängt. Das durchschnittliche Pro-Kopf-Einkommen in der Türkei liegt bei rund 5000 Dollar (in optimistischsten Rechnungen bei 6000 Dollar). Die meisten türkischen Familien sind deshalb noch weit mehr darauf angewiesen, dass alle zum Haushaltseinkommen beitragen, als die Deutschen. Aber auch die übrigen Themen bestätigen die Grundthese des Wissenschaftlers: Bei allen Fragen gibt es entsprechend dem Wohlstandsgefälle der einzelnen Länder eine Gefälle von postmodernen hin zu traditionellen Werten.

Die alten EU-Länder sind in postmodernen Werten führend, danach kommen die neuen EU-Länder, gefolgt von Rumänien-Bulgarien und der Türkei. Ein genaueres Listing zwischen Rumänien und der Türkei würde wahrscheinlich zum Ergebnis haben, dass die Türkei bei postmodernen Werten leicht führt.

Wertewandel in der Fremde

Geht man also davon aus, dass die gesellschaftliche Situation den Wertekanon der Bevölkerung stark beeinflusst, ist es interessant zu prüfen, ob und wie sich die Präferenz für verschiedene Werte durch Migration verändert. Teilen die türkischstämmigen Deutschen die postmodernen Werte der Mehrheitsgesellschaft in größerem Umfang als die Bevölkerung in der Türkei? Die Frage ist nicht einfach mit Ja oder Nein zu beantworten, weil es unter den Migranten erhebliche Unterschiede gibt. Ein Teil von ihnen liegt ganz auf der Linie der deutschen Gepflogenheiten, ein größerer Teil neigt aber eher dazu, seine hergebrachten Werte noch stärker zu konservieren, als das in der Türkei der Fall ist. Einschlägige Untersuchungen können diese Spaltung nicht eindeutig erklären. Der Schlüssel zum Wertekanon sind abermals die Ökonomie sowie die Art und Weise, wie Wertewandel im Detail funktioniert.

Laut Statistischem Bundesamt (die Werte stammen von 1997, haben sich heute aber eher zu Ungunsten der türkischen Bevölkerung entwickelt) verfügt jeder deutsche Haushalt über ein durchschnittliches Netto-Einkommen von 2250 Euro, jeder türkische Haushalt über 1950 Euro. Was zunächst nicht so dramatisch klingt, wird deutlicher, sobald man die Haushaltsgrößen berücksichtigt. Da ein deutscher Haushalt statistisch nur 2,2 Personen, ein türkischer dagegen 4,1 Personen umfasst, hat jeder Deutsche 1020 Euro, ein Türke aber nur 425 Euro in der Tasche.

Die Soziologin Martina Sauer stellt in einer Studie über die kulturell-religiöse Einstellung und sozioökonomische Lage junger türkischer Migranten in der Bundesrepublik im Jahr 2000 fest: Es gibt einen klaren linearen Zusammenhang zwischen Einkommen und Wertorientierung. Je höher das Einkommen, umso mehr überwiegt eine modern-liberale Einstellung. Das hat natürlich auch damit zu tun, dass Kinder aus Familien mit höherem Einkommen in aller Regel auch eine bessere Ausbildung absolvieren und häufiger weiterführende Schulen und Universitäten besuchen als Kinder aus armen Familien. Sauer fand ferner heraus, dass nahezu alle befragten Jugendlichen – die Abweichung beträgt lediglich vier Prozent – in ihren persönlichen Werteinstellungen mit denen ihrer Familien übereinstimmen. Mit anderen Worten, die zweite und dritte Generation konserviert weitgehend die Wertorientierung ihrer Eltern. Die Soziologin warnt deshalb vor der Erwartung, die Dauer des Aufenthalts einer türkischen Familie in Deutschland führe automatisch zu einer Angleichung an die Mehrheitsgesellschaft.

Nach ihrer Erhebung schätzt sich rund ein Drittel der befragten türkischen Jugendlichen als modern-liberal, 50 Prozent als teils-teils und 17 Prozent als religiös-traditionell ein. Eine vom Essener Zentrum für Türkeistudien durchgeführte Langzeitstudie über fünf Jahre legt den Schluss nahe, dass diese Einschätzung sich auf Dauer wohl nicht weiter in Richtung modern-liberal bewegen wird, wie Sauer prognostiziert, sondern dass vor allem die 50 Prozent Unentschiedenen sich vermutlich eher traditionell entwickeln werden. Der Grund ist, dass die türkische Einwanderung sich zunehmend ökonomisch differenziert: Ein kleinerer Teil hat den wirtschaftlichen Aufstieg geschafft, der größere Teil aber verarmt weiter. Dazu kommt noch ein weiterer entscheidender Faktor. Im Zeitraum von 1999 bis 2003 berichteten alle Befragten übereinstimmend von einer Zunahme subjektiv empfundener Diskriminierungen. Diese Diskriminierungserfahrungen erstrecken sich auf nahezu alle Lebensbereiche: Angefangen beim Arbeitsplatz über Wohnungs- und Arbeitssuche, Erfahrungen mit Behörden und Nachbarn – überall sind Anerkennung und Respekt für die Einwanderer im Erhebungszeitraum gesunken. Dieser Befund lässt sich damit erklären, dass die Kontakte zwischen Deutschen und Migranten zurückgehen. Gerade bei denjenigen Deutschtürken, die aufgrund von Ausbildung und Arbeitsplatz viel mit Deutschen zu tun haben, geht der Wunsch nach einer Intensivierung dieser Verbindungen zurück, während die Mehrzahl derjenigen, die bislang noch kaum Beziehungen mit Deutschen pflegten, nach wie vor den Wunsch danach äußern.

Dieser mangelnde Kontakt und das Gefühl der Diskriminierung selbst bei gut ausgebildeten und sprachkompetenten Einwanderern ist neben den wirtschaftlichen Bedingungen der Hauptgrund für den geringen Wertewandel innerhalb der türkischen Gemeinde. Der Soziologe und Philosoph Norbert Elias hat in seinem Werk »Über den Prozess der Zivilisation. Soziogenetische und psychogenetische Untersuchungen« das Streben nach Prestige als Motor für gesellschaftlichen Wandel und individuellen Wertewandel bezeichnet. Angehörige unterer Schichten streben danach, von den Mitgliedern der oberen Schichten anerkannt zu werden und passen sich in ihrem Verhalten entsprechend an. Dieser Prozess erfolgt stufenweise und meist, indem ein Individuum das Verhalten einer höher gestellten Person in seiner unmittelbaren Umgebung nachzuahmen versucht. Voraussetzung für den Wertewandel ist also, dass alle denselben Bezugsrahmen für ihre Prestigevorstellungen haben und über genügend direkte Sozialkontakte verfügen, um einen Anreiz zum Wertewandel in ihrer Umgebung zu finden.

Wolf Wagner, Professor für Sozialwissenschaften an der Fachhochschule in Erfurt, hat anhand dieser Theorie erklärt, warum die Segregation zwischen Ost- und Westdeutschland so andauernd ist und der ostdeutsche Kulturschock sich so hartnäckig hält. Die Ostdeutschen sind ärmer als die Westdeutschen, und ihre Kultur wurde von den Westdeutschen als zweitklassig abgestempelt. Diese kulturelle Kränkung war verantwortlich für den Rückzug vieler Ostdeutscher, und der Mangel an Kontakten macht nun einen Wertewandel im Sinne einer Anpassung an die vorherrschenden westdeutschen Werte, wie von Elias in seiner Prestigetheorie beschrieben, unmöglich. Was für die Ostdeutschen gilt, gilt erst recht für die Migranten. Gesellschaftlicher Aufstieg vollzieht sich überwiegend in den eigenen Reihen und nicht in der Mehrheitsgesellschaft. Folglich werden auch die Werte des eigenen Kollektivs adaptiert.

Um diesen Prozess zu verändern, muss sich die materielle Situation der Einwanderer verbessern. Voraussetzung dazu ist eine gute Ausbildung der jungen Generation. Ebenso wichtig ist jedoch auch, dass die Mehrheitsgesellschaft zeigt, dass sie für Integration offen ist.

Perspektive der Wertentwicklung im Zentrum und der Peripherie

Es ist zwar keine Untersuchung über die Haltung der in Deutschland lebenden Jugendlichen und über die der Jugendlichen in der Türkei mit identischen Fragen durchgeführt worden. Doch die letzte *Shell*-Jugendstudie aus dem Jahr 2002 und eine Jugendstudie im Auftrag der Konrad-Adenauer-Stiftung in der Türkei geben einige Hinweise auf die zukünftigen Entwicklungen.

In der Konrad-Adenauer-Studie wurde 1999 ein repräsentativer Querschnitt von Jugendlichen zwischen 15 und 27 Jahren befragt. In einer Skala, was für sie das Wichtigste im Leben sei, nannten über 80 Prozent der Befragten die Familie. Rund 50 Prozent entschieden sich an erster Stelle für eine gute Ausbildung, 37 Prozent hielten soziale Werte für unentbehrlich, danach kamen die Karriere und die Religion. Geld stand erst an sechster Stelle.

Die Autoren der Studie bescheinigten der türkischen Jugend eine Idealisierung der Familie, gleichzeitig aber auch ein wachsendes Bewusstsein für die Bedeutung einer guten Ausbildung, die offenbar immer mehr Familien fördern.

Zwar bezeichneten sich knapp 90 Prozent der Jugendlichen als religiös – genauso viele wie im gesamten Bevölkerungsdurchschnitt –, doch nur 20 Prozent sahen die Religion als sehr wichtig an. Für die Autoren war das ein Indiz, dass die Jugend dem laizistischen System der Türkei zustimmt.

Insgesamt lassen die Studien den Schluss zu, dass die hohe Wertschätzung der Familie als Institution nicht bedeutet, dass die Jugend besonders traditionell geprägt ist. Vielmehr gibt es einen wachsenden Anteil bildungsbewusster und zu gesellschaftlichem, politischem Engagement bereiter Jugendlicher, die sich für Veränderungen einsetzen wollen.

In Deutschland wird dagegen seit Längerem über ein nachlassendes Engagement der Jugend geklagt. Der Anteil umweltbewusster, gesellschaftlich engagierter junger Menschen ist gleichwohl deutlich höher als in der Türkei. Der Trend entwickelt sich aber in die andere Richtung.

Was in der Türkei die Familie, ist in Deutschland die Partnerschaft, gefolgt von Freundschaft und dann erst der Institution Familie. Diese drei Wertorientierungen belegen auch in Deutschland die ersten Plätze. Als deutlichsten Hinweis für einen Wertewandel führen die Autoren der *Shell*-Studie an, dass das Umweltbewusstsein vom 6. auf den 12. Platz gesunken ist, während »Fleiß und Ehrgeiz« im Vergleich zu 1988 die großen Gewinner im Weteranking sind.

Die Unterschiede werden geringer

Auch wenn dieser Überblick über den derzeitigen Forschungsstand nur sehr kursorisch ist, lässt sich klar feststellen: Die bereits erwähnten Feststellungen der inglehartschen Untersuchungen über die Abhängigkeit der jeweiligen Wertvorstellungen von den ökonomischen Rahmenbedingungen haben sich bei allen Untersuchungen bestätigt. Die Studien über deutsche und türkische Jugendliche zeigen zudem, dass das europäische Zentrum und die Peripherie sich derzeit zu nähern scheinen. Falls die Türkei in den kommenden Jahren weiterhin hohe wirtschaftliche Wachstumsraten aufweisen und die Gesellschaft insgesamt reicher werden wird, während die wirtschaftliche Entwicklung in den bisher reichsten Ländern der EU weiter stagniert, ist anzunehmen, dass ein relevanter Teil der türkischen Gesellschaft sich bald an die Mehrheit der Menschen innerhalb der EU anpassen wird. Dabei werden sicher größere Unterschiede bleiben – etwa die Bedeutung der Familie. Aber alle Untersuchungen weisen nach, dass die beiden Gesellschaften nicht grundsätzlich andere Werte vertreten. Die oft sehr konservativen Einstellungen türkischer Familien in Deutschland sind dagegen eher eine Folge der besonderen Situation in der Fremde.

Kodierte Werte

Grundrechte in der deutschen und türkischen Verfassung

Die Werte einer Gesellschaft finden ihren Ausdruck am deutlichsten formuliert in den gesetzlichen Normen, die sie sich gegeben hat. Unabhängig davon, ob diese Normen im Alltag wirklich umgesetzt sind, geben sie doch einen Hinweis darauf, mit welchen Werten sich die Gesellschaft identifizieren möchte. Für die Bundesrepublik besteht die Essenz ihrer normativen Werte im Grundrechtekatalog der Verfassung. Anders als das Grundgesetz, das in seinen Grundzügen seit seiner Verabschiedung 1949 unverändert geblieben ist, hat die Republik Türkei verschiedene Verfassungen erlebt. Die momentan gültige Verfassung der Türkei stammt aus dem Jahr 1982 und wurde noch unter der Herrschaft der Militärs, nach dem Putsch am 12. September 1980, entworfen und per Volksabstimmung verabschiedet. Sie wurde seitdem mehrfach verändert und zuletzt im Herbst 2001 einer gründlichen Revision unterworfen.

Die türkische ist wesentlich umfangreicher als die deutsche Verfassung. So werden beispielsweise dem Grundrechtekatalog schon in der Verfassung Einschränkungen hinzugefügt, was aber das Gesetzeswerk auch präziser macht. Im deutschen Grundgesetz heißt es dagegen nur: Das Weitere regelt ein Bundesgesetz. Dadurch hat in Deutschland oft erst die Rechtsprechung des Bundesverfassungsgerichts die Auslegung des Grundgesetzes festgelegt. Trotzdem ist aus einem Vergleich der jeweiligen Grundrechtekataloge erkennbar, dass die kodierte gesellschaftliche Werthaltung durchaus ähnlich ist.

Artikel 1 des deutschen Grundgesetzes lautet:

Die Würde des Menschen ist unantastbar. Sie zu achten und zu schützen ist Verpflichtung aller staatlichen Gewalt.

Da die türkische Verfassung* nicht mit dem Grundrechtekatalog, sondern mit allgemeinen Grundsätzen wie Staatsform und staatlichen Institutionen beginnt, ist der entsprechende Artikel der türkischen Verfassung der Artikel 12:

Jedermann besitzt mit seiner Persönlichkeit verbundene, unantastbare, unübertragbare, unverzichtbare Grundrechte und -freiheiten.

Was die türkische Verfassung unterscheidet, ist, dass gleich zwei Artikel später klar gemacht wird, an welchen Werten die Grundrechte ihre Grenzen finden. In Artikel 14 heißt es:

Von den Grundrechten und -freiheiten dieser Verfassung darf keines gebraucht werden, um Aktivitäten mit dem Ziel zu entfalten, die unteilbare Einheit von Staatsgebiet und Staatsvolk zu zerstören und die demokratische und laizistische Republik zu beseitigen. Keine Vorschrift der Verfassung darf so ausgelegt werden, als erlaube sie dem Staat oder den Personen Tätigkeiten zu entfalten zu dem Zweck, die durch die Verfassung gewährten Grundrechte und -freiheiten zu beseitigen oder über das in der Verfassung vorgesehene Maß hinaus zu beschränken. Die Sanktionen, die gegen diejenigen anzuwenden sind, welche gegen diese Verbote handeln, werden durch Gesetz geregelt.

Artikel 2 des deutschen Grundgesetzes besagt:

Jeder hat das <u>Recht auf die freie Entfaltung seiner Persön-</u>
<u>lichkeit</u>, soweit er nicht die Rechte anderer verletzt und nicht
gegen die verfassungsmäßige Ordnung oder das Sittengesetz
verstößt.
Jeder hat das <u>Recht auf Leben und körperliche Unversehrtheit</u>.
Die Freiheit der Person ist unverletzlich. In diese Rechte darf
nur auf Grund eines Gesetzes eingegriffen werden.

In der türkischen Verfassung gibt es dazu mehrere Entspre-
chungen:

Artikel 17
Jedermann hat das Recht auf den Schutz und die Entfaltung sei-
nes Lebens und seiner materiellen und ideellen Existenz.
Außer bei medizinischen Notwendigkeiten und den im Gesetz
bestimmten Fällen ist die körperliche Integrität der Person unan-
tastbar; sie darf nicht ohne ihre Einwilligung wissenschaftlichen
und medizinischen Versuchen unterzogen werden.
Niemand darf gefoltert und misshandelt werden; niemand darf
einer mit der Menschenwürde unvereinbaren Bestrafung oder
Behandlung ausgesetzt werden.

Artikel 19
Jedermann genießt die Freiheit und Sicherheit der Person.

Artikel 20
Jedermann hat das Recht, Rücksichtnahme gegenüber seinem
Privatleben und Familienleben zu verlangen. Die Intimität des
Privatlebens und des Familienlebens ist unantastbar.

Die Formulierung des Grundgesetzes in Artikel 3:

Alle Menschen sind vor dem Gesetz gleich.
Mann und Frau sind gleichberechtigt.

entspricht dem Artikel 10 aus dem ersten Teil der Verfassung:

Artikel 10
Jedermann ist ohne Rücksicht auf Unterschiede aufgrund von
Sprache, Rasse, Farbe, Geschlecht, politischer Ansicht, Weltan-
schauung, Religion, Bekenntnis und Ähnlichem vor dem Gesetz
gleich.
Frauen und Männer sind gleichberechtigt. Der Staat ist ver-
pflichtet, die Gleichheit zu verwirklichen.

Die Religions- und Gewissensfreiheit von Artikel 4 des deutschen Grundgesetzes:

(1) *Die Freiheit des Glaubens, des Gewissens und die Freiheit*
des religiösen und weltanschaulichen Bekenntnisses sind
unverletzlich.
(2) *Die ungestörte Religionsausübung wird gewährleistet.*
(3) *Niemand darf gegen sein Gewissen zum Kriegsdienst mit*
der Waffe gezwungen werden. Das Nähere regelt ein Bundes-
gesetz.

ist dagegen in der türkischen Verfassung mit der Ausnahme
des Rechts auf Kriegsdienstverweigerung ähnlich geregelt:

Artikel 24
Jedermann genießt die Freiheit des Gewissens, der religiösen
Anschauung und Überzeugung.
Soweit nicht gegen die Vorschriften des Artikels 14 verstoßen
wird, sind Gottesdienste, religiöse Zeremonien und Feiern frei.

Das deutsche Grundgesetz definiert die Meinungsfreiheit in Artikel 5:

Jeder hat das Recht, seine Meinung in Wort, Schrift und Bild frei zu äußern und zu verbreiten und sich aus allgemein zugänglichen Quellen ungehindert zu unterrichten. Die Pressefreiheit und die Freiheit der Berichterstattung durch Rundfunk und Film werden gewährleistet. Eine Zensur findet nicht statt.

In der türkischen Verfassung ist das ähnlich geregelt:

Artikel 25
Jedermann genießt Meinungs- und Überzeugungsfreiheit. Niemand darf, aus welchem Grund und zu welchem Zweck auch immer, zur Äußerung seiner Meinungen und Überzeugungen gezwungen werden; er darf wegen seiner Meinungen und Überzeugungen nicht gerügt oder einem Schuldvorwurf ausgesetzt werden.

Artikel 26
Jedermann hat das Recht, seine Meinungen und Überzeugungen in Wort, Schrift, Bild oder auf anderem Wege allein oder gemeinschaftlich zu äußern und zu verbreiten. Diese Freiheit umfasst auch die Freiheit des Empfangs oder der Abgabe von Nachrichten und Ideen ohne Eingriff öffentlicher Behörden. Der Vorschrift dieses Absatzes steht nicht entgegen, Veröffentlichungen durch Radio, Fernsehen, Kino oder auf ähnlichem Wege einem Genehmigungssystem zu unterwerfen.

Artikel 28
Die Presse ist frei, Zensur findet nicht statt. Die Gründung einer Druckerei darf nicht an die Bedingung einer Genehmigung oder der Leistung einer finanziellen Sicherheit gebunden werden.

Das deutsche Grundgesetz, Artikel 6, besagt:

Ehe und Familie stehen unter dem besonderen Schutze der staatlichen Ordnung.

Die türkische Verfassung regelt das in dem oben zitierten Artikel 41:

Die Familie ist die Grundlage der türkischen Gesellschaft und beruht auf der Gleichheit von Mann und Frau.
Die Familie ist die Grundlage der türkischen Gesellschaft.

Das Recht auf Versammlungsfreiheit steht im deutschen Grundgesetz in Artikel 8:

Alle Deutschen haben das Recht, sich ohne Anmeldung oder Erlaubnis friedlich und ohne Waffen zu versammeln.

In der türkischen Verfassung ist das ganz ähnlich in Artikel 34 ausgeführt:

Jedermann hat das Recht, ohne vorherige Erlaubnis unbewaffnete und friedliche Versammlungen und Demonstrationen durchzuführen. Die Versammlungs- und Demonstrationsfreiheit kann nur aus Gründen der nationalen Sicherheit, öffentlichen Ordnung, zur Vorbeugung gegen Straftaten, zum Schutze der allgemeinen Moral und allgemeinen Gesundheit sowie zum Schutze der Rechte und Freiheiten anderer durch Gesetz beschränkt werden. Form, Bedingungen und Verfahren, welche beim Gebrauch des Versammlungs- und Demonstrationsrechts zu beachten sind, werden durch das Gesetz bestimmt.

Zum Recht des Zusammenschlusses sagt das deutsche Grundgesetz in Artikel 9:

(1) Alle Deutschen haben das Recht, Vereine und Gesellschaften zu bilden.

(2) Vereinigungen, deren Zwecke oder deren Tätigkeit den Strafgesetzen zuwiderlaufen oder die sich gegen die verfassungsmäßige Ordnung oder gegen den Gedanken der Völkerverständigung richten, sind verboten.

In der türkischen Verfassung von 1982 war dieser Punkt ursprünglich sehr restriktiv geregelt, doch ist das 2001 neu gefasst worden:

Artikel 33
Jedermann hat das Recht, ohne vorherige Erlaubnis einen Verein zu gründen, ihm beizutreten oder die Mitgliedschaft aufzugeben. Niemand darf gezwungen werden, Mitglied eines Vereins zu werden oder zu bleiben. Die Vereinsfreiheit kann nur aus Gründen der nationalen Sicherheit, öffentlichen Ordnung, zur Vorbeugung gegen Straftaten, zum Schutze der allgemeinen Moral und allgemeinen Gesundheit sowie zum Schutze der Rechte und Freiheiten anderer durch Gesetz beschränkt werden. Die bei Gebrauch der Vereinigungsfreiheit zu beachtenden Formen, Bedingungen und Verfahren werden durch das Gesetz bestimmt. Die Vorschrift dieses Artikels gilt auch für Stiftungen.

Für Artikel 10 des deutschen Grundgesetzes, der da lautet:

Das Briefgeheimnis sowie das Post- und Fernmeldegeheimnis sind unverletzlich.

hat die türkische Verfassung den entsprechenden Artikel 22:

Jedermann genießt Kommunikationsfreiheit. Das Korrespondenzgeheimnis ist gewährleistet.

Die Freizügigkeit von Artikel 11 des deutschen Grundgesetzes:

Alle Deutschen genießen Freizügigkeit im ganzen Bundesgebiet.

findet ihre Entsprechung in der türkischen Verfassung in Artikel 23:

Jedermann genießt Siedlungs- und Reisefreiheit.

Auch die freie Wahl von Arbeit und Beruf aus Artikel 12 des deutschen Grundgesetzes:

Alle Deutschen haben das Recht, Beruf, Arbeitsplatz und Ausbildungsstätte frei zu wählen. Die Berufsausübung kann durch Gesetz oder auf Grund eines Gesetzes geregelt werden.

taucht in der türkischen Verfassung auf:

Artikel 48
Jedermann genießt die Freiheit, in einem beliebigen Bereich Arbeit aufzunehmen und Verträge zu schließen. Die Gründung von Privatunternehmen ist frei.

Artikel 49
Die Arbeit ist jedermanns Recht und Pflicht.

Der Wehrdienst ist im deutschen Grundgesetz eine Kann-Bestimmung:

Männer können vom vollendeten achtzehnten Lebensjahr an zum Dienst in den Streitkräften, im Bundesgrenzschutz oder in einem Zivilschutzverband verpflichtet werden.

In der türkischen Verfassung ist dieser Punkt hingegen kategorisch geregelt:

Artikel 72
Der Vaterlandsdienst ist jedes Türken Recht und Pflicht. In welcher Weise dieser Dienst in den Streitkräften oder im öffentlichen Sektor erfüllt wird oder als erfüllt gilt, wird durch Gesetz geregelt.

Die Unverletzlichkeit der Wohnung definiert das deutsche Grundgesetz in Artikel 13:

Die Wohnung ist unverletzlich.

Dazu die türkische Verfassung, Artikel 21:

Die Wohnung eines jeden ist unantastbar.

Über das Eigentums- und Erbrecht sagt das deutsche Grundgesetz in Artikel 14:

Das Eigentum und das Erbrecht werden gewährleistet. Inhalt und Schranken werden durch die Gesetze bestimmt.
Eigentum verpflichtet. Sein Gebrauch soll zugleich dem Wohle der Allgemeinheit dienen.

Und in der türkischen Verfassung Artikel 35 steht:

Jedermann genießt das Recht auf Eigentum und Erbe.
Diese Rechte können nur im öffentlichen Interesse durch Gesetz
beschränkt werden.
Der Gebrauch des Rechts auf Eigentum darf dem Gemeinwohl
nicht entgegenstehen.

Während das deutsche Grundgesetz dem Asylrecht Verfassungsrang einräumt, findet sich in der türkischen Verfassung keine entsprechende Vorschrift. Stattdessen wird dort darauf hingewiesen, dass Grundrechte bei Ausländern eingeschränkt werden können:

Artikel 16
Die Grundrechte und -freiheiten können für Ausländer in Ein-
klang mit dem Völkerrecht durch Gesetz beschränkt werden.

Dafür gewährt die türkische Verfassung aber anders als das deutsche Grundgesetz ein Recht auf eine gesunde Umwelt:

Artikel 56
Jedermann hat das Recht auf Leben in einer gesunden und aus-
geglichenen Umwelt.
Die Entwicklung der Umwelt, die Gewährleistung einer gesunden
Umwelt und die Verhinderung der Umweltverschmutzung sind die
Pflicht des Staates und der Bürger.

Die Einschränkungen der Grundrechte, die die türkische Verfassung gleich an den Anfang des Grundrechtekatalogs setzt, bildet im Grundgesetz der Bundesrepublik den Abschluss des Kapitels:

Artikel 18

Wer die Freiheit der Meinungsäußerung, insbesondere die
Pressefreiheit (Artikel 5 Abs. 1), die Lehrfreiheit (Artikel 5
Abs. 3), die Versammlungsfreiheit (Artikel 8), die Vereinigungs-
freiheit (Artikel 9), das Brief-, Post- und Fernmeldegeheimnis
(Artikel 10), das Eigentum (Artikel 14) oder das Asylrecht
(Artikel 16 a) zum Kampfe gegen die freiheitliche demokratische
Grundordnung missbraucht, verwirkt diese Grundrechte.
Die Verwirkung und ihr Ausmaß werden durch das Bundes-
verfassungsgericht ausgesprochen.

Ein solcher Vergleich der Grundrechtekataloge gibt natürlich
zunächst einmal nur einen oberflächlichen Hinweis darauf,
welche Werte in der Verfassungswirklichkeit der jeweiligen
Gesellschaften tatsächlich zählen. Aber sie weisen immerhin
in die Richtung, in die eine Gesellschaft strebt.

Anmerkung

* Übersetzung: Dr. Christian Rumpf, Stand: 30.06.2005

Werte im Wandel

Wertewandel in der Türkei

Vom Ende des Osmanischen Reichs bis heute

Noch vor gar nicht so langer Zeit galten in der Türkei Werte, die den heutigen diametral entgegengesetzt waren. Vor allem in den sozial tonangebenden Mittel- und Oberschichten lebte man damals nach gänzlich anderen Vorstellungen. Die Modernisierung des Landes war spätestens seit dem 18. Jahrhundert unausweichlich geworden, denn aufgrund ihrer technologischen Fortschritte waren die Europäer den osmanischen Heeren militärisch bereits weit überlegen. Vor rund 200 Jahren begann die in manchen Kreisen bis heute anhaltende Diskussion darüber, ob das Land »westliche Werte« übernehmen oder sich nur mit einem Technologie-Transfer aus dem Westen begnügen sollte. Die meisten Denker und Politiker des Landes waren der Ansicht, dass die europäischen Werte – sie nannten es »europäische Kultur« – mit den osmanischen nicht so ohne Weiteres zu vereinbaren waren.

Aber was waren diese europäischen Werte? Ging es um die Ideale der Freiheit, Gleichheit und Brüderlichkeit der Französischen Revolution, und wenn ja, was hatten diese Werte mit der materiellen Entwicklung Europas zu tun?

Wie der Osmane den Franken sah

Der »Franke«, wie die Muslime damals alle Europäer nannten, kleidete sich anders und aß Schweinefleisch. Er flanierte Seite an Seite mit seiner Frau auf der Straße und war militärisch imposant. Er hatte den Seeweg nach Indien entdeckt und das Osmanische Reich als Handelsroute damit überflüssig gemacht.

Der Europäer, so schien es, tat, was seinem Gemüt und seinen Wünschen entsprach, der Osmane hingegen machte, was er für richtig hielt. Die bisher mehr oder weniger friedlich verlaufende Koexistenz, eine Phase, in der die Osmanen sich in wechselnden Allianzen mit europäischen Mächten als gleichberechtigter Partner und Nachbar behauptet hatten, schien vorbei.

Der Kapitalismus drang seit dem frühen 19. Jahrhundert unaufhaltsam ins Reich und zerstörte die bisherige Ordnung. Die Hohe Pforte als Sitz des allmächtigen Sultans begann sich Mitte des 19. Jahrhunderts bei den Europäern zu verschulden. Mit der zollfreien Einfuhr westlicher Güter und Textilien ging die erst schwach entwickelte Manufaktur im Osmanischen Reich allmählich zu Grunde. Der Untergang schien unvermeidlich, was viele Denker, Politiker und Offiziere als sehr schmerzlich empfanden. Um mit den Europäern wieder auf die gleiche Augenhöhe zu kommen, musste etwas geschehen. Konnte eine kontrollierte »Verwestlichung« die Lösung sein, um die Europäer nicht blind zu imitieren, sondern sie mit ihren eigenen Waffen zu schlagen?

Den Eliten war durchaus klar, dass der technische Vorsprung des Westens mit dessen Denk- und Lebensweise zusammenhing. Aus osmanischer Sicht offenbarte sich diese janusköpfig in einem verachtenswerten Pragmatismus und in einer erstrebenswerten höheren Disziplin. Gleichwohl schien es möglich zu sein, die Technik von ihrem sozialen Umfeld zu trennen – niemand musste Schweinefleisch essen, um Maschinen zu produzieren. Das politisch-philosophische Fundament der europäischen Industrialisierung ließ sich aufgrund der unterschiedlichen Weltsicht und Philosophie des Osmanischen Reiches am Bosporus nicht nachvollziehen. Man begriff den Zusammenhang zwischen Individualisierung und materiellem Fortschritt nicht – wenn der Sultan französische Kanonenexperten ins Land holte, um sein Heer fortzubilden, brachte dies das Reich nicht in die Lage, bald selbst bessere Kanonen als der Westen zu bauen. Das osmanische System brach durch die technisch überlegene europäische Macht zusammen.

Istanbul begann ab dem ausgehenden 19. Jahrhundert, Studenten nach Europa zu schicken, die sich vor allem im Ingenieurwesen und der Kriegsführung ausbilden sollten. Außerdem bereisten schon seit dem 18. Jahrhundert Gesandte die »fränkischen« Länder, wie Osmanen Europa unterschiedslos bezeichneten, und erstatteten, nicht ohne eine gehörige Spur Verachtung, Bericht über die wahrlich sonderbaren Gewohnheiten der Ungläubigen. Die Europäer waren gewiss »anders«. Diese Andersartigkeit erklärte man sich, ohne auch nur den geringsten Zweifel an dieser Interpretation zu hegen, mit ihrem unterschiedlichen Glauben: Sie waren eben keine Muslime, sondern Christen. Ihre Sprache, Kleidung, Städte, Musik, ihr Kriegsgerät und ihre Herrscherpaläste – bei ihnen war alles anders als am Goldenen Horn und weiter östlich im sonnigen Anatolien. Wer wollte schon in solchen Steinhauswüsten leben? Die Osmanen hatten ihre Musik, ihre Architektur und ihre Religion, die ihnen lieb waren und die sie nicht austauschen wollten.

Das Befremden der Osmanen über Europa scheint trotzdem nicht so groß gewesen zu sein wie umgekehrt die Fremdheit, die die Europäer gegenüber den »Anderen« empfanden, die sie bei ihren »Eroberungen« kennen lernten. Die europäischen Chroniken über die neuen Kontinente und deren Bewohner, die »Wilden«, lasen sich ganz anders als beispielsweise Reiseberichte aus dem Orient, weil man dort auf bisher völlig unbekannte Erscheinungen stieß. Die Türken kannten Christen schon seit ihrer eigenen »Eroberung« Anatoliens als Nachbar, Arbeitskollege oder Freund. Für die Europäer jedoch war der

»Türck« seit dem Mittelalter eine zwar sehr negative, aber doch gewohnte Erscheinung geworden. Mit den Osmanen hatten die Europäer nur selten zusammengelebt, die Osmanen aber waren wegen ihrer Erfahrungen in Anatolien, das vor seiner schrittweisen Übernahme im Mittelalter von christlichen, jüdischen und anderen Glaubensgruppen bewohnt gewesen war, mit ihnen vertraut. Diese Nichtmuslime, zusammen mit den sephardischen Juden, die ab 1492 von der iberischen Halbinsel vertrieben wurden und Zuflucht im Osmanischen Reich gefunden hatten, waren vor allem in den Großstädten als Händler oder in anderen freien Berufen beschäftigt. Da sie die westlichen Lebensweisen seit dem Beginn des 19. Jahrhunderts übernommen hatten und auf den Straßen des fränkischen Stadtteils Pera (dem heutigen Beyoğlu) in Istanbul mehr Französisch als Türkisch sprachen, war Europa für die Bewohner Istanbuls ein Stück Gegenwart. Europa hingegen kannte den Orient nur oberflächlich und hatte sich oft ein verzerrtes Bild der Wirklichkeit geschaffen.

Die Revolution von oben

Das ehemalige Konstantinopel (wie überhaupt das ganze Reich) bestand aus »Parallelgesellschaften«, denn es war kein Nationalstaat und strebte deshalb keine Homogenisierung seiner Bürger an. Nicht alle Nichtmuslime waren verwestlicht, aber diejenigen, die sich immer mehr der »modernen« Lebensweise anzupassen versuchten, blieben unter sich oder verkehrten nur mit Europäern. Die osmanisch-türkische Elite kümmerte sich um diese Entwicklung nicht sonderlich. Die »christliche Kultur« war für die islamisch geprägten Eliten wenig attraktiv. Sie verspürten kein Bedürfnis nach einer geistigen Neuorientierung, sondern vielmehr nach einer Erneuerung innerhalb ihres bestehenden Systems, das sich seit Jahrhunderten bewährt hatte und nun temporäre Probleme zu haben schien. Die Reform- und Verwaltungskräfte des Reichs erkannten zwar die enorme wirtschaftliche und geistige Entwicklung des Westens, aber ihnen entging die Tragweite des Problems. Ihre Sorge galt der Rettung des Reichs und nicht der Gründung eines türkischen Nationalstaats. Unterdessen gingen alle großen, nichtmuslimischen Bevölkerungsgruppen außer den Juden dem Gedanken des Nationalstaats nach und versuchten, sich mit Hilfe der westlichen Großmächte und Russlands von den Türken zu trennen. Spätestens ab der Mitte des 19. Jahrhunderts suchten die türkischen Reformer nach Auswegen, das Reich zusammenzuhalten. Dass ihnen dies nicht gelang, steht in den Geschichtsbüchern. Der Westen drang mit seinem nationalen Staatsmodell, seinen Institutionen, Gesetzestexten, Medien, Produkten und Lebensweisen unaufhaltsam und unumkehrbar in die Türkei herein.

Mustafa Kemal Atatürk, der Begründer und erste Staatspräsident der Türkischen Republik, hatte das alte Problem der osmanischen Intellektuellen in seinem Kopf schon längst gelöst: Für ihn gab es auf Erden nur »eine einzige menschliche Zivilisation«. Diese konnte und durfte man seiner Meinung nach nicht einer bestimmten Geografie zuschreiben, weil ihre vielen Komponenten an verschiedenen Orten und zu unterschiedlichen Zeiten entwickelt worden waren: der antike Humanismus in Griechenland, das Rechtssystem in Rom, die staatliche Ordnung in Persien, das erste Geldsystem in Anatolien, das straffste Militär in Preußen und allenthalben die Kunst und Musik. Die Menschen entwickelten demnach weltweit unterschiedliche Aspekte dieser Zivilisation. Andere hörten davon und übernahmen das Gute. Kurzum, die ganze Menschheit arbeitete unaufhörlich an einem großen Experiment, das wir heute globale Zivilisation nennen würden. Das war die Ansicht der Gründungsväter der heutigen türkischen Republik. Das Land warf Ballast ab und machte sich auf den Weg in die Zukunft; es galt, das Gute der Anderen in die eigene Kultur zu integrieren, ohne zu fragen, woher es kam. Hatte nicht schon der Prophet Muhammed gesagt, der Gläubige sollte »bis nach China wandern, wenn er dort etwas zu lernen« hätte?

So übernahmen die Türken einen der wesentlichen zeitgenössischen Werte des Westens, den Nationalstaat. Mit seinem Spruch »Glücklich ist, wer sich Türke nennt« umschrieb Atatürk das Modell der türkischen Nation: Jeder, unabhängig davon, woher er kam und woran er glaubte, sollte gleichberechtigt »Türke« sein und die türkische Nation bilden. Türke war, wer sich als Türke bezeichnete – so einfach war das. Alle Türken innerhalb der Republikgrenzen sollten, genauso wie die Franzosen, Deutschen oder Italiener, eine eigene Heimat und Sprache, eine gemeinsame Flagge sowie gemeinsame Ideale haben. Man wollte die alten, überkommenen Werte, die das Osmanische Reich zum Scheitern gebracht hatten, überwinden und »modern« werden. Ein radikaler Wertewandel war das Ziel. »Alles, was gut ist, werden wir aus dem Ausland übernehmen und alles, was an unseren Werten zu schätzen ist, werden wir behalten«, hieß das Motto.

Aber das Leben hielt sich nicht an die schöne Theorie: Die menschliche Zivilisation mochte ganz abstrakt global sein, aber die Moderne roch immer noch nach französischem Parfum. Die Orientierung der muslimischen Eliten in den 1920ern und 30ern wurde zur Blaupause der nichtmuslimischen Angehörigen des Reichs. Französisch blieb im Istanbuler Pera oder an den Pieren der Handelsstadt Izmir immer noch die am meisten gesprochene Sprache. Auf den Straßen, in den Cafés oder auf den Chefetagen der Großstädte vollzog sich eine geschwinde Verwestlichung. Paris mit seinem Flair, seinen schicken und höflichen Spaziergängern, seinen Parkanlagen und Museen zog die türkischen Eliten wie ein Magnet an. Dazu kam, dass Paris schon traditionell Hauptquartier der jungtürkischen Reformbewegung gewesen war und damit auch die heimliche Lieblingsstadt der modernen Türken. Der französische Laizismus, das zentralistisch organisierte Verwaltungssystem, die französische Philosophie, das Savoir-vivre – auch die neuen Eliten der Republik blieben dem osmanischen Ideal treu und verhielten sich bis in die 1980er Jahre ausgesprochen frankophil.

Man wünschte sich eine demokratische Republik mit einem gewählten Parlament, nach westlichem Vorbild entworfene Zivilgesetze, demokratische Institutionen und ein gutes Bildungssystem für alle Bürger. Mann und Frau sollten gleichgestellt sein und Frauen ermuntert werden, gesellschaftliche Positionen einzunehmen. Dazu wollte man die bildenden Künste herholen, moderne Städte, Museen, Theater, Orchester und elegante Modenhäuser bauen – kurzum, alles was die türkischen Eliten in Paris und anderen europäischen Großstädten bewunderten, sollte es auch in der Türkei geben. Die 1920er und 30er wurden zu einer beispiellosen Aufbruchszeit, in der die vom neuen, modernen republikanischen Geist beseelten Männer und Frauen jahrhundertealte Traditionen über Nacht ablegten. Die »Revolutionen« waren in der Tat beispiellos. Fast über Nacht änderten die Türken ihre Kleidung, Sprache und Schrift. Sie schafften das Kalifat, das viele für unentbehrlich hielten, per Gesetz ab und schlossen Sekten- und Ordenshäuser, die man beschuldigte, das Volk »einzuschläfern«. Das Tragen religiöser Kleidung in der Öffentlichkeit wurde verboten. Frauen, die bisher mit schwarzem Umhang, dem *Çarşaf,* oder mit wallenden bunten Gewändern und transparentem Gesichtsschleier auf die Straße gingen, mussten diese Kleidungsstücke ablegen. Höchstens ein Mantel war erlaubt, das Gesicht aber musste fortan frei bleiben. Schließlich wurde die weibliche Verhüllung im öffentlichen Dienst und in den Bildungsinstitutionen des Landes gänzlich verboten: Moderne türkische Mädchen sollten sich nach eigenem Belieben anziehen können und den Jungen in jeder Hinsicht gleichgestellt sein. Das empfand die Bevölkerung als den radikalsten Bruch mit ihren Werten.

Die Modernisierung der Republik

Die von Atatürk und seinem Einparteiensystem geförderten Medien übernahmen für die Modernisierer die Öffentlichkeitsarbeit. Die erste türkische Pilotin der Luftwaffe und die erste türkische Schönheitskönigin wurden in großen Reportagen gepriesen. In rasantem Tempo, nicht zuletzt mit der tatkräftigen Unterstützung von deutschjüdischen Intellektuellen, die in den 1930ern und 1940ern in die Türkei geflüchtet waren, baute die Republik ihre modernen Institutionen und Universitäten auf, während in Europa der schlimmste Krieg aller Zeiten tobte. Im Laufe des 20. Jahrhunderts sollten Millionen von jungen türkischen Studenten die Ideen und Produkte der Moderne in diesen Bildungseinrichtungen kennen lernen. Ein Wertewandel ungeahnten Ausmaßes war in Gang gesetzt worden; die Früchte dieses Experiments würden die nächsten Generationen ernten.

Die Modernisierer machten für die Stagnation und letztlich den Untergang des Osmanischen Reichs vor allem die Religion verantwortlich. Nicht nur der Islam, sondern die Religion im

Allgemeinen schien den Fortschritt zu hemmen. Die Nicht-muslime des Osmanischen Reichs, die Europäer und die Amerikaner, waren den Osmanen weit voraus gewesen, weil sie sich viel früher säkularisiert hatten. Der muslimische Klerus im Reich, den es laut den Glaubensvorschriften ohnehin nicht geben durfte, war auf einem konservativen Niveau erstarrt und hatte jedem Fortschritt im Weg gestanden. Er kam zudem in der unverständlichen arabischen Sprache daher. Die Tilgung islamischer Sichtbarkeit aus dem öffentlichen Leben war ein Schlag gegen jede Art von tiefer Religiosität, die sich im Kollektiv ausleben wollte. In den Augen der Gründungsväter der Republik hing die Rückständigkeit mit dem dogmatischen, totalitären Denksystem der Hocas zusammen. Sie betrachteten sie als ignorant und lebensfremd. Während die Muslime in Sektenhäusern religiöse Messen feierten, bauten westliche Nationen Flugzeugfabriken.

Die strikte Trennung von Mann und Frau im öffentlichen Leben und das »Einsperren der Frauen im Haus« war in den Augen der Reformer einer der wichtigsten Gründe für das Zurückbleiben des Osmanischen Reiches. Aufgeklärte, moderne, gebildete Türkinnen sollten nunmehr als Mütter erfolgreiche, patriotische Kinder für das Land erziehen. In den 1920ern und 30ern deckte sich der Reformgeist in der Türkei mit der kommunistischen Aufbruchszeit in der neu entstandenen Sowjetunion. Seien es aufgeklärte, bürgerliche Pioniere oder die Intellektuellen im Dienste des Proletariats: Beide betonten die gestaltende, gesellschaftsverändernde Rolle der gebildeten Individuen, die sich in den Dienst ihres Landes gestellt hatten.

Der Islam sollte nicht mehr in den Händen der Zivilgesellschaft liegen. Vom Moscheenbau bis hin zur Freitagspredigt wurde von nun an alles staatlich kontrolliert. Die Anstalt für Religiöse Angelegenheiten (Diyanet) avancierte zum Leitinstrument des religiösen Lebens in der Türkei und übernahm auch die Verantwortung für inhaltliche Glaubensfragen, ähnlich wie die römisch-katholische Kirche für ihre Gläubigen. Der Islam sollte ohnehin denselben Platz im Privatbereich einnehmen wie das Christentum im Westen. Mit der Gründung der Türkischen Republik am 29. Oktober 1923 wurde Religion zur Privatsache erklärt – ein ebenso wichtiger »Wertewandel« wie die veränderte Rolle der Geschlechter.

Aber das äußere Erscheinungsbild war viel leichter zu verändern als die Gedanken und Gewohnheiten. Durch eine immense Übersetzerarbeit, die das Kulturministerium förderte, ließ man zahllose Grundwerke der westlichen Philosophie und Literatur ins Türkische übertragen, die dennoch nur den städtischen Ober- und Mittelschichten zugänglich blieben. Während die Regierung in den Städten die Schulen ausbaute und reformierte, wurden auf dem Land die so genannten »Dorfinstitute« gegründet. Sie sollten die noch weitgehend ungebildete Landbevölkerung alphabetisieren und »Dorfintellektuelle« hervorbringen, die als Katalysatoren der Modernisierung auf dem Land wirken sollten. Schriftsteller wie Yaşar Kemal oder der nach einem langen Aufenthalt im Ruhrgebiet verstorbene Fakir Baykurt gehören zu der Generation der Intellektuellen vom Land, die den Geist der Republik freiwillig verinnerlichten. Die von den republikanischen Idealen beseelten Lehrerinnen und Lehrer strömten, wie in damals verfassten Romanen ausführlich beschrieben, in die entlegensten Dörfer des Landes, um den bis dahin von den »Segnungen der Zivilisation abgeschnittenen« Bauernkindern Lesen und Schreiben beizubringen.

Aber wenn überhaupt, dann lasen die Schüler Werke von Balzac, Homer, Goethe oder Montaigne – so wie sie damals die religiösen Bücher gelesen hatten. Sie lernten Textabschnitte auswendig wie ihre Väter und Mütter früher Koranverse. Der autoritäre Geist des Osmanischen Staates lebte wie selbstverständlich in den Köpfen weiter. Ein strenger, autoritärer Lehrer und eine auf Disziplin gedrillte Klasse übten sich im kritischen Denken, was per se nicht gut gehen konnte. Das ereignete sich in einer Zeit, in der ganz Europa vom deutschen Faschismus überrollt wurde, in der Sowjetunion ein nicht minder autoritäres System am Werk war und im Süden ein aufkeimender arabischer Nationalismus auch keine demokratischen Impulse zu geben im Stande war.

Zivilisation bedeutet Zweifeln lernen

Es ging um die Quadratur des Kreises: Die Kunst des Zweifelns, die Grundlage der französischen Aufklärung, konnte man nicht »auswendig lernen«. Der Überbau war ohne den Unterbau nicht zu haben. Die Republik war nicht nur sehr ambitioniert, sondern auch sehr arm. Die Gründungsväter gaben ihr Bestes. Mustafa Kemal Atatürk rief in der traditionsreichen Handelsstadt Izmir eine erste große Wirtschaftskonferenz zusammen und deklarierte die neuen ökonomischen Prinzipien, die einer eher links-sozialdemokratischen Auffassung nahe kamen: Der Staat kontrollierte das Wirtschaftsleben und hielt die lebenswichtigen Sektoren wie Energie, Straßenbau, Gesundheit oder Bildung in der Hand. Die übrigen wirtschaftlichen Tätigkeiten wollte er Privatinitiativen überlassen, gefördert durch günstige Kredite staatlicher Banken und andere Maßnahmen. Die Bauern wollte man ebenfalls tatkräftig unterstützen. Die geplante Landreform, mit der man den Großgrundbesitzern die Macht entreißen wollte, sollte jedoch nicht zuletzt durch den heftigen Widerstand der kurdischen Agas im Osten scheitern.

Die Türkei war ein großes Agrarland ohne nennenswerte Industrie. Zwar sollte in den ersten Jahrzehnten der Republikgründung vor allem die Sowjetunion den industriellen Aufbau unterstützen, aber diese Initiativen begannen bereits nach dem Zweiten Weltkrieg zu stocken. Der amerikanische Marshall-Plan nutzte ebenfalls nicht viel. Die Versuche des Staates, eine nationale Unternehmerschicht zu schaffen, mündeten in einer mehr oder weniger parasitären Bourgeoisie, die zwar nach vermeintlich »westlichen« Werten lebte, aber unproduktiv war. Türkische Unternehmer überschütteten den durch hohe Schutzzölle eingehegten einheimischen Markt mit teurer Ware minderer Qualität. Dank des großen landwirtschaftlichen Potenzials blieb die Türkei bis in die 1980er Jahre ein Selbstversorgerland, aber der Druck auf das Land wuchs: Die Auslandsverschuldung nahm zu, die Industrialisierung ging nicht voran, eine enorme Bevölkerungsexplosion sorgte nicht nur für ein großes Arbeitslosenheer, sondern auch für die Pleite des Bildungs- und Gesundheitssystems. Arme Massen vom Land wanderten ab den 1950ern in die Großstädte und begannen, deren halbwegs modernen Charakter zu verändern. Die vorzeitige Schließung der »Dorfinstitute« stoppte unterdessen die Modernisierung auf dem Land. Bald hatte der Staat kein Geld für die Infrastruktur, ohne die jede Modernisierung auf der Strecke bleiben musste.

Die Moderne wurde in den Großstädten gelebt. In Istanbul, Izmir, Ankara oder Adana entstanden Mittel- und Oberschichten, die alles Alte, Islamische übereifrig abzulegen versuchten. »Avrupa« (Europa) wurde zum Zauberwort. Die Muttersprache der »Zivilisation« blieb Französisch. Von den Franzosen lernten die Türken Höflichkeit und Kultiviertheit. Die 1950er bis 70er waren die Zeit einer bedenkenlosen Imitation Europas. Europäische Filme, Bücher, Kleider, Hüte und Medien erfreuten sich großer Beliebtheit. Es entstand auch eine Schicht ausgebildeter, berufstätiger Frauen. Auf ihren Schultern lastete alles: Sie sollten als Lehrerinnen, Beamtinnen, Richterinnen oder Sportlerinnen arbeiten und zugleich die Kinder großziehen, gute Mütter und Ehefrauen sein. Das Ideal war so fest in den Köpfen verankert, dass auch die damaligen Zuzügler in die Städte bald die Lebensweise der Modernen übernahmen; das Kopftuch symbolisierte Rückständigkeit und war nur noch ein altmodischer Brauch. Die Bäuerinnen bedeckten ihre Köpfe aber weiterhin, die moderne, städtische Türkin zeichnete sich dagegen vor allem durch modische Kleidung aus.

Obwohl die türkischen Studenten zeitgleich mit ihren Altersgenossen im Westen in den 1968ern auf die Barrikaden gingen, um für sozialistische Ideale zu kämpfen, haben sie einen Wandel in moralischen Angelegenheiten nicht in Betracht gezogen. Die Stellung der Frau, modern, fortschrittlich und züchtig, tasteten sie nicht an. Der Revolutionär nannte seine Mitkämpferin »Genossin« (Yoldaş) oder, wenn sie vom Land kam, »Schwester« (Bacı). Die sexuelle Revolution des Westens spielte bei den türkischen 68ern keine Rolle. Sie hatten auch nicht versucht, den Generationenkonflikt der deutschen Studenten, die mit der nationalsozialistischen Vergangenheit ihrer Eltern abgerechnet hatten, nachzuahmen – ihr Ideal war eine unabhängige, vom amerikanischen Imperialismus befreite, sozialistische türkische Republik. Die Jugend tastete die Werte der Republikgründer im Grunde genommen jahrzehntelang nicht an – im Gegenteil, sie versuchte, diese gegen die als »verdorben« bezeichneten neuen Werte des Kapitalismus und der amerikanischen Weltsicht zu schützen. Ihre Eltern waren oft verarmt – die vom Internationalen Währungsfonds »kaputtsanierte« Wirtschaft fraß ihre Kinder auf: Der Mittelstand schrumpfte, die Arbeitslosigkeit wuchs, Rentner und

Lohnabhängige litten unter der galoppierenden Inflation. Verarmte Bauern, die in die Großstädte stürmten und in den Vororten unter miserablen Verhältnissen hausten, brachten eine Zwitterkultur ins Spiel, die weder städtisch noch dörflich war. Für sie waren Begriffe wie »Ehre« und »Treue« wichtig, die heute in manchen türkischen Familien in Deutschland aus dem gleichen Grund eine große Rolle spielen. Die Masse derer, die weder modern noch traditionell lebten und deren Werte völlig durcheinander gekommen waren, wuchs täglich an.

Kapitalismus versus traditionelle Werte

Die heute über Vierzigjährigen erinnern sich genau an Zeiten, in denen diese alte »chaotische Ordnung« galt. Ihr wichtigstes Merkmal: Sie hielt an Werten fest, die im Zuge der kapitalistischen Entwicklung immer anachronistischer wurden. Wenn man vor dem großen Umbruch 1980 von Geld sprechen musste, begann man den Satz mit einer Entschuldigung: »Verzeihung, wie viel, sagten Sie, soll dieser Anzug kosten?« Weshalb entschuldigte man sich? Weil Geld als etwas Schmutziges, Verderbliches galt. Muslimische Türken hatten jahrhundertelang kaum Handel getrieben. Der Kapitalismus erschien riskant und unmenschlich. Wer »Geschäfte machte«, war in den Augen der meisten ein potenzieller Betrüger und Halsabschneider. Wenn Geld ins Spiel kam, gingen doch Werte wie Freundschaft, Hilfsbereitschaft, Familiensolidarität baden. Aber wer sollte den Aufstieg des neuen Wirtschafts- und Gesellschaftssystems aufhalten? Die linken Studenten zerbrachen an zwei aufeinander folgenden Militärinterventionen 1971 und 1980.

Trotzdem leisteten Verfechter der alten Ordnung Widerstand. Auch wenn die traditionellen Werte nicht mehr flächendeckend praktiziert wurden, existierten sie noch. Man bekannte sich zu ihnen, auch wenn man nicht mehr danach lebte – breite, arme Bevölkerungsschichten trösteten sich weiterhin mit der Tradition. Es schickte sich nicht, mit Reichtum oder Bildung zu prahlen. Zurückhaltung, Understatement, Bescheidenheit waren die obersten Tugenden, Eigenlob nur ein Merkmal der ungeschliffenen Neureichen, ein deutliches Zeichen für Unkultiviertheit. Es gehörte sich auch nicht, laut zu reden und zu lachen. Auf der Straße, in der Öffentlichkeit aß und trank man nicht, denn andere, die das sahen, sich aber nichts leisten konnten oder gerade Durst oder Hunger und nichts zur Hand hatten, könnten darunter leiden.

Der Glaube, den die Städter kaum noch, die ländlichen und noch nicht verstädterten Massen indes immer stärker praktizierten, prägte das Lebensgefühl. Da »das Leichentuch keine Taschen hat«, das heißt, dass man nichts »nach drüben« mitnehmen kann, sollte man sich nicht von dem falschen Glanz des Irdischen täuschen lassen. Alles Materielle war nichts wert! Außerdem konnte »niemand ruhig schlafen, dessen Nachbar hungerte«. Da Gottes Geschöpfe alle gleichwertig waren, gebührte niemandem übergroßer Besitz, solange andere darbten. Das war ein Ideal, das niemals seine Verwirklichung fand, sonst wäre das Osmanische Reich als der erste sozialistische Staat der Welt in die Geschichte eingegangen. Osmanische Städte zeichneten sich dadurch aus, dass sie nicht nach reichen und armen Vierteln geordnet waren, sondern nach religiöser Zugehörigkeit. Muslime jeder Einkommensklasse lebten nebeneinander in ihren Vierteln. Das große Stadthaus eines Händlers oder Bürokraten war in derselben Straße platziert wie die einstöckigen Holzhäuser der einfachen Arbeiter.

Die islamische Ordnung ist nicht gegen Privatbesitz. Aber sie macht ihm Auflagen. Reichtum verpflichtet. Im Grunde genommen ist er überflüssig. Man sollte keinen Luxus anstreben und mit dem Erreichten zufrieden sein, denn es gibt Millionen, ja Milliarden von Menschen, die weniger haben. Für die Massen galt schon immer: Wenn jemand ehrlich arbeitete und genug verdiente, war das Lebensziel erreicht. Es war sinnlos, immer mehr haben zu wollen – Gier war eine Eigenschaft undankbarer, habgieriger Menschen. Das Leben – ja, das Leben war im Grunde genommen nichts als eine Illusion. Der Mensch wurde geboren und musste irgendwann sterben, gleichgültig wie mächtig oder reich er war. »Nicht einmal Suleiman der Prächtige hat die Welt geerbt«, lautete ein beliebter Spruch, der seinen Weg bis in unsere Zeiten gefunden hat. Auf diese zwei Dinge kam es im Leben an: die Gesundheit und die Familie.

Den Tod immer vor den Augen, musste der Mensch versuchen, so ehrlich wie möglich zu bleiben, niemandem Schaden zuzufügen und keine Schulden zu hinterlassen. Wenn sich Reichtum tatsächlich von selbst, durch glückliche Umstände und ehrlichen Fleiß anhäufen ließ, sollte man davon abgeben, um die Armen mitzuversorgen. Bei zu großen Unterschieden zwischen den Menschen war Zwietracht, *fitne*, unvermeidlich. Zwietracht, Neid, Eifersucht, Gerede – das waren die größten Feinde der bestehenden Ordnung, *nizam*. Gott hatte sie geschaffen, um dem unvollkommenen Wesen des Menschen zu entsprechen. Der Familie, den Kindern eine gute Zukunft zu bereiten, gehörte zu den Hauptpflichten eines jeden Mannes. Wer dieser Pflicht nicht nachkam, etwa zu faul war, trank oder vagabundierte, galt als Versager.

Frauen gehörten nicht nur ins Haus, das Haus gehörte ihnen sogar. Sie hatten ihr eigenes Zimmer oder Gemach, verrichteten die Hausarbeit oder ließen sie verrichten und zogen die Kinder groß. Niemand, der nicht bitterarm war, schickte seine

Frau »draußen« arbeiten – eine patriarchalische Weltsicht, die sich bis heute in weiten Teilen der Türkei, sogar in modernen, städtischen Kreisen, hält. Eine Frau, die viel »draußen« war, wurde in der Türkei schon immer als »schlecht« angesehen. Nach Einbruch der Dunkelheit ging eine »Anständige« nicht mehr aus, und es schickte sich selbst tagsüber nicht, Männer, die nicht zur Verwandtschaft gehörten, als Gast ins Haus zu bitten. Mit der Mutterschaft gewann die Frau an Respekt. Und erst im Alter, als Matriarchin, durfte sie das Kommando endlich auch einmal von den Männern übernehmen.

Auf dieser gewiss sehr patriarchalischen Ordnung beruhte die ganze Gesellschaft, fast alle hielten sich freiwillig an die Regeln. Wer aus diesem System ausscherte, um seine eigenen, individuellen Wünsche zu verwirklichen – zum Beispiel, sich trotz Frau und drei Kindern in eine andere zu verlieben und wegzugehen; seine bedürftigen, kranken Eltern nicht zu pflegen; seine Verwandten im Stich zu lassen; als Frau die Regeln des sozialen Alltags zu missachten –, der nahm in Kauf, aus der Gemeinschaft ausgeschlossen zu werden und einsam zu werden. Das Patriarchat offenbarte den Frauen auch durchaus angenehme Seiten, etwa nicht auswärtig arbeiten zu müssen und im Haus einen eigenen Bereich haben zu können, in den sich der Mann nicht einmischte. Deshalb beklagten sich auch viele Frauen nicht über diese seit Jahrhunderten tradierte gesellschaftliche Ordnung.

Eigensinn, *kendini düşünmek*, war und ist bis heute ein Schimpfwort. Es ist das türkische Pendant des Wortes für das Individuum, *birey*, eine kalte Vokabel, der die Nestwärme fehlt. Das alte Wort dazu, *fert*, hört sich dagegen wie aus einer wissenschaftlichen Abhandlung an. Die Trennwand zwischen Individuum und Egoismus war für Türken schon immer ziemlich dünn. In diesem erprobten System hat jeder seinen Platz.

Solange er diesen Platz akzeptiert, wird er nicht nur ständig gefordert, sondern auch belohnt: mit dem Gefühl des Aufgehobenseins in der Welt. Ist das kein großer Gewinn? Albert Camus, der am Mittelmeer nach einem anderen, unwiederbringlich verloren gegangenen, menschlicheren Dasein suchte, hat gesagt: Hier sei immer noch »die ganze Welt Zeuge« dessen, wie man lebe. Man nehme Anteil, habe jederzeit Menschen, die zuhörten und mit einem sprächen. Die versuchten, Freud und Leid zu teilen, was zwar niemals über die essenzielle Einsamkeit des Menschen hinwegtäuschen könne, sie aber mildere. Und für den, der daran glaube: Vor Gott seien schließlich alle Menschen gleich – egal welchen Glaubens und welcher Rasse.

Der Tod ist in diesem Land immer noch viel gegenwärtiger als in Europa: Neben dem fünfmaligen Gebetsruf hört man fast täglich auch den Muezzin die Gemeinde zu einer Bestattungsfeier aufrufen. Dieser arabische Ruf hat eine andere Melodie und einen anderen Text. Die Toten werden in der Türkei vor dem Begräbnis zu einer der innerstädtischen Moscheen gebracht. Dort wird noch einmal für die bzw. den Verstorbenen gebetet. Die Friedhöfe haben keine allzu hohen Mauern und liegen mittlerweile mitten in der Stadt, so dass Millionen täglich daran vorbeikommen. Eine soziale Ordnung, die auf solchen vorkapitalistischen, sich noch stark aus dem Glauben speisenden Werten beruht, lässt sich schwer mit einem postmodernen Weltsystem vereinbaren, zumal wenn dieses nicht allen Mitgliedern der Gesellschaft zugute kommt. Das gilt umso mehr, als diese Gesellschaft in Bezug auf Einkommensverhältnisse und Bildung sowie den daraus abzuleitenden Lebensstil stark fragmentiert ist.

Die neuen Werte der Ära Özal

Der zweite Einbruch »Neuer Werte« nach der Revolution in den 1920er Jahren begann in der Türkei Anfang der 1980er Jahre. Schon vor dem Militärputsch hatte der spätere Minister- und Staatspräsident Turgut Özal am 24. Januar 1980 die berühmten Wirtschaftsbeschlüsse gefasst, die den türkischen Markt der Welt öffnen sollten. In den 1970ern war die Türkei noch eine »geschlossene Ökonomie« gewesen: Die Türkische Lira war nicht konvertibel und es war strikt verboten, ausländische Währungen bei sich zu führen. Aus wirtschaftlichen Gründen durfte jeder Türke nur einmal innerhalb von drei Jahren ins Ausland reisen und dabei nur einen kleinen Betrag in Dollar oder D-Mark umtauschen. Alles war knapp gewesen, vor allem Öl und Strom. Die Großstädter saßen abends im Dunkeln und froren. Der Außenhandel war eingeschränkt. Weil der Staat kein Geld hatte, wurden die Bürger nicht versorgt. Der Schwarzmarkt blühte.

Die Liberalisierung der türkischen Wirtschaft machte diesem Zustand ein Ende. In den »stabilen politischen Verhältnissen«, die dem Militär zu verdanken waren, konnte der Staat neue Schulden aufnehmen. In den USA herrschte die Reagan-Ära, und der Liberalismus wurde überall zum neuen Credo. Doch der »Raubtierkapitalismus« machte vor keinem Wert halt, wie der berühmte Hollywood-Film »Wall Street« aus dem Jahr 1987 zeigte: Ein junger Broker musste sich zum Schluss zwischen einem Schwindel erregenden Aufstieg in die neue Jetsetter-Society New Yorks und den Werten seines ehrlich arbeitenden Vaters entscheiden. Dieser fragte seinen Sohn: Alle reden von Dienstleistungen, aber woher soll das Geld kommen, wenn nicht wirklich etwas produziert wird?

Dieselbe Frage stellte man sich in den 1980ern angesichts

einer unproduktiven Ökonomie, einem fehlenden Realsektor und einer sich trotzdem in Windeseile verbreitenden Yuppie-Ideologie in der Türkei. Die neue Jugend sollte und wollte unpolitisch sein – wie viel verdiente schon ein Universitätsprofessor? Das Ideal des türkischen Bildungsbürgers wurde kurzerhand begraben und immer weniger Menschen trauerten ihm nach. Jetzt zählte nur noch das Geld, denn Erfolg wurde in Zahlen gemessen: Wie viel kostet dein Anzug, was hast du für die Wohnung bezahlt, wie teuer ist die neue Ware aus Deutschland? Mit dem rapiden Wechsel zur allzu freien Marktwirtschaft wandten die Eliten ihre Augen vom »Old Europe« zum neuen Mekka der Neoliberalen: Die USA lösten Frankreich als die Quelle aller Zivilisation ab. Anhand der neuesten Moden in den Großstädten konnte man nun erraten, was in New York oder Los Angeles gerade der vorletzte Schrei gewesen war.

Einer der alteingesessenen jüdischen Industriellen des Landes, Ishak Alaton, beschrieb die Werte der Eliten und der Neureichen 1990 so: »Die Vertreter der ersten Gruppe: Sie sprechen mehrere Fremdsprachen. Sie sind kultiviert, kennen sich mit schönen Künsten und Musik aus. Sie tragen zu dem Image der Türkei als einem entwickelten Land bei. Sie sind humanistisch, tolerant. Die zweite Gruppe legt viel Wert auf Kleidung und Aussehen. Man trifft sie häufig auf Cocktails. Im Frühling und Herbst verbringen sie ihre Wochenenden in Bodrum. Sie haben engen Kontakt zu den High-Society-Clubs anderer Länder. Sie sind gesprächig, witzig und haben keinen großen Tiefgang. Sie sind nett, aber das war's auch. Bei der dritten Gruppe zählt die Macht des Geldes. Ihre kulturellen Defizite versuchen sie mit großzügigen Gesten, mit verschwenderischem Gehabe zu kompensieren. Wenn sie ihrem Sohn eine Beschneidungsfeier organisieren, fehlt dort nicht einmal schwarzer Kaviar, der mit Suppenlöffeln angeboten wird. Sie behandeln die Kellner schlecht, beleidigen andauernd das Dienstpersonal. Ihre Uhren haben dicke, mit Diamanten besetzte Armbänder. Sie laufen oft mit aufgeknöpftem Hemd herum und stellen ihre Goldketten zur Schau.«

Wie auch in anderen westlichen Ländern war der begehrteste Beruf der 1980er in der Türkei der eines Wirtschaftsmanagers. Reiche Familien schickten ihre Kinder zum Studium der Betriebswirtschaftslehre in die Vereinigten Staaten. Nach ihrer Rückkehr stellten die wie Pilze aus dem Boden sprießenden Unternehmen diese jungen Leute als Manager ein. Wo früher Ingenieur- und Arztberufe begehrt waren, zählte nun das Insiderwissen in Bank- und Börsengeschäften. Die neue städtische Elite übernahm sehr schnell die Werte ihrer westlichen Altersgenossen:

»Ich komme um neun, halb zehn zur Arbeit. Mein Beruf zwingt mich, auf meine Kleidung besonders zu achten. Lunch nehmen wir in einem guten Restaurant ein. Um achtzehn Uhr herum verlassen wir das Büro und genießen unser soziales Leben. Entweder bei Freunden oder in Bars. Wir treffen unsere Freunde, die in anderen Banken und Unternehmen arbeiten. Sie sind genauso jung, dynamisch und wir haben dieselbe Sicht auf die Dinge. Wir trinken irgendwo etwas oder gehen zusammen tanzen. Ich denke, die Yuppies sind überall gleich. Da wir dieselbe Herkunft miteinander teilen, werden die Beziehungen am Arbeitsplatz auch im Privaten weitergeführt. Unsere Urlaubsreisen, Weekend-Ausflüge stimmen wir miteinander ab.«[1]

Ende der 1980er standen der neue Typus »türkische Frau« und »türkischer Mann« fest. In der Zeitung Hürriyet war nachzulesen:

»Fangen wir mit der modernen Türkin an: Sie trägt nicht ihren gesamten Schmuck auf einmal / Für Gleichheit hat sie keinen Feminismus nötig / Sie macht das Canasta-Spiel nicht zum Lebensinhalt / Sie lässt den Fernseher nicht bis zum Standbild durchlaufen / Sie wetteifert nicht mit ihren Töchtern / Statt sich mit modischen Abmagerungsmethoden herumzuschlagen, ernährt sie sich richtig und treibt Sport / Sie sieht in dem Mann nicht ausschließlich ihren zwangsläufigen Ernährer / Sie kann ihre Telefonate auf Minuten reduzieren / Sie weiß, dass Schönheit von Natürlichkeit und Schlichtheit kommt / Sie verliert bei Alkohol nicht ihre Feinheit / Sie versteht es nicht nur, ihr Parfum zu wählen, sondern es auch richtig zu dosieren / Sie kann sich mit Männern anfreunden, ohne gleich klassischen Träumen zu verfallen / Und sie kann trotz allem immer lächeln ...«

Den »modernen türkischen Mann« definieren Frauen so: »Er läuft zu Hause nicht mit gestreiftem Pyjama herum / Wenn er in einem Restaurant zufällig auf seine Frau trifft, findet er das nicht merkwürdig / Er glaubt daran, dass bartlose Männer auch Manns genug sind / Er trinkt keinen Whiskey zum Kebab / Er zwingt sein weibliches Personal nicht, mit ihm essen zu gehen / Statt seinen Zahnarzt anzubrüllen, putzt er sich täglich die Zähne / Er steht im Flugzeug nicht auf, bevor die Maschine zum Stillstand gekommen ist / Er ist nicht Westler beim Kauf einer Technologie, bei dessen Benutzung er zum Orientalen wird / Er geht ins Theater, auch wenn er keine kostenlose Einladung bekommen hat / Er macht sein Hemd nicht bis zum Bauchnabel auf, um seine Goldkette im Brusthaar vorzuführen / Er kann die Windeln seines Kindes genauso schnell wechseln wie seine Frau / Er weiß, wo und wie einzuparken / Er beginnt nicht von der glorreichen Eroberung Istanbuls zu palavern, wenn wir gerade über ein schmutziges öffentliches Klo reden ...«[2]

Zumindest für einen städtischen, modernen Kreis hatten sich die Werte in den 1980ern vollkommen geändert. Der mit dem Westen zeitgleich einsetzende Wertewandel wurde durch den Bruch begünstigt, den der Militärputsch 1980 gebracht hatte. Die Liberalisierung und der damit verbundene Aufschwung schienen den Wandel zu rechtfertigen: Aus der Türkei mit ihrer geschlossenen Gesellschaft und den vielen Mängeln war innerhalb von zehn Jahren ein Land geworden, »in dem nichts fehlte«: Durch die Öffnung für den Import waren die Supermarktregale nun voll mit »Westware«, die einen Hauch von Wohlstand in die Städte brachte. Die Augen der Eliten glänzten angesichts der weltberühmten Marken, die an den schicken Einkaufsstraßen ihre Filialen eröffneten. Zeitungen berichteten darüber, als wäre die Türkei selbst eine Klasse höher aufgestiegen. Auch wenn diese Waren wegen der noch hohen Einfuhrzölle sehr teuer waren, waren sie doch zum Greifen nah. Das weckte in vielen Köpfen die Illusion eines Anschlusses an den Westen. Der neue »Wert« der jungen, gut ausgebildeten städtischen Eliten, die genauso leben wollten wie ihre Altersgenossen in New York, London oder Paris, war: Aufstieg, koste er, was er wolle. »Türkei in die erste Liga«, lautete das Motto der Mitte der 1990er gegründeten Tageszeitung »Yeni Yüzyıl« (Neues Jahrhundert). An der Wende zum Millennium war den Erwartungen keine Grenze gesetzt. Aber keiner dachte darüber nach, ob für diese Wende überhaupt eine Infrastruktur vorhanden war.

Der Träger des Aufschwungs in der Türkei sollte, ebenso wie in Deutschland, der Handel sein. Er wurde kräftig subventioniert und von gewieften Geschäftsleuten, die sich in der Nähe des politischen Machtzentrums aufhielten, skrupellos ausgenutzt. Wegen unangemessener Bankengesetze sprossen Privatbanken aus dem Boden, die Anfang der 2000er zur größten Wirtschaftskrise des Landes führen sollten. Unkontrollierte, durch Korruption vom Staat subventionierte Geschäfte und

Vetternwirtschaft sowie »freie Medien«, die sich für die vielfältigen Geschäfte ihrer Eigner missbrauchen ließen, läuteten in der Türkei die Ära einer unregulierten Marktwirtschaft ein. Jetzt war jeder sich selbst überlassen und moralische Werte hatten keine Gültigkeit mehr, weil sie »nicht satt machten«. Am meisten davon betroffen waren Menschen, die noch an ihren alten Überzeugungen festhielten und deshalb von den Unterstützern des neues Systems ausgelacht und als »Dinosaurier« bezeichnet wurden. Der Chefredakteur der auch in Deutschland meistverkauften türkischen Tageszeitung »Hürriyet«, Ertuğrul Özkök, beschrieb seinen neuen türkischen Protagonisten im Jahre 1995 so:

»Diese Generation kündigte sich mit den jungen Geschäftsleuten an, die in jenen Jahren (den 1980ern) mit der Aktentasche in der Hand von einem Ende der Welt zum anderen eilten, um ihre Waren anzupreisen. Sie waren die Verkünder der geistigen Erneuerung. Sie haben die Latte der türkischen Ökonomie höher gelegt. (…) Die 1980er Generation hat mit dieser großen Revolution die selbst ernannte Glorie der 68er und ihre Jugendlegenden, ihr Monopol auf Revolution, kaputtgemacht.«[3]

Die Gegenreaktion zum Wertewandel: Islamisierung

Am 17. April 1993 starb der Vater dieser Generation, Turgut Özal, plötzlich an einem Herzinfarkt. Aber die »Verwestlichung« der Türkei kam dadurch nicht zum Stillstand, hatte sie doch vor zweihundert Jahren begonnen und mit der Öffnung der türkischen Wirtschaft einen neuen Höhepunkt erreicht. Der Westen mit seinen Waren und seiner Weltsicht, die auf Konsum und Individualismus beruhte, hatte die Türkei schon längst erreicht. Ein kleiner Kreis von ungefähr drei Millionen Menschen, ungefähr vier Prozent der Bevölkerung, pflegte einen Lebensstil wie in den Wohlstandsgesellschaften. Der Rest der türkischen Gesellschaft versuchte sich mehr oder weniger über den Tag zu retten. Ein Privatsektor mit Schulen, Universitäten, Kliniken, Vergnügungsstätten und Urlaubsorten, der ausschließlich die höchsten Einkommensklassen ansprach, vertiefte den Abgrund zwischen denen »ganz oben« und »ganz unten«. Die Mittelklasse begann zu schrumpfen; frühere Beamte und Freiberufler, die das wertkonservative Rückgrat der Türkei bildeten, rutschten ohne Halt ab. Im Gegensatz dazu stiegen neue Kreise aus Anatolien auf, die ebenfalls von der Liberalisierung profitierten. Die Finanzwelt nannte sie die »Anatolischen Tiger«.

Diese radikale Entwicklung rief allerdings auch Widerstand hervor. Der mehr oder weniger abrupte Bruch mit den alten Werten wie Bescheidenheit, Genügsamkeit, Ehrlichkeit oder Nächstenliebe führte zu Gegenreaktionen. Nicht alle wollten nur »Geschäfte machen«, Geld verdienen, aufsteigen, konsumieren und sich öffentlich damit rühmen. Die »Tiger« aus Anatolien wollten wertkonservativ bleiben. Sie beriefen sich auf den islamischen Glauben und wirkten beim Aufbau der islamistischen Wohlfahrtspartei mit – genauso wie viele türkische Arbeiter in westeuropäischen Ländern, denen der Wechsel vom alten zum neuen Wertesystem zu plötzlich kam, und die sich aufgrund des alltäglichen Rassismus ohnehin nicht mit den Einheimischen identifizieren konnten. Anatolisches Kapital und die von dem radikalen Wertewandel geschädigten Gemüter verbanden sich zu der starken islamistischen Bewegung, die Mitte der 1990er Jahre in einer Koalitionsregierung an die Macht kam, aber 1997 durch einen »sanften Putsch« ohne Ausnahmezustand wieder abgesetzt wurde. Wieder einmal erwies sich das türkische Militär als »Hüter der Stabilität«. Auch der Auslöser für die Militärintervention, die oberflächlich betrachtet lediglich darin bestand, in Sincan, einer Kleinstadt bei Ankara, ein paar Panzer auffahren zu lassen, deutete auf den Kampf zwischen den Wertesystemen hin: In Sincan hatte der islamistische Bürgermeister eine Theateraufführung erlaubt, die gegen die israelische Besatzung der Palästinensergebiete agitierte. Die Protagonisten waren junge, radikal islamistische Frauen und Männer, die sich nicht nur gegen Israels Politik, sondern auch gegen alles, was aus dem Westen kam, stellten. Das Kopftuch der Studentinnen war nicht nur zum Symbol des politischen Islam geworden, sondern auch zum Sinnbild der alten, jetzt »mit den Füßen getretenen« Werte: Wo, fragte man sich, waren die Westler, die immer von Demokratie, Menschenrechten und individuellem Glück sprachen, wenn israelische Soldaten palästinensische Kinder töteten? Warum sagte der Westen nichts zu der wachsenden Armut in den unterentwickelten Staaten, während sich seine Profite aufgrund der Globalisierung vervielfachten?

Die jungen Leute aus Anatolien, die nicht wie ihre großstädtischen, wohlhabenden Altersgenossen in das neue Wertesystem hineingeboren worden waren und niemanden in ihrem Umfeld davon profitieren sahen, klammerten sich an ihr »ureigenes Erbe« des Islam. Daraus schöpften sie Kraft für Veränderungen bzw. für eine Rückbesinnung auf all jene Werte, die während des Osmanischen Reiches gültig gewesen waren: Sie kamen nun im neuen Gewand des Islamismus auf die Tagesordnung. Aber das kemalistisch-laizistische Militär und eine ebenso orientierte Bürokratie im Rechtssystem bekämpfte den radikalen Islamismus in der Türkei erfolgreich. Zurück blieb eine selbstbewusste, islamisch-konservative Strömung, die nicht bereit ist, sich dem Westen bedingungslos anzupassen.

Das Ergebnis sind zwei große Parallelgesellschaften, die in der Türkei heute nebeneinander leben.

Interessant ist, dass sich die Inkompatibilität der Werte vor allem auf dem Gebiet der Stellung der Frau offenbart. Das Geldverdienen und den Konsum nach westlichem Muster haben mittlerweile auch die aufstrebenden Kreise der traditionell lebenden, gläubigen Türken als »natürliche Lebensweise« akzeptiert. So kann ein Taxifahrer im Istanbul der 2000er Jahre seinem weiblichen Fahrgast erzählen, Frauen dürften nach Einbruch der Dunkelheit nicht alleine, das heißt ohne männliche Begleitung, ihre Wohnung verlassen, was impliziert, dass jede Frau, die abends draußen ist, als »unanständig« gilt. Derselbe Taxifahrer bringt in Istanbul oder anderen Großstädten abends weibliche Singles oder deren Freundinnen nach Hause. Istanbuls Nachtlokale sind stets sehr gut besucht. Die »Dänen in der Türkei«, wie Kritiker des konsumfreudigen Lebensstils die obere, westlich orientierte Klasse nennen, setzen trotz allem ihre Werte durch und verlangen von den »Anderen«, dass sie sich anpassen. Westlicher Lebensstil gilt immer noch unweigerlich als besser und modern. So beobachtet man in der Türkei einen Trend zur modischen Kleidung auch unter den islamisch verhüllten Frauen der konservativen Oberschicht. »Islamische Modenschauen«, islamische Hotels, Cafés oder Geschäfte werden von den Puristen zwar verworfen, erfreuen sich aber trotzdem wachsender Beliebtheit. Auch im gläubig-konservativen Lager gibt es ein Klassensystem mit eigenen Wertsystemen.

Die Konsumgesellschaft und die sie hervorbringende neoliberale Marktwirtschaft scheinen in den 2000er Jahren in der Türkei quer durch alle politischen und sozialen Klassen als »Werte« akzeptiert. Damit haben die Massen auch die Ungleichheiten in der Gesellschaft hingenommen, die in den westlichen Ländern nicht so groß wie in der armen Türkei zu sein scheinen. Die Perspektive eines Beitritts zur Europäischen Gemeinschaft nährt im Jahre 2005 immer noch die Hoffnungen auf ein besseres und menschenwürdiges Leben, in dem nicht die Gesetze des Raubtierkapitalismus zählen, sondern eher die eines Sozialstaats. Viele Türken, ob laizistisch-westlich oder islamisch-konservativ orientiert, streben weiter danach, während in Deutschland, der Urstätte des sozialen Wohlfahrtsstaates, dieses Konzept voraussichtlich unaufhaltsam im Niedergang begriffen ist. Die unmenschlichen Verhältnisse eines Raubtierkapitalismus wie in den 1980ern will niemand mehr zurückhaben.

Für die meisten Türken hat »Heimat« einen anderen Bezug und Wert als beispielsweise für die Deutschen, die erst in den letzten Jahren ein natürlicheres, unbefangeneres Verhältnis zur »Nation« und »Heimat« herzustellen versuchen, wie sich in verschiedenen veröffentlichten Meinungen, Fernsehserien oder Romanen zeigt. Trotzdem scheint nach dem Nationalsozialismus keine »deutsche Normalität« mehr möglich: Spuren eines nicht aggressiven Nationalismus sind in der Geschichte der Neuzeit mit zwei von den Deutschen entfesselten Weltkriegen schwer zu finden. Viele Deutsche vor allem der 68er Generation wollen danach auch nicht mehr suchen und lieber in einer europäischen Identität aufgehen, die Friedfertigkeit und Prosperität verspricht. Auf der anderen Seite baut das türkisch-republikanische Selbstverständnis auf die Ideologie des Befreiungskrieges gegen die »imperialistischen westlichen Mächte und Russland«. Symbole wie die Schlacht an den Dardanellen, wo türkische Soldaten eine zahlenmäßig und technisch überlegene Seemacht der Alliierten geschlagen und die »Dardanellen unpassierbar« gemacht haben, lassen die Herzen der meisten Türken auch heute noch höher schlagen. Da die

Modernisierung in Anatolien nicht weit fortgeschritten ist, sind viele noch nicht entwurzelt und haben ein natürliches Heimatgefühl mit starkem Lokalkolorit. Die einstigen Eroberungen des Osmanischen Reiches sind oft nostalgisch verbrämt und bilden die Quelle eines undefinierbar starken Gefühls des Stolzes, gepaart mit dem Minderwertigkeitskomplex, diese eroberten Gebiete »nicht gehalten« zu haben. Für die meisten Türken sind heutzutage der Befreiungskrieg wie auch die Bewunderung und Liebe für Atatürk die politische Identitätsquelle. Dabei zieht die Mehrheit einen unaggressiven Patriotismus vor. Die Türken verstehen sich als eine große, friedlich miteinander auskommende Familie, die korporative Ideale hochhält, anstatt in eine heterogene Gesellschaft »nebeneinanderher lebender Individuen« zu zerfallen. Dennoch ist dieser Trend vor allem in den Oberschichten der Großstädte unübersehbar.

Der Weg der türkischen Moderne

Eine wichtige Folge der Liberalisierung und Öffnung der 1980er ist das neue Selbstbewusstsein der jüngeren Generation. Während die Generation ihrer Großeltern in den Wirren der beiden Weltkriege den Weg zur Moderne noch ertasten musste und ihre Eltern sich oft wegen einer blinden Nachahmung des Westens mit Minderwertigkeitsgefühlen plagten, wachsen seit zwei Jahrzehnten emanzipierte türkische Jugendliche heran. Heute bietet ihnen ihr Land noch nicht die Arbeits- und Aufstiegsmöglichkeiten, die sie begehren, aber sie sind voller Hoffnung und verleihen mit ihrer Dynamik dem ganzen Land eine optimistische Aufbruchsstimmung. Junge »Kopftuchstudentinnen« kämpfen überzeugt und selbstbewusst für ihr Recht, an der Universität ihren Kopf bedecken zu dürfen. Auch wenn man politisch oder sozial mit ihren Zielen nicht einverstanden ist, kann man den Unterschied zu ihren unterdrückten, sprachlosen und passiven Müttern oder Großmüttern nicht übersehen. Soziologinnen wie Nilüfer Göle sagen, die traditionellen Schichten sind auf dem »Weg zur Moderne«. Die junge Generation eignet sich ihre Geschichte ganz anders an als die Älteren, für die das Osmanische Reich oder der türkische Befreiungskrieg mehr oder weniger Floskeln aus verstaubten Geschichtsbüchern darstellten. Die jungen Türken von heute erheben den Anspruch auf »alles Gute« im Leben, ohne ihre Wurzeln zu verneinen oder sich gegenüber dem stets allmächtig erscheinenden Westen minderwertig zu fühlen.

So wird, wie der Chefredakteur der Tageszeitung Akşam, Serdar Turgut, zu Beginn des Jahres 2005 verkündete, eine »Synthese aus Modernität, Nationalismus und Konservatismus« angestrebt[4]: Die Mehrheit der Menschen in der Türkei, unabhängig von ihrer Herkunft und ihrem Glauben, will »modern« leben, ohne »Werte« aufgeben zu müssen. Der Nationalismus steht für eine tiefe Bindung an die Heimat Türkei, die auf Verteidigung derselben bedacht ist und keine Aggressionen nach außen hegt. Diese Synthese ist bereits in der Kulturproduktion sichtbar, beispielsweise in der neuen und sehr populären musikalischen Mischung von traditionellen, türkischen Instrumenten und dem neuen Sound Europas, oder in der Einfädelung islamisch-osmanischer Elemente in die neue türkische Literatur. Wie der Erfolg einer kleinen Textilfirma zeigt, die T-Shirts mit der Aufschrift »Ottoman Empire: The Empire Strikes Back« produziert, hat die oft sehr witzig aufbereitete Mischung aus Alt und Neu ihren eigenen Reiz. Den jungen Türken gefällt die Vorstellung, eine wandelnde und geglückte Synthese aus Ost und West zu sein. Das ist in Großstädten wie Istanbul, wo die angeblich unvereinbaren Kulturen friedlich zusammenleben, schon längst Wirklichkeit geworden. Die Moderne macht aber auch vor der Provinz keinen Halt: Der Osten des Landes ist der Ort, an dem jede Erneuerung mit besonderer Verspätung eintritt. Die Menschen in den Bergregionen, so der französische Historiker Fernand Braudel, sind schon immer am meisten von jeder Veränderung abgeschnitten gewesen und sind durch endogames Heiratsverhalten als Bevölkerungsgruppen des Mittelmeers am längsten unter sich geblieben.

In der Türkei betrifft das jene Kurden, die keine Binnen- oder Auslandsmigration erfahren haben und zum Beispiel nicht in Istanbul, der »größten kurdischen Stadt der Türkei«, oder in Berlin-Kreuzberg leben und somit keinem rapiden Wertewandel unterworfen sind. Die Moderne bricht erst seit den 1990ern durch Privatfernsehen, -rundfunk und andere Kommunikationswege in die entlegenen kurdischen Kleinstädte herein, was die Konflikte enorm verschärft: Die in der Türkei, aber auch in westeuropäischen Ländern aus Gründen der »Ehrverteidigung« von ihren eigenen Verwandten ermordeten Mädchen und Frauen sind überwiegend kurdischer Abstammung. Die türkischen Kurden, die nach dem Beginn des separatistischen Kampfes der Kurdischen Arbeiterpartei PKK in den 1980ern durch staatliche Umsiedlungsmaßnahmen, aber auch den Druck der eigenen bewaffneten Milizen aus ihren Dörfern vertrieben wurden und in die Großstädte zogen, bilden zwar die am stärksten von Bildung und Arbeit abgeschnittenen Schichten des Landes. In den Zentren des Landes partizipierten sie aber dennoch an der Modernisierung und Aufklärung. Kurden, die sich nicht genug in ihrer Besonderheit gewürdigt fühlen und deren Identität zu Gunsten einer Assimilierung unterdrückt wurde, streben heute nach größerer Anerkennung und fühlen sich genauso im Sog der Verwestlichung, wie beispielsweise die Flut von kurdischen Videoclips auf dem Markt zeigt. Das Interesse an den nach langem Kampf zugelassenen privaten Kurdischkursen im Südosten des Landes, speziell für diejenigen, die im Zuge der Türkisierung ihre Muttersprache verlernt haben, hält sich in Grenzen. Der Blick ist dem Westen zugewandt. Die meisten jungen Kurden streben dieselbe Modernisierung an wie im Westen des Landes und hoffen ganz besonders auf den Beitritt zur Europäischen Union.

Unter den städtischen Eliten und dem neuen, dank des kleinen wirtschaftlichen Aufschwungs zaghaft wieder anwachsenden Mittelstand gibt es eine unübersehbare Suche nach Systemalternativen oder -verbesserungen. Zivilinitiativen sind zwar nicht zuletzt wegen der traditionellen »Häuslichkeit« der Türken zahlenmäßig weniger ausgeprägt als in westlichen Ländern, aber im Vergleich zu den 1980ern trotzdem ziemlich verbreitet. Sie kümmern sich von Natur- und Artenschutz über den Protest gegen den Bau von Atomkraftwerken bis hin zur Lösung von Stadtteilproblemen um eine breite Palette von Themen. Aufgrund des großen Einkommensgefälles im Land fühlen sich viele Bessergestellte verpflichtet, Armen zu helfen. In den 2000er Jahren vergeht kein Tag in der Türkei, an dem nicht vor allem im Internet zu Sach- und Geldspenden aufgerufen wird. Verschiedene Vereine sammeln Spenden, um mittellosen Jugendlichen ein Studium zu finanzieren oder um in entlegenen Dörfern Schulbüchereien aufzubauen. Im Fastenmonat Ramadan lassen die Bürgermeister große Zelte auf öffentlichen Plätzen aufstellen, in denen Menschen zum Fastenbrechen eine kostenlose Mahlzeit bekommen. Familien unter der Armutsgrenze haben einen Anspruch auf die staatliche »Grüne Karte«, mit der sie kostenlos medizinisch versorgt werden. Städtische Armenküchen versorgen alte Menschen oder arbeitslose Großfamilien mit einer warmen Mahlzeit, die bis vor die Haustür gefahren wird. Millionen von Privatpersonen halten sich strikt an das islamische Gebot der Spende eines bestimmten Anteils ihres Vermögens an Arme. Diese soziale Solidarität hilft Millionen von marginalisierten und vom Erwerbsleben abgeschnittenen Menschen in der Türkei zum Überleben.

Türkische Werte nicht gleich »Made in the West«?

Wenn Türken heute von »unseren Werten« sprechen, dann unterscheiden diese sich im Wesentlichen nicht von den westeuropäischen. Ausnahmen sind die Stellung der Frau, eine größere Verbundenheit mit Familie und Heimat sowie ein ausgeprägteres Sozialleben. Der Mann soll die »Säule der Familie« bleiben, obwohl genau dieser Ausdruck aus dem Zivilgesetz gestrichen und Mann und Frau in jeder Hinsicht gleichgestellt sind. Traditionelle, patriarchalische Einstellungen lassen sich nicht so schnell wie Gesetzestexte ändern. Andererseits wollen viele Türken Werte wie Familiensinn, Hilfsbereitschaft, Bescheidenheit, Solidarität und Nächstenliebe unbedingt erhalten, obwohl der berühmte Zahn der Zeit unaufhörlich an ihnen nagt.

Viele Türken, und zwar nicht nur solche, die strenggläubig oder antiwestlich eingestellt sind, fragen sich heute skeptisch, ob *Made in the West* wirklich immer der Maßstab aller Dinge ist. Wollte man zu Beginn des Abenteuers Verwestlichung noch mit kindlicher Neugier gierig so viel wie möglich aus dem Westen aufsaugen, so gilt der westliche Lebensstil aus türkischer Sicht mittlerweile nicht mehr uneingeschränkt als nachahmenswert. Aus dem Urlaub oder von einem längeren Aufenthalt in westeuropäischen Ländern zurück, erzählen sich Türken, was ihnen dort nicht gefallen hat. Die Lebensweise der nach ihrer

Ansicht egoistischen, vereinsamten Europäer wird mitunter sogar als bedauernswürdig betrachtet. Hier schwingt ein neuer kultureller Stolz auf die eigenen, menschlichen Werte und Qualitäten mit, die in Bezug auf den menschlichen Umgang miteinander der Mittelmeerregion so eigen sind.

Im Widerstreit der unterschiedlichen Werte scheint die auf Individuen und ihren Rechten beruhende Konsumgesellschaft westlichen Typs trotz aller ihrer Widersprüche dennoch die Oberhand zu gewinnen, wenn auch mit einem warmen türkischen Anstrich.

Anmerkungen

[1] Zeynep Atikkan, »Veznenin Arkasındaki İnsanlar« (Die Menschen hinter dem Tresen) Güneş, 21.8.1987, zitiert von Rıfat N. Bali, »Tarz-i Hayat'tan Life Style'a. Yeni Seçkinler, Yeni Mekanlar, Yeni Yaşamlar, İletişim«, İstanbul 2002, S. 42

[2] Çetin Özbayrak, Hayri Birler, »Çağdaş tipler« (Moderne Typen), Hürriyet, 4.12.1990, zitiert in Bali, ebd. S. 51

[3] Ertuğrul Özkök, »68 Efsanesini Söndüren Kuşak« (Die Generation, die die 68er Sage wegpustete), Hürriyet, 1.10.1995, zitiert von Bali ebd. S. 57

[4] Serdar Turgut, in: Akşam, 3. Februar 2005, S. 3

Wertewandel in Deutschland

Die letzten vierzig Jahre der Bundesrepublik Deutschland

Wenn 50-Jährige in Deutschland heute über ihre Schulzeit sprechen, wirkt das, als blickten sie auf eine längst vergangene Epoche. Damals war die Welt für Lehrer noch in Ordnung: Es herrschten Zucht und Ordnung in der Klasse. Den Begriff Frontalunterricht gab es noch nicht – stillsitzen, zuhören, mitschreiben und auswendig lernen war in deutschen Klassenzimmern das Maß aller Dinge. Autorität wurde selbstverständlich anerkannt, und auch ein »Klaps auf den Hinterkopf erleichterte das Denkvermögen«. Die Vorstellung, dass körperliche Züchtigung für die Motivation kontraproduktiv sein könnte und die Würde des Schülers verletzt, galt noch vor vierzig Jahren als weltfremd. Leichte Schläge gehörten eben zum Schulalltag, das fanden auch nahezu alle Eltern völlig selbstverständlich. »Wer nicht hören will, muss fühlen«, galt zu Hause ebenso wie in der Schule.

Die meisten Volksschulen waren Konfessionsschulen. Das war im Süden, wo alle katholisch, oder im Norden, wo alle protestantisch waren, weiter kein Problem. Interessant war es in gemischt-konfessionellen Ländern wie in Nordrhein-Westfalen, wo beispielsweise im östlichen Ruhrgebiet beide Konfessionen gleich stark vertreten waren. Oft lagen evangelische und katholische Schulen in unmittelbarer Nachbarschaft zueinander und teilten sich sogar einen Pausenhof. Obwohl die meisten Schüler von der anderen Konfession meistens keine Ahnung hatten und so gut wie nie eine Kirche der anderen Konfession betraten, wurden auf den Pausenhöfen regelrechte Religionskriege ausgetragen. Das lag daran, dass die Betonung der Unterschiede dazu führte, in einem Katholiken oder Protestanten den jeweils ganz Anderen zu sehen, fast so, wie man heute muslimische Einwanderer betrachtet.

Liest man heute die Umfragen über den Stellenwert der Religion in der deutschen Gesellschaft – nur noch 30 Prozent geben an, religiös zu sein –, ist es kaum noch vorstellbar, welche große Rolle die religiöse Zugehörigkeit in der Adenauer-Ära in Deutschland noch spielte. Die Frage, ob jemand katholisch oder protestantisch ist, konnte damals zu erheblichen Verwerfungen führen, die insbesondere dann auftraten, wenn Einzelne die Religionsgrenzen überschritten. Es ist heute eine weithin verdrängte Geschichte, dass so genannte Mischehen zwischen Protestanten und Katholiken zu regelrechten Familiendramen führten. Kinder wurden verstoßen und Enkel abgelehnt, wenn das eigene Kind das religiöse Lager wechselte. Zwischen Protestanten und Katholiken gab es noch in den 1960er Jahren eine scharfe Abgrenzung. Ökumenische Gottesdienste waren gänzlich unbekannt – die Vorstellung eines ökumenischen Kirchenchores, wie er dreißig Jahre später selbstverständlich ist, schien seinerzeit utopisch. Erst im Verlauf des zweiten Vatikanischen Konzils 1962–1965 erkannte die katholische Kirche an, dass auch andere christliche Kirchen »trotz ihrer Mängel Mittel des Heils sein können«. Eine Zustimmung zur Mischehe erteilte die katholische Kirche aber auch dann noch nicht. Eheschließungen mit Protestanten wurden nur erlaubt, wenn der zukünftige Partner zuvor zum katholischen Glauben konvertiert war.

Die Bundesrepublik der 1950er und frühen 60er Jahre zeichnete sich aber nicht nur durch eine große Identifikation der Menschen mit ihrer jeweiligen Konfession aus, die gesamten gesellschaftlichen Konventionen orientierten sich nach der Katastrophe des Krieges eher an der Vorkriegszeit als an einer neuen Gegenwart in einem neuen Europa. Das traf natürlich insbesondere die Jugend. Im Gegensatz zu ihren Eltern interessierten sich die meisten Jugendlichen bereits 1965 nur noch herzlich wenig für das Vatikanische Konzil. Statt nach Rom blickten sie nach London. Beatles und Rolling Stones waren die ersten Vorzeichen einer Kulturrevolution, die die Macht der Kirchen in ihren Grundfesten erschüttern sollte. Denn während es in Metropolen wie London schon ziemlich freiheitlich zuging, trafen die Botschaften von der Insel in West- wie Ostdeutschland auf eine völlig zurückgebliebene Gesellschaft.

Zwanzig Jahre nach Kriegsende hatte das deutsche Wirtschaftswunder im Westen zwar die schlimmsten materiellen Schäden geheilt, doch in der Adenauer-Republik saß der »Muff von tausend Jahren« nicht nur in den Talaren der Universitätsprofessoren, sondern lag wie Mehltau über der gesamten Republik. Nationalsozialismus, Krieg und Wiederaufbau hatten eine Form bürgerlicher Moral konserviert, die sich seit dem Kaiserreich nur unwesentlich verändert hatte. Das galt vor allem für die Stellung der Frau, die Ehe und die Vorstellungen über Sexualmoral im weitesten Sinne.

Auskunft über den Stand der gesellschaftlichen Moralvorstellungen geben besonders anschaulich höchstrichterliche Urteile aus den 1960er Jahren. Noch 1966 urteilte beispielsweise der Bundesgerichtshof über die Pflicht zum ehelichen Beischlaf: »Die Frau genügt ihren ehelichen Pflichten nicht schon damit, dass sie die Beiwohnung teilnahmslos geschehen lässt. Wenn es ihr infolge ihrer Veranlagung oder aus anderen Gründen, zu denen die Unwissenheit der Eheleute gehören kann, versagt bleibt, im ehelichen Verkehr Befriedigung zu finden, so fordert die Ehe von ihr doch eine Gewährung in ehelicher Zuneigung und Opferbereitschaft und verbietet es, Gleichgültigkeit oder Widerwillen zur Schau zu tragen.« Von Vergewaltigung in der Ehe, dem Recht auf sexuelle Selbstbestimmung gar, wie die Rolling Stones sie forderten, hatten diese Richter noch nie etwas gehört. Offiziell galt im Adenauer- und Erhard-Staat immer noch die Kontaktsperre zwischen den Geschlechtern – es sei denn, es ging um den Vollzug im Ehebett. Die juristische Umschreibung dafür war der Kuppeleiparagraf 181 des Strafgesetzbuches. Anhand dieses Straftatbestandes, der erst 1974 aufgehoben wurde, hatte der Bundesgerichtshof in den 1950er Jahren die Maßstäbe für das nicht eheliche Zusammenleben gesetzt. In einem spektakulären Prozess wurde die Mutter einer erwachsenen Tochter wegen Kuppelei zu einer Gefängnisstrafe verurteilt, weil sie dem Verlobten der Tochter erlaubt hatte, in ihrem Haus zu übernachten, und die Tochter schwanger geworden war.

Zu welchen Urteilen es in Kuppeleiprozessen noch 1967 kam, dokumentiert der Spruch eines Schöffengerichts in Neustadt an der Weinstraße. Ein Bankkaufmann wurde verurteilt, weil er es zugelassen hatte, dass seine Frau sich in der gemeinsamen Wohnung mit einer Freundin zur gleichgeschlechtlichen Liebe traf. Obwohl der Ehemann vor Gericht beteuerte, das Verhältnis seiner Frau zu einer anderen Frau habe ihrer Ehe nicht geschadet, sondern im Gegenteil die häusliche Zufriedenheit eher gesteigert, wurde der Mann wegen Kuppelei bestraft.

Damit sich alles im vorgeschriebenen Ehe-Rahmen abspielte, tolerierten die Sittenwächter der Adenauer-Jahre sogar Kinderehen. Nach damals geltendem Ehegesetz war das Heiratsalter für Männer auf 21 Jahre, für Frauen auf 16 Jahre Mindestalter festgelegt. Ausnahmsweise durfte ein Vormundschaftsrichter jedoch die Erlaubnis für Eheschließungen für noch jüngere Brautpaare erteilen. Während Männer aber mindestens 18 Jahre alt sein mussten, gab es für Bräute kein Limit nach unten. Die jüngste Braut Deutschlands war 1967 gerade einmal 13 Jahre alt. Mitte der 1960er Jahre erreichten die Kindsheiraten in Westdeutschland ihren Höhepunkt: 1964 waren es 102 Mädchen unter 16 Jahren, 1965 bereits 151, wie DER SPIEGEL berichtete.

Jugendrevolte als Kulturrevolution

Die Mehrheit der westdeutschen Jugendlichen hatte es aber schon Mitte der 1960er nicht mehr so eilig zu heiraten, denn sie wollten zunächst einmal aus der als spießig empfundenen Vorstellungswelt ihrer Eltern ausbrechen. (In der DDR wurde dagegen bis zuletzt früh geheiratet, weil man nur so an eine eigene Wohnung kam.) Sichtbarstes Zeichen der Jugendrevolte waren lange Haare. Damit wurde Ende der 1960er Jahre auch erstmals die autoritäre Schule der Nachkriegszeit infrage gestellt. Zum Ärger der Lehrer hatten das größte Sozialprestige in der Schule nicht mehr diejenigen, die die besten Noten erzielten, sondern diejenigen mit den längsten Haaren. Erbitterte Kämpfe spielten sich im elterlichen Bad ab, wenn verzweifelte Mütter, deren Söhne den Gang zum Frisör verweigerten, mit der Schere in der Hand zur Selbsthilfe greifen wollten. In der offiziellen Terminologie hießen Jugendliche mit langen Haaren damals »Gammler«. Gammler, das waren diejenigen, die »ungepflegt« herumliefen, sich einer bürgerlichen Karriere verweigerten und stattdessen »arbeitsscheu« in den Zentren einiger großer Städte wie Berlin und München herumlungerten. Ein Sonntagsvergnügen kleinbürgerlicher Familien in Berlin bestand darin, am Platz an der Gedächtniskirche entlangzuflanieren und sich mit leisem Gruseln die Gammler anzuschauen, die sich dort häufig trafen.

Was die Republik aber wirklich aufbrachte und viele Jugendliche vor allem faszinierte, waren nicht so sehr die langen

Haare und andere äußere Normabweichungen, die Hauptsache war die Kampfansage an die gesellschaftlichen Autoritäten. Stilbildend für die deutsche Jugend waren nach dem musikalischen Aufbruch in England vor allem die USA. Die mit der Anti-Vietnamkriegsbewegung verbundene Kulturrevolution nach dem Motto »Make Love Not War« fand im August 1969 auf einem gigantischen Musikfestival in Woodstock ihren Höhepunkt. In dem kleinen Ort nahe New York versammelten sich fast eine Million Hippies, Gammler und wie die Anhänger der Jugendrevolte sonst noch genannt wurden, um zu den Klängen von Jimi Hendrix, Joan Baez und Grateful Dead ihren Lebensstil zu zelebrieren.

Dabei hatten die meisten der Gammler gar keine politischen Ambitionen, aber zum ersten Mal in der Nachkriegsrepublik wurde der bis dahin selbstverständliche Gehorsam gegenüber Vätern, Lehrern, Meistern und Professoren radikal infrage gestellt. Das sollte weitreichende Folgen haben. Die Gammler brachten es bis auf den SPIEGEL-Titel, und der Vater des Wirtschaftswunders, Ludwig Erhard, machte sie in seiner kurzen Zeit als Kanzler sogar zur Chefsache: »Solange ich regiere, werde ich alles tun, um dieses Unwesen zu zerstören«, versprach er im Bundestag.

Bis zu diesem Aufstand gegen die formierte Gesellschaft war der Lebensweg der meisten Jugendlichen noch weitgehend vorgezeichnet. Für weibliche Jugendliche galten als Bezugsrahmen für ihr Leben die drei »K« – Kinder, Küche, Kirche. Auch für die Männer bewegte sich alles in engen Bahnen. Die Familie war unangefochten der Lebensmittelpunkt. Das heute weit verbreitete Single-Dasein war völlig unbekannt, als Lediger und erst recht als ledige Frau war man Außenseiter. Gerade in den schwierigen Jahren nach dem Krieg erlebte die Familie in Deutschland noch einmal einen Höhepunkt als unverzichtbare Solidargemeinschaft, die erst infrage gestellt wurde, als der beginnende Wohlstand für die Masse andere Lebensformen eröffnete. Doch nicht nur die Eingebundenheit in Familie und Religionsgemeinschaft war selbstverständlich, auch die Zugehörigkeit zu einer bestimmten gesellschaftlichen Schicht wurde kaum hinterfragt. Bis Anfang der 1970er Jahre besuchten Arbeiterkinder selten weiterführende Schulen, geschweige denn Universitäten: Sie bewegten sich meistens in den Fußstapfen ihrer Eltern.

Erst die kulturelle Jugendrevolte, die dann in der Studentenbewegung mündete, rüttelte an diesem gesellschaftlichen Fundament. In der Politik zeichnete sich das durch einen etappenweisen Machtverlust der CDU/CSU ab. Der erste Schritt war die Große Koalition 1966. Obwohl die Große Koalition, allein durch ihre Übermacht im Parlament, der Bildung der Außerparlamentarischen Opposition, der APO, erst den nötigen Schub gab, wurden die wichtigsten innenpolitischen Reformprojekte in dieser Zeit vorbereitet, auch wenn die meisten davon erst später verabschiedet wurden. Dazu gehörten eine große Strafrechtsreform und die Abschaffung des Paragrafen 175, der männliche Homosexualität unter Strafe stellte. Ehebruch sollte nicht mehr bestraft, der Kuppeleiparagraf abgeschafft und Abtreibungen unter bestimmten Bedingungen legalisiert werden.

Welchen Geistes Kind die meisten Abgeordneten damals jedoch noch waren, breitete der spätere Bundespräsident und damalige Justizminister Heinemann in einem SPIEGEL-Interview Anfang 1967, kurz nach Zustandekommen der Großen Koalition, aus. Er hatte im Amt einen Entwurf für eine große Strafrechtsreform der letzten CDU-Regierung vorgefunden, nach der Homosexualität weiterhin strafbar bleiben und die Strafe für Ehebruch sogar verdoppelt werden sollte. Zur Begründung hieß es, die Strafandrohung für Ehebruch hätte eine »sittenprägende und sittenerhaltende Wirkung«. Heinemann war für die Streichung beider Straftatbestände, konnte sich aber erst durchsetzen, als die sozialliberale Regierung 1969 an die Macht kam und die Strafbarkeit von Ehebruch und Homosexualität im selben Jahr abgeschafft wurde.

Der gesellschaftliche Wandel schlug sich dann politisch nieder. 1969 kam erstmals in der Bundesrepublik eine sozialdemokratisch geführte Bundesregierung an die Macht. Der Wechsel an der Spitze des Staates war weit mehr als nur ein parlamentarischer Machtwechsel. Er war Ausdruck eines Wertewandels, wie er bis dahin in Deutschland in dieser Geschwindigkeit kaum jemals zuvor stattgefunden hatte. Der ehemals linke Emigrant Willy Brandt löste die Kanzler der Restauration ab. Brandt war ein uneheliches Kind aus einer proletarischen Familie, der bereits in jugendlichem Alter vor den Nazis nach Skandinavien hatte flüchten müssen und den Konservativen deshalb als Vaterlandsverräter galt.

Brandt war die Antithese zu den personellen Kontinuitäten aus der Nazizeit, die unter Adenauer selbst an höchsten Stellen der Ministerialbürokratie gang und gäbe waren. Für viele rebellierende Studenten und Intellektuelle war der Antifaschist Brandt auch der Anlass, den von Rudi Dutschke geforderten »Marsch durch die Institutionen« anzutreten. Dass dabei nicht nur die Institutionen verändert wurden, sondern auch die Marschierer sich bald selbst kaum noch wiedererkannten, war eben der Unterschied zwischen Wertewandel und Revolution.

Schon bald hatten die linken Strategen im Sozialistischen Deutschen Studentenbund (SDS) feststellen müssen, dass die Infragestellung von Autorität, erst einmal als Werkzeug der Kritik etabliert, auch vor ihnen selbst nicht Halt machte. Mit großem Erstaunen sahen sie sich plötzlich damit konfrontiert, dass die bis dahin im Hintergrund stehenden Frauen nicht länger gewillt waren, ihre Definition von Haupt- und Nebenwiderspruch hinzunehmen. Demnach bestand der gesellschaftliche Hauptwiderspruch zwischen Kapital und Arbeit. Der Kampf zwischen den Geschlechtern galt nur als ein Nebenwiderspruch unter anderen. Die Eier- und Tomatenwürfe von Frauen auf die führenden Köpfe des SDS bei einer Delegierten-Tagung in Frankfurt 1968 gelten deshalb gemeinhin als Geburtsstunde der feministischen Bewegung der Bundesrepublik.

Zunächst vor allem in studentischen Kreisen, dann aber rasch darüber hinaus, entwickelte die Bewegung der Feministinnen eine ungeheure Dynamik. Schon wenige Jahre später war, zumindest an den sozialwissenschaftlichen Fakultäten der großen Universitäten in Berlin, Hamburg, Frankfurt und München, Kritik und Selbstkritik an patriarchalischem Verhalten in Gruppen und Zweierbeziehungen eine Selbstverständlichkeit. Erste Publikationen über den verunsicherten Mann machten die Runde. In einem kleinen Segment der Gesellschaft war die bis dahin als selbstverständlich geltende Rollenverteilung zwischen den Geschlechtern plötzlich obsolet. Als die herkömmlichen Geschlechterrollen aber erst einmal zur Debatte standen, geriet auch die klassische Familie in die Kritik. Man bezeichnete sie als Zwangssozialisationsanstalt und sprach von der Unterdrückung der Sexualität in der Familie. Herbert Marcuses geflügelte Worte von der »Repressiven Toleranz«, die auch die scheinbar liberale Familie des aufgeklärten Bürgertums auszeichnete, waren in aller Munde. Kurzum, alles geriet auf den Prüfstand und führte zu dem Wunsch, alternative Lebensformen zu entwickeln.

Alternative Lebensformen waren das Stichwort der 1970er Jahre. Die Kommune I, die das Berliner Normalpublikum ständig provozierte, indem sie, wie man sagte, das Private politisch

machte, war sehr viel wirksamer als die politischen »revolutio-
nären Forderungen«, die die Studentenbewegung formulierte.
Teilweise verbrauchte sich das Erbe der Bewegung in den neu
entstandenen, dogmatischen Kommunistischen Gruppen, die
sogar so weit gingen, das »deutsche Proletariat« mit der Waffe
in der Hand von ihrer »objektiven Unterdrückung« überzeugen
zu wollen. Der Hauptstrom der Revolte mündete derweil in die
vielfältigen Gruppen, die antiautoritär, feministisch und ökologisch im »Hier und Jetzt« ein anderes Leben als ihre Eltern
führen wollten.

Berlin bildete einen Schmelztiegel für junge Leute aus der
gesamten Republik, die in der großen alternativen Szene innerhalb der Mauerstadt neue Lebensformen erprobten. Berlin
eignete sich deshalb so gut dafür, weil die Stadt viele Universitäten und billigen Wohnraum zur Verfügung hatte. Vor allem
jungen Männern bot sie den unschlagbaren Vorteil, keinen
Wehr- oder Ersatzdienst leisten zu müssen.

Letzter Anlass für den Entschluss, nach Berlin überzusiedeln, waren oft die Gewissensprüfungen, denen Kriegsdienst-
verweigerer sich vor den zuständigen Kommissionen in den
Kreiswehrersatzämtern unterziehen mussten. Gewissensprü-
fer fragten ihre Kandidaten forsch: »Meinen Sie, dass Prinz
Eugen Wien verteidigen durfte?« »Würden Sie eine Bäckerei
verteidigen, die ihr Brot an Soldaten liefert« oder gar: »Was machen Sie, wenn zwei betrunkene Sowjetsoldaten Ihrer Mutter
Gewalt antun wollen und Ihnen fällt im Handgemenge eine
Pistole vor die Füße?« Diese Art Verhöre sorgten dafür, dass
tausende junger Männer aus der westdeutschen Provinz ihr
Glück lieber in Berlin versuchten, als sich der Willkür dieser
Gewissensprüfungen zu unterwerfen.

Die Berichte und Geschichten, die man damals aus Berlin
las und im Freundeskreis hörte, standen in einem so enormen

Gegensatz zu der provinziellen Enge westdeutscher Kleinstädte, dass der Wunsch, das interessante Leben dort gegen den sicheren Lebensweg zu Hause einzutauschen, bei vielen überwog. Angst vor der Zukunft gab es bei Jugendlichen Anfang der 1970er Jahre fast gar nicht. Später mal keinen Job zu bekommen, schien angesichts von Vollbeschäftigung und wachsendem Bedarf an Akademikern völlig abwegig. Darüber machte man sich keine Gedanken.

Als die sozialliberale Koalition 1969 die Regierung übernahm, befand die Bundesrepublik sich in einer glänzenden wirtschaftlichen Lage. Vollbeschäftigung und 7,5 Prozent Wachstum sind aus heutiger Sicht märchenhafte ökonomische Daten, die die Jugend damals aber für völlig selbstverständlich hielt. Wie Thomas Gensicke in der *Shell*-Studie 2002 rückblickend auf den Wertewandel in der Bundesrepublik feststellt, vermisste die damalige protestierende Jugend »Spielräume und Wahlmöglichkeiten in einem wirtschaftlich prosperierenden Umfeld, während die Jugend heute alle Freiheiten hat, sich jedoch in einer wirtschaftlich riskanteren Situation bewegt«. Wirtschaftliche Unbeschwertheit scheint deshalb geradezu eine der Voraussetzungen dafür zu sein, dass eine Gesellschaft sich verändern kann. Sie schafft Raum für Experimente, weil nicht jeder einzig damit beschäftigt ist, seinem Unterhalt nachzujagen oder gar sein Existenzminimum zu sichern. Da die stärkere Betonung eigenverantwortlicher Lebensführung im Deutschland der 1960er und 70er Jahre geradezu schubartig vonstatten ging, wie Gensicke feststellt, kam es zwangsläufig zu sozialen Konflikten und Auseinandersetzungen, die manchmal auch destruktive Züge annahmen.

Alternativbewegung – Wertewandel hin zum irdischen Glück

Die Regierung Brandt führte damals das Bafög als staatlichen Zuschuss ein, damit endlich auch Kinder aus Arbeiterfamilien zur Uni gehen konnten. Die Zahl der Studenten in Westdeutschland nahm folglich sprunghaft zu. Das trug sicher nicht unwesentlich dazu bei, dass die noch immer kleine Minderheit, die aktiv auf Veränderungen drängte, die kritische Masse relativ rasch erreichte. Um nicht mehr ignoriert zu werden und die Mehrheitsgesellschaft zu Reaktionen zu reizen, war das notwendig. Selbstverständlich war den meisten dieser Studenten auch die Regierung Brandt, die sich mit ihrem Radikalenerlass deutlich von der protestierenden Jugend distanziert hatte, nicht sympathisch. Zur echten Staatsverdrossenheit in weiten Teilen der jüngeren Generation kam es aber erst, als Brandt zurücktreten musste und Helmut Schmidt das Ruder übernahm. Man kann sich heute nur noch schwer vorstellen, wie verhasst Schmidt dem kritischen, politisch wachen Teil der jüngeren deutschen Gesellschaft war.

Oberleutnant Schmidt galt als ein Ausbund deutscher Sekundärtugenden: Pünktlich, zuverlässig, fleißig, stur und gegen jede kulturelle Neuerung immun, verkörperte der Hamburger alle Werte, die die kritische Jugend vor allem angesichts der deutschen Vergangenheit zutiefst ablehnte. Doch ohne es zu wollen, wurde Schmidt in den 1970er Jahren zu einem entscheidenden Motor des Wertewandels.

Während die Presse auf die spektakulären Attentate der selbst ernannten Rote-Armee-Fraktion (RAF) starrte, verlief die gesellschaftliche Front tatsächlich woanders. Der Ölschock vom Herbst 1973 kam zu Stande, als die OPEC im Anschluss an den Jom-Kippur-Krieg die Förderung verknappte und den Preis des Öls aus politischen Gründen verdoppelte. Damit wollte sie den Westen drängen, Israel nicht mehr zu unterstützen. Das hatte zur Folge, dass die Regierung Schmidt Atomstrom als Alternative zum Öl favorisierte. Mit großer Technikgläubigkeit, viel Geld und resistent gegen jede Kritik trieb sie den Ausbau der Atommeiler voran. Der Widerstand gegen diese Technik, deren strahlende Hinterlassenschaft unkalkulierbare Risiken für lange Zeiträume bedeutet, wurde zum Kristallisationspunkt einer bundesdeutschen Alternativbewegung, die keinen geringeren Anspruch hatte, als einen gesellschaftlichen Gegenentwurf zu leben.

Inspiriert von kritischen Autoren wie Ivan Illich und Robert Jungk, dessen Buch »Der Atomstaat« die Ökobewegung ähnlich stark beeinflusst hatte wie der 1972 vom »Club of Rome« publizierte Bericht über die »Grenzen des Wachstums«, suchte die Alternativbewegung nach neuen gesellschaftlichen Modellen jenseits der Technikgläubigkeit und dem individuellen Karrierestreben der Mehrheitsgesellschaft.

Die Vision war eine antiautoritäre, basisdemokratisch organisierte Gesellschaft, die irdisches, sinnliches Glück im »Hier und Jetzt« offerierte. Auch wenn die Aktivisten dieser Bewegung, gemessen an der gesamten Gesellschaft, nur eine kleine Zahl ausmachten, erstreckte sich ihr Einfluss doch weit in das bürgerliche Lager hinein. Intellektuelle, Künstler, viele Medienleute und selbst Teile des etablierten Parteienspektrums waren kulturell links.

Die materielle Absicherung und kulturelle Hegemonie der Linken war die Grundlage des rasanten Wertewandels. Wohngemeinschaft statt Kleinfamilie, Gemeinschaftseigentum statt individuellen Besitzstrebens, antiautoritäre Kinderläden statt der bisherigen Kinderdressieranstalten waren die Experimentierfelder auf dem Weg in eine andere Republik. Bürgerliche

Ziele wie Heiraten, Häuslebauen und Immer-an-die-Rente-Denken waren dagegen vollkommen verpönt. Die Vorreiter dieser Alternativbewegung versuchten auch ökonomisch aus den so genannten bürgerlichen Ausbeutungsverhältnissen auszusteigen. Ökoläden wurden gegründet und Kooperativen aufgebaut, die den ökologischen Anbau in verschiedenen Landkommunen mit einem alternativen Vertrieb in den Städten verbanden. Ökologisch angebaute Lebensmittel, heute in jedem Kaufhaus zu erstehen, waren damals politischer Ausdruck einer besseren Gesellschaft.

Vor allem in den Kinderläden versuchte man, Menschen in einem neuen Geist aufwachsen zu lassen. Die Bedürfnisse der Kinder sollten Vorrang haben vor dem Zwang, bestimmte Verhaltensweisen lernen zu müssen. Wenn schon, wollte man den Kindern beibringen, dass sich solidarisches Verhalten lohnt und Konflikte auch verbal ausgetragen werden können.

Der politische Kristallisationspunkt der Protestbewegung aber blieb die Auseinandersetzung um die Atomkraft. Und dieser Protest war nicht auf einen kleinen Kreis Alternativer beschränkt. Als in Wyhl am Oberrhein 1975 das erste Hüttendorf auf einem Bauplatz für ein AKW illegal errichtet wurde, reagierte auch die Bevölkerung in den umliegenden Dörfern dagegen. Die Medien waren angesichts der gewaltfreien, phantasievollen Aktionen der Anti-AKW-Bewegung gegenüber aufgeschlossen, Künstler und Intellektuelle sorgten für eine Verbreiterung des Protestes. Nach Wyhl, wo am Ende nie ein AKW gebaut worden ist, entstand das nächste große Hüttendorf in Gorleben, wo die Bundesregierung in alten Salzstöcken das »Atomklo« genannte Endlager für den strahlenden Müll aller deutschen Atomkraftwerke bauen wollte. Rund um Gorleben, im ganzen Landkreis Lüchow-Dannenberg, entstand die größte Bürgerinitiative der Republik, die mit ihren jahrelangen Aktionen gegen das Endlager stilbildend für gewaltfreie Proteste der Zivilgesellschaft wurde.

Obwohl es in den 1970er Jahren an Bauzäunen anderer AKW-Baustellen zu regelrechten Schlachten zwischen der Polizei und militanten AKW-Gegnern kam, blieb es in Gorleben über all die Jahre hinweg fast immer friedlich. Einer der juristischen Vertreter der damaligen Platzbesetzer war übrigens der Hannoveraner Anwalt Gerhard Schröder, heute Kanzler der Republik. Die Bürgerinitiativen von Lüchow-Dannenberg errangen 1979 den wohl spektakulärsten Erfolg, den ein Zusammenschluss unabhängiger Bürger in Deutschland bis dahin jemals erreicht hatte: Nach einer neuerlichen Großdemonstration gegen das Endlager musste der niedersächsische Ministerpräsident Ernst Albrecht öffentlich erklären, »das Projekt ist politisch nicht durchsetzbar«. Die Bohrungen wurden gestoppt.

Dieser Erfolg markierte den vorläufigen Endpunkt eines dramatischen Wertewandels gegenüber Staat und Obrigkeit, der Anfang der 1960er Jahre begonnen hatte. Gegen den erbitterten Widerstand sowohl von CDU/CSU, aber auch weiten Teilen der SPD, insbesondere des Seeheimer Kreises, und den traditionell eingestellten Gewerkschaftschefs, hatte sich in nur zwanzig Jahren die Mehrheit der Deutschen von Untertanen zu mündigen Bürgern entwickelt.

Es war kein Zufall, dass sich 1979 mit den Grünen eine Partei etablieren konnte, die genau diese Protestbewegungen repräsentieren wollte. Die Grünen waren das Sammelbecken der postmateriellen Werte in Deutschland. Mit der »tageszeitung« (taz) entstand gleichzeitig auch ein bundesweites Organ derselben Bewegung, die sich bei den Grünen eingefunden hatte. Damit begann die Institutionalisierung des Protestes, was über kurz oder lang zur Reintegration der Protestbewegung in das politische System der Bundesrepublik führte.

Subtiler Wertewandel durch Frauenpower

So wie sich der Wertewandel im Verständnis von Staat und Obrigkeit an der Ökologiefrage vollzog, wurde die Auseinandersetzung um den Paragrafen 218, der Kampf um die Liberalisierung der Abtreibung, zum Kristallisationspunkt der neuen Frauenbewegung. Nachdem die sozial-liberale Regierung zwei Jahre ohne konkretes Ergebnis über eine Neufassung des 218 diskutiert hatte, begann eine massive außerparlamentarische Kampagne, in der sich die verschiedensten Frauen wiederfanden. Initialzündung war dabei eine Aktion, die Alice Schwarzer nach französischem Vorbild in Deutschland ins Leben rief. In einer Art Selbstanzeige bekannten 374 Frauen, darunter Prominente aus Literatur, Film und Fernsehen, im Juni 1971 im Stern-Magazin: »Ich habe abgetrieben«.

Unter dem Motto »Mein Bauch gehört mir« gab es große Frauendemonstrationen, und die Feminismus-Bücher von Alice Schwarzer erreichten erstaunliche Auflagen. Nach und nach entwickelte die Frauenbewegung eine eigene Infrastruktur. In Städten wie Berlin, Frankfurt und Hamburg wurden die ersten Frauenhäuser gegründet, die unterdrückten, geschlagenen Frauen Schutz bieten konnten. Es entstanden Frauenverlage und Frauenbuchläden, in denen männliche Kundschaft nicht gern gesehen war. Jeden Sommer wurde in Berlin eine große Frauen-Sommeruniversität veranstaltet, wo man ganz unter sich über feministische Theorie diskutieren konnte.

Unter dem Druck dieser Bewegung brachte die Regierung Schmidt dann 1974 endlich einen reformierten Paragrafen 218 durch den Bundestag, der eine Fristenregelung vorsah. Die Konservativen, vor allem aber die katholische Kirche, liefen Sturm gegen dieses neue Gesetz und erreichten tatsächlich, dass das Bundesverfassungsgericht die Reform im Februar

1975 wieder kassierte. Erst nach einem weiteren Jahr heftiger Auseinandersetzungen trat 1976 eine modifizierte Fristenregelung in Kraft, die auch rechtlich Bestand hatte. Allein die katholische Kirche blieb bei einer strikten Ablehnung jeder Abtreibung, ja sogar jeder Form von Verhütung. Angefangen beim Verbot der Pille durch einen Erlass von Papst Paul VI. im August 1968 – interne Kritiker nannten das den »zweiten Fall Galilei« – über die Ablehnung unehelicher Beziehungen bis hin zum rigiden Abtreibungsverbot, wanderte die Kirche immer mehr ins gesellschaftliche Abseits. Statt der Gesellschaft Werte vorzugeben, geriet sie zum Opfer des Wertewandels.

Ein weiterer Erfolg der Frauenbewegung war die Quote. Die taz war die erste Tageszeitung, in der eine 50:50-Quote in der eigenen Betriebsverfassung festgelegt wurde. Das hieß, alle Stellen wurden so lange ausschließlich mit Frauen besetzt, bis in den jeweiligen Ressorts und im Haus insgesamt Geschlechterparität herrschte. Ähnlich strikt gingen die Grünen vor. Jede Wahlliste wurde und wird von einer Frau angeführt und ist auf allen aussichtsreichen Plätzen streng quotiert. Alle Parteigremien wurden ebenfalls geschlechterparitätisch besetzt, und selbstverständlich wurden und werden Frauen und Männer gleich entlohnt. Die Quote entwickelte sich zum breit diskutierten Steuerungselement. In anderen Parteien und Medien wurde zwar keine vergleichbare Quote wie bei den Grünen und der taz eingeführt, aber Frauen bekamen insgesamt bessere Chancen als in früheren Jahren. Die anderen großen Parteien mussten zumindest kleinere Quoten einführen, um nicht ins Hintertreffen zu geraten und von den Wählerinnen die Quittung zu bekommen. Die Frauenbewegung der 1970er Jahre hat die Bundesrepublik nachhaltig verändert. »Die subtile Wirkung, die von der neuen Frauenbewegung auf traditionelle Werte, Rollenmuster und alltägliche Verhaltensformen ausging, ist kaum zu überschätzen«, schrieb der Soziologe Karl-Werner Brandt 1983 in seinem Buch »Aufbruch in eine andere Gesellschaft«. Und Anfang 2005 konnte Alice Schwarzer, wiederum im Stern, feststellen: »Die Erwartungen, mit denen eine junge Frau heute in die Welt geht, unterscheiden sich fundamental von dem, was ihre Altersgenossinnen in den 1950er und 60er Jahren auch nur zu hoffen wagten. Innerhalb einer einzigen Generation hat es eine Revolution in den Köpfen gegeben. Junge Frauen fühlen sich heute gleichwertig mit jungen Männern.« Ohne diese Frauenbewegung gäbe es heute vermutlich auch keine Kanzlerkandidatin Angela Merkel.

Institutionalisierung des Wertewandels

Wurde in den 1970er Jahren der Wertewandel vor allem in der so genannten Alternativbewegung vorangetrieben, so waren die 1980er Jahre von der Reintegration dieser Parallelgesellschaft in die Mehrheitsgesellschaft geprägt.

Das begann mit einer ernormen Ausweitung der Protestkultur durch die Friedensbewegung. Menschen, die bis dahin nicht im Traum daran gedacht hatten, zu demonstrieren oder gar gewaltlose Straßenblockaden durchzuführen, fanden sich plötzlich mitten im Getümmel wieder. Auf dem Höhepunkt der Bewegung versammelte sich fast eine Million Menschen in Bonn, um gegen einen Bundestagsbeschluss zur Stationierung der Pershing-II-Raketen zu demonstrieren. Darunter nicht nur Anhänger der Grünen und der linken Szene, sondern etliche SPD-Mitglieder und vor allem gläubige Christen. Die evangelische Kirche und die damaligen Kirchentage spielten eine wichtige Rolle bei der Mobilisierung der Gesellschaft. Letztlich erreichte die Friedensbewegung aber nur einen

Pyrrhussieg – der Wertewandel in der SPD setzte sich so weit durch, dass Helmut Schmidt, der Kanzler der Raketen und Atomkraftwerke, die Mehrheit in der eigenen Partei verlor. Bekanntlich führte das nicht zu einem postmaterialistischen Kanzler, sondern zum Machtwechsel: Die Konservativen übernahmen das Ruder.

Doch die vom neuen CDU-Kanzler Helmut Kohl dann angekündigte »geistig-moralische Wende« fand dennoch nicht statt. Die katholisch-konservative Welt der 1960er Jahre kam in der Bundesrepublik keineswegs zurück. Zwar verlangsamte sich der Wertewandel, aber er verbreitete sich auch gleichzeitig. Beispielhaft für diesen Prozess der 1980er Jahre war die Grüne Partei. Während die Grünen nach ihrer ersten Wahl in den Bundestag 1983 noch als krasse Außenseiter mit Sonnenblumen in der Hand das Plenum betraten, vollzog sich in den kommenden Jahren bis 1989 eine wechselseitige Annäherung zwischen den Volksparteien, insbesondere zwischen der SPD und den Grünen. Parallel zur Verbreiterung des ökologischen Denkens in der Gesamtgesellschaft galten auch die Grünen immer seltener als Exoten und stattdessen zunehmend als Träger eines relevanten gesellschaftlichen Anliegens. Wollte der hessische Ministerpräsident die Grünen anfangs noch mit »der Dachlatte« zur Vernunft bringen, ging Holger Börner wenig später das erste SPD-Grüne-Bündnis auf Landesebene ein. Das führte zu einem Prozess wechselseitiger Anpassung. Die SPD, und mit ihr ein großer Teil der Gesellschaft, öffnete sich immer mehr für die postmaterialistischen Werte, die die Grünen vertraten. Die Grünen legten unterdessen ihren Außenseiter-Habitus ab und näherten sich in Form und Inhalt der gesellschaftlichen Mitte.

Wertewandel dokumentiert sich am deutlichsten vor Gericht. Wie die ursprüngliche Protestkultur die Mehrheitsgesellschaft veränderte, aber dadurch auch selbst wieder zur gesellschaftlichen Normalität wurde, lässt sich beispielhaft an Gerichtsentscheidungen nachvollziehen. In DIE ZEIT hat der Berliner Juraprofessor Uwe Wesel die juristische Karriere der nichtehelichen Lebensgemeinschaften aufgezeichnet. Die erste Hürde, so Wesel, fiel 1974 mit der Abschaffung des Kuppeleiparagrafen. Bis dahin scheiterten nichteheliche Lebensgemeinschaften im Zweifel schon daran, dass Hauseigentümer, die an unverheiratete Paare vermieteten, wegen Kuppelei bestraft werden konnten. Ein erster juristischer Durchbruch kam aber erst 1982. Nach § 549 BGB musste der Vermieter zustimmen, wenn ein Mieter eine weitere Person in seine Wohnung aufnehmen wollte. Dazu musste der Mieter »ein berechtigtes Interesse nachweisen«. Bis dahin war der Einzug einer Freundin in eine gemeinsame Wohnung kein »berechtigtes Interesse«, sondern Unzucht. Erst 1982 entschied das Oberlandesgericht Hamm, dass nichteheliche Lebensgemeinschaften in der Bevölkerung mittlerweile so weit toleriert seien, dass man einem Mieter nicht mehr das berechtigte Interesse absprechen könne, wenn er mit seiner Freundin zusammenleben wolle. Es dauerte noch bis 1993, bis die nichtehelichen Lebensgemeinschaften auch ihre höchstrichterlichen Weihen erhielten: Da entschied dann der Bundesgerichtshof, dass nach dem Tod eines Mieters der überlebende nichteheliche Lebenspartner dasselbe Recht wie ein standesamtlich beglaubigter Partner habe, die Wohnung zu übernehmen.

Dieser Prozess der Verbreiterung neuer Lebensformen und neuer Werte sowie deren gleichzeitige Integration in das gesellschaftliche und politische System verstetigte sich bis 1989. Im Jahr vor den Wahlen 1990 sah es in allen Umfragen danach aus, als könnte die konservative Regierung unter Kohl abermals von einer SPD-geführten, eventuell sogar rot-grünen

Regierung abgelöst werden. Kanzlerkandidat Oskar Lafontaine hatte beste Umfragewerte und schien sogar bereit, mit den weitgehend geläuterten Grünen um Joschka Fischer eine Koalition zu wagen. Doch mit dem Umbruch in Osteuropa, dem Fall der Mauer und der nur ein Jahr später vollzogenen Wiedervereinigung der beiden deutschen Länder veränderte sich die gesellschaftlich-politische Situation radikal. Das bis dahin gültige westdeutsche Muster der gesellschaftlichen Entwicklung kam zum Ende – die unterschiedlichen Wertvorstellungen aus Ost und West prallten mächtig aufeinander.

Wiederentdeckung der Nation

Zwei Tage nachdem das SED-Politbüro-Mitglied Günter Schabowski am frühen Abend des 9. November 1989 seine Mauer brechende Pressekonferenz über die Öffnung der Grenze gehalten hatte, veranstaltete der damalige Regierende Bürgermeister von Berlin/West, Walter Momper, gemeinsam mit Bundeskanzler Helmut Kohl eine als Freudenfeier gedachte Kundgebung vor dem Rathaus Schöneberg, damals noch Sitz des Berliner Senats. Doch die spontane Feier für ein neues Deutschland endete in einem Pfeifkonzert. Instinktiv gaben viele der damals versammelten Westberliner ihrer Befürchtung Ausdruck, dass mit dem von Kohl angestrebten neuen, vereinigten Deutschland auch ein neuer Nationalismus entstehen könnte, den die meisten für überwunden hielten und nicht zurückhaben wollten. Dem linken und linksliberalen Spektrum in der Bundesrepublik war die Begeisterung der Konservativen für die Wiedervereinigung zutiefst suspekt. Die unter dem Motto »Wir sind das Volk« demonstrierenden Ostdeutschen verströmten ein nationales Pathos, das man längst in der europäischen Idee glaubte entsorgt zu haben. Was sollte man von »Brüdern und Schwestern« aus dem Osten halten, die plötzlich, nur weil sie auch Deutsche waren, behaupteten, dazuzugehören? Was sollten diese Fahnenschwenkereien und das Deutschlandlied auf Kohls Großkundgebungen in Ostdeutschland anderes bedeuten als einen Ruck nach rechts, eine massive Verschiebung der politischen Koordinaten, die bis dahin in der Bundesrepublik gültig gewesen waren? Die ersten gesamtdeutschen Wahlen bestätigten diese Annahme. Statt des vor dem Mauerfall als sicher angenommenen Wahlsieges von Oskar Lafontaine errang Kohl gemeinsam mit seinen ostdeutschen Partnern einen Triumph als Kanzler der Einheit. Im Wahlkampf hatte Lafontaine auf einen langsamen Vereinigungsprozess gedrängt und die ökonomischen Risiken beschworen. Die Grünen waren gar mit dem Slogan »Alle reden von der Einheit, wir reden vom Wetter« in den Wahlkampf gezogen, um daran zu erinnern, dass Erderwärmung und globale Klimapolitik wegen des Mauerfalls nicht plötzlich gegenstandslos geworden waren. Doch der westdeutsche Wertekanon war zeitweilig außer Kraft gesetzt: Ökologie, Geschlechterparität oder Toleranz gegenüber anderen Kulturen spielten von einem auf den anderen Tag kaum noch eine Rolle. Stattdessen ging es um Deutschland und um die »blühenden Landschaften« im Osten.

Der Stolz auf Deutschland und darauf, selbst Deutscher zu sein, wurde von einer aktiven Minderheit und einer schweigenden Mehrheit schon bald so verstanden, dass es nun an der Zeit sei, diejenigen zu vertreiben, die angeblich nicht dazu gehörten. Als im Osten in Rostock-Lichtenhagen ein pöbelnder Mob mit Brandsätzen ein Wohnheim vietnamesischer Vertragsarbeiter angriff, klatschten die Nachbarn Beifall. Nur wenig später fanden sich, auch von der diffusen gesellschaftlichen Reaktion in ganz Deutschland ermutigt, in Mölln und Solingen Nachahmer im Westen, die mit Brandanschlägen gegen Wohnhäuser türkischer Familien Einwanderer töteten. Erst danach erwachte der liberale, zu Toleranz und gesellschaftlichem Miteinander erzogene Teil der Gesellschaft aus seiner Vereinigungsstarre. Nachdem viele sich entsetzt gefragt hatten, ob nicht das Verdikt von Hans Magnus Enzensberger, die Deutschen hätten in zwei Weltkriegen ihren Nationalismus endgültig zertrümmert, vielleicht doch zu optimistisch gewesen war, gingen hunderttausende zu Lichterketten auf die Straße. Nicht nur aus Solidarität mit den Einwanderern, sondern wohl auch, um sich selbst zu vergewissern, dass die postmateriellen Werte der alten Bundesrepublik auch im größer gewordenen Deutschland noch gültig waren.

Tatsächlich schien es, als schlage das Pendel ab Mitte der 1990er Jahre wieder zurück. Westdeutschland hatte die ehemalige DDR nicht nur ökonomisch überwältigt, sondern auch kulturell eingemeindet. Diese Entwicklung fand ihre Bestätigung im rot-grünen Wahlsieg im Herbst 1998. Doch schon bald zeigte sich, dass der Luxus einer postmateriellen Wertehaltung auf der Basis einer gesicherten Lebensgrundlage ökonomisch längst unter Druck geraten war. Die westdeutsche Generation der 68er war, bedingt durch Mauerfall und Vereinigung, zu spät an die Macht gekommen, um ihre Vorstellungen, die sie in den 1970er und 80er Jahren entwickelt hatte, nun noch umsetzen zu können. Das zeigte sich nicht nur in den wachsenden Arbeitslosenstatistiken und den fallenden Wachstumsraten, sondern auch daran, dass die Jugend sich abwendete. So wie in den 1970er Jahren Schulen und Universitäten selbstverständlich links dominiert waren, entstand in den Jahren der rot-grünen Regierung eine rechte Jugendkultur. Sie nimmt – nicht nur im Osten – hegemoniale Züge an, und ihre Avantgarde verlangt heute nach »Ausländerfreien Zonen«.

Die Mehrheit der Gesellschaft bemüht sich nach den Jahrzehnten der Teilung und nach Jahrzehnten der intensiven Auseinandersetzung mit dem deutschen Faschismus um eine neue Normalität als Nation. Unter dem ökonomischen Druck der Globalisierung ist eine Minderheit indessen dabei, Nation und Deutschtum wieder als identitätsstiftendes Element und vermeintlich selbstverständlichen Wert zu entdecken.

Was bleibt, was hat sich wieder geändert?

Was Ende der 1970er Jahre für jeden aufmerksamen Beobachter der Bundesrepublik offensichtlich war, bestätigten nach jahrelangem Widerstreben zuletzt auch die Konservativen und ihre Demoskopen. Nach einer Untersuchung des Allensbach-Instituts bescheinigte die Päpstin der Demoskopen, Elisabeth Noelle-Neumann, der Bundesrepublik 1978 ein »dramatisches Absinken bürgerlicher Werte«. Es habe eine regelrechte Werterevolution stattgefunden.

Die Allensbach-Demoskopen stellten damals fest, dass sich das Verhältnis zu Arbeit und Leistung grundlegend verändert hatte. Dass Anstrengungen sich lohnen und zu gesellschaftlichem Aufstieg führen, hielten immer weniger für richtig. Bürgerliche Grundtugenden wie Sparsamkeit, Respekt vor Besitz und Streben nach Prestige verloren an Wertschätzung, und die Achtung der Normen von Sitte und Anstand erodierte erkennbar. In Umfragen in den 1980er Jahren, ob das Leben »eher eine Aufgabe sei« oder man es »genießen solle«, zeigte sich, dass das Pendel am Ende der 1960er Jahre, in denen eine große Mehrheit das Leben als zwangsläufige Aufgabe verstanden hatte, sich in die entgegengesetzte Richtung bewegt. Bei den unter 30-Jährigen waren bereits 75 Prozent der Meinung, das

Leben sei dazu da, es zu genießen. Dass diese Auffassung nicht auf die »verantwortungslosen unteren Schichten« der Gesellschaft beschränkt blieb, belegte eine so genannte Elite-Studie aus Potsdam: Sie stellte 1995 fest, dass der Wertewandel auch in der Oberschicht vollzogen worden ist.

Mitte der 1990er Jahre registrierten die Soziologen jedoch bereits erste Anzeichen, dass sich insbesondere unter Jugendlichen der Trend teilweise wieder umkehrte. Seit Anfang der 1980er Jahre hatte sich angedeutet, dass die wirtschaftliche Entwicklung und die damit verbundene, weitgehend sozialstaatliche Absicherung der Bevölkerung sich nicht weiter linear nach oben entwickelt: Die Arbeitslosigkeit wuchs, Vollbeschäftigung war nur noch ein Phantom in Politikerreden, und die Zahl »prekärer Beschäftigungsverhältnisse« nahm zu. Dieser Trend beschleunigte sich mit dem Fall der Mauer und der Öffnung Osteuropas und Russlands für den kapitalistischen Weltmarkt und hält bis heute an. Die Globalisierung fordert ihren Preis.

Das macht sich deutlich an der Wertorientierung der jungen Deutschen fest. Die *Shell*-Studie 2002 spricht von der »neuen pragmatischen Haltung« der Jugend. Verglichen mit den Werten von 1988 nimmt die ökologische Orientierung stark ab, während Fleiß und Ehrgeiz an Bedeutung gewinnen. In der wirtschaftlich angespannten Situation der 1990er Jahre und zu Beginn des neuen Jahrtausends haben sich laut *Shell*-Studie bei den Jugendlichen die Prioritäten in Richtung des Erfolgs in einer leistungsbetonten Gesellschaft verschoben: Eine Zusammenfassung deutet auf ein dominantes Muster hin: Leistung – Macht – und anpassungsbezogene Wertorientierungen wachsen, engagementbezogene, ökologisch, sozial oder politische Wertorientierungen nehmen ab. Die Autoren der Studie nennen die auffallende Zunahme einer rücksichtslosen Ellenbogenmentalität in den 1990er Jahren etwas euphemistisch »Pragmatisierung«. Was sich dagegen nicht verändert hat, ist die hedonistische Orientierung auf Genuss und Lebensfreude und die Abkehr von der Religion. An diesem Befund ändert auch die massenhafte gesellschaftliche Anteilnahme am Sterben des Papstes Johannes Paul II. und an der Wahl des deutschen Kardinals Ratzinger zum neuen Papst grundsätzlich nichts. Die Massentreffen auf dem Petersplatz hatten eher den Charakter eines gesellschaftlichen »Events«, als dass sie eine neue Religiosität anzeigen würden. Das sieht der neue Papst übrigens genauso. Über die Jugendlichen, die den alten Papst beim Weltjugendtag wie einen Popstar gefeiert hatten, anschließend aber eine Wiese voller Kondome hinterließen, sagte Ratzinger: »Die brauchen wir in der Kirche nicht.«

Unumkehrbar scheint auch die Auflösung der traditionellen Familienvorstellungen. Die neuen Lebensformen der Alternativbewegung, die Familien durch Wohngemeinschaften und Kommunen ersetzen wollte, haben sich nicht durchgesetzt. Von der klassischen Eltern-Zweikind-Familie ist aber auch nicht viel übrig geblieben. So ist es heute selbst für eine Kanzlerkandidatin der Union kein Problem mehr, bereits einmal geschieden zu sein und sich gegen die Mutterschaft entschieden zu haben. Deutschland heute ist zu einem Drittel eine Single-Gesellschaft. In der Zeit von 1985 bis 1995 hat sich die Zahl der nichtehelichen Lebensgemeinschaften von 700 000 auf 1,7 Millionen erhöht. Gleichgeschlechtliche Partnerschaften sind mittlerweile weitgehend akzeptiert. Führende Politiker, unter ihnen der Chef der Liberalen, Guido Westerwelle, oder der Berliner Bürgermeister Klaus Wowereit, haben sich dazu bekannt, ohne dass es ihnen politisch geschadet hätte. Dieser Trend setzt sich weiter fort. Selbst wenn viele Jugendliche die Ehe heute wieder mehr schätzen als vor 20 Jahren, will kein Ehepartner sein selbstbestimmtes Leben wieder aufgeben. Deshalb wird zwar wieder geheiratet, aber auch genauso schnell geschieden. Auch Ehepartner sind heute Lebensabschnittsgefährten.

In den entscheidenden Bereichen gesellschaftlichen Lebens hat der Wertewandel sich in Deutschland verfestigt. Die Selbstbestimmung des Individuums hat unangefochten Vorrang vor den Rechten des Kollektivs, sei es der Staat oder die Familie. Die Gleichheit der Geschlechter ist zwar nicht umfassend durchgesetzt worden, doch keiner stellt sie mehr ernsthaft in Frage. Die Religion, jedenfalls die traditionellen religiösen Institutionen, sind entmachtet und spielen politisch nur noch eine geringe Rolle. Auch die Schulen sind trotz aller Probleme, die die Pisa-Studien aufgezeigt haben, meilenweit von den Paukstätten der Vergangenheit entfernt.

Allerdings gilt dieser Befund nur noch mit Einschränkungen. Im unteren Drittel der Einkommensskala könnte es schon bald wieder anders aussehen. Den Globalisierungsverlierern, die der Sozialstaat materiell immer weniger absichern kann, wird bald nichts anderes mehr übrig bleiben, als im Solidarverbund Familie wieder enger zusammenzurücken. Die Spaltung der Gesellschaft in Globalisierungsgewinner und -verlierer wird sich auch auf die Werte auswirken, die das jeweilige gesellschaftliche Segment vertritt: individualistisch, kosmopolitisch und liberal auf der einen Seite, an Familie und Nation orientiert, konservativ bis nationalistisch auf der anderen.

Werte in der EU

Die Frage nach der türkischen Zugehörigkeit zu Europa

Gehört die Türkei zu Europa? Seit die damalige EWG mit dem Land am südöstlichen Rand des Kontinents im April 1963 ein Assoziierungsabkommen hinsichtlich einer späteren Mitgliedschaft abschloss, wird diese Frage in unterschiedlicher Form immer wieder gestellt. Das beginnt bei dem banalen Streit um die geographischen Grenzen Europas, setzt sich fort über die Definition dessen, was europäische Geschichte ausmacht, und endet bei der Debatte um die kulturellen Fundamente und die Werte, auf die Europa sich vermeintlich gründet.

Die Frage nach der türkischen Zugehörigkeit zu Europa ist deshalb immer schon die Frage nach der Identität Europas selbst. Anders als bei allen anderen Beitrittskandidaten zuvor ist die Türkei keine selbstverständliche Komplettierung der EU durch einen weiteren Teil des Kontinents. Sie ist vielmehr eine Herausforderung an die eigene Identität, eine Aufforderung zu einer Selbstverständnisdebatte, die die EU lange ignoriert hat.»Die Türkei«, sagte der grüne Europa-Politiker Daniel Cohn-Bendit, »ist ein Katalysator für die Selbstverständnisdebatte Europas. Ob die Türkei letztlich Mitglied der EU wird, hängt davon ab, ob diese Debatte in Abgrenzung zu dem Kandidaten oder unter Einschluss der Türkei geführt wird.« Mit anderen Worten findet Europa seine Identität entweder durch die negative Bestimmung dessen, was ihm fremd ist, oder durch eine Synthese unterschiedlicher Elemente aus beiden Kulturen.

Die Türkei als Beitrittskandidat: Die Diskussion beginnt

In Deutschland begann diese Diskussion erst, nachdem der Türkei nach langem Zögern auf dem EU-Gipfel in Helsinki im Dezember 1999 der Status eines offiziellen Beitrittskandidaten noch einmal ausdrücklich bestätigt wurde. Plötzlich dämmerte es zumindest einem Teil der deutschen Öffentlichkeit, dass ein Beitritt der Türkei zur EU mehr als nur eine theoretische Erwägung sein könnte. Die Diskussion, die sich seitdem über die Werte Europas und über den Platz, den die Türkei darin einnehmen würde, entspannte, enthielt beide Elemente, über die Cohn-Bendit gesprochen hat: Identitätsgewinn durch Ausgrenzung oder neue Identität durch Integration. Zunächst ging es vor allem darum, ob die EU ein armes Land wie die Türkei mit bald 80 Millionen Einwohnern finanziell überhaupt verkraften könnte, und ob die europäischen Institutionen flexibel genug sind, um ein so selbstbewusstes und auf seine Souveränität pochendes Land zu integrieren. Die Debatte veränderte sich dann radikal nach den Anschlägen vom 11. September 2001 in den USA.

Jetzt ging es nicht mehr um praktische und finanzielle Fragen, sondern um Werte: Die Diskussion mutierte über Nacht zum Kulturkampf. Die Frage nach einer Zugehörigkeit der Türkei zu Europa stellt sich seither viel radikaler. Nachdem US-Präsident George Bush seinen internationalen Krieg gegen den Terrorismus ausgerufen und die Welt in Gut und Böse unterteilt hatte, hieß es nun: »Wir gegen die Anderen.« Für die Türkei stellte sich also die Frage, ob sie ein Teil des »Wir« ist oder ob sie als so genanntes Kleinasien mit ihrer muslimischen Bevölkerung nicht automatisch zu den Anderen zählt. Wo man in normalen Zeiten endlos über technische Fragen des EU-Aquis – das ist das Gesamtkompendium an Gesetzen und Verordnungen, die jedes Beitrittsland übernehmen muss – hätte streiten können, hieß es nun in Zeiten des »Krieges gegen den Terror«: Bist du für uns oder gegen uns?

Die türkische Bevölkerung beantwortete diese Frage gut ein Jahr nach den Anschlägen auf ihre Weise. Sie wählte eine Regierung, die aus der Tradition des politischen Islam kommt, aber nach ihrer Wahl uneingeschränkt erklärte: Wir sind ein Teil Europas und wollen ein Mitglied der Europäischen Union werden. Dabei hatte Tayyip Erdoğans Regierung Glück im Unglück. Die Weltlage kam ihr paradoxerweise zu Hilfe. Denn so unterschiedlich die Einschätzungen darüber, wie der »Kampf gegen den Terrorismus« zu führen sei, in den USA und Europa auch sind – in einem Punkt sind sich die Strategen in Washington, Brüssel und den wichtigsten EU-Hauptstädten einig: Es wäre nützlich, die Türkei, gerade weil sie ein überwiegend muslimisches Land ist, auf »unserer Seite« zu haben. »Angesichts der gewaltigen und bedrohlichen Wertunterschiede, die sich zum islamischen Fundamentalismus auftun, schrumpfen die Unterschiede zwischen der Türkei und der EU ins Unbedeutende, ja verwandeln sich in die Gemeinsamkeit von Sicherheitsinteressen«, schrieb der Frankfurter Soziologe Karl Otto Hondrich in der Neuen Zürcher Zeitung.

Erst nachdem diese strategische Entscheidung gefallen war, begannen ernsthafte Gespräche zwischen der EU und der Türkei; viele Brüsseler Insider gehen davon aus, dass es ohne den 11. September nie dazu gekommen wäre. Dieser Hintergrund für die Gespräche zwischen dem europäischen Westen und seinem östlichen, »muslimischen« Randstaat macht zugleich eines der entscheidenden Probleme aus. Während im Innern für den Kampf gegen den islamischen Fundamentalismus mobilisiert wurde, womit der Diskurs über »unsere Werte« eine neue Renaissance erlebte, sollte gleichzeitig ein Land, von dem

eine Mehrheit der Bürger der EU der Auffassung ist, dass es
»unsere Werte« doch gar nicht teile, gleichzeitig Mitglied der
eigenen Gemeinschaft werden.

Die Kopenhagener Kriterien als Lackmustest

Die Voraussetzung, um dennoch zu Beitrittsverhandlungen zu
gelangen (freilich stets mit Blick auf »die Gemeinsamkeit von
Sicherheitsinteressen«), war deshalb eine mehrjährige Probe-
phase, in der die Türkei den Lackmustest »Kopenhagener Kriterien« absolvieren musste. Als die Kopenhagener Kriterien 1993
verabschiedet wurden, hatte eigentlich niemand an die Türkei
gedacht. Es ging vielmehr um einen Kriterienkatalog, anhand
dessen die osteuropäischen Beitrittsländer auf EU-Tauglich-
keit getestet werden sollten. Die wichtigsten Messwerte waren
deshalb eine gefestigte Marktwirtschaft und stabile demokratische Institutionen. Es ging um die Frage, ob die vormals real-
sozialistischen Gesellschaften den Systemwechsel geschafft
haben oder nicht.

Für die Türkei mussten die relativ vage formulierten Kopenhagener Kriterien nun in einen Wertekatalog umgedeutet
werden, der darüber entscheiden sollte, ob die Türkei Teil der
westlichen Wertegemeinschaft ist oder nicht. Anders als bei
den osteuropäischen Gesellschaften standen deshalb nicht die
wirtschaftspolitischen Fragen im Vordergrund – die Türkei
gehört schließlich seit 1995 zur Zollunion –, sondern Demo-
kratie- und Menschenrechtsfragen, die beim Beitrittsprozess
der osteuropäischen Länder eine wesentlich geringere Rolle
gespielt hatten.

So sah der Wertekanon, den die EU für die Türkei unter dem
Namen Kopenhagener Kriterien aufstellte, aus:

a) Friedliche Nachbarschaft: Teilt die Türkei die Vorstellung von der EU als Friedensprojekt?
b) Gefestigte Demokratie: Wie verhalten sich Politik und Militär zueinander? Rechte für Minderheiten und Meinungsfreiheit als gelebte Demokratie
c) Gleichberechtigung der Geschlechter
d) Religionsfreiheit
e) Funktionsfähiger Rechtsstaat: Willkürverbot und die Garantie individueller Rechte gegenüber dem Staat; Abschaffung der Todesstrafe; Verbot der Folter nicht nur auf dem Papier; menschenwürdige Bedingungen im Gefängnis
f) Gefestigte Marktwirtschaft: soziale Rechte, Bildung, Gewerkschaftstätigkeit, Renten, Sozialversicherung, Mindestlöhne
g) Freizügigkeit für das Kapital: Über die Freizügigkeit für Menschen soll später geredet werden

Diese Werte wurden in den letzten vier Jahren immer wieder durchdekliniert. Die Frage der Friedfertigkeit in der Außenpolitik, also Europa als Friedensprojekt, konzentriert sich auf das türkisch-griechische Verhältnis und eine politische Lösung des Zypernkonflikts. Die vorangegangene Annäherung zwischen der Türkei und Griechenland war eine der Voraussetzungen dafür gewesen, der Türkei den Status als Beitrittskandidatin zuzugestehen. Ausgerechnet das schwere Erdbeben, das den Westen der Türkei im Sommer 1999 erschütterte, führte dazu, dass die Bevölkerungen beider Länder sich in Trauer und Mitgefühl erstmals seit Jahrzehnten wieder näher gekommen waren. Seitdem gab es viele politische Treffen, die die Annäherung weiter verfestigt haben. Ein gemeinsamer kleiner Grenzverkehr zwischen der türkischen Westküste und den griechischen

Ägäisinseln scheitert bislang an Brüssel. Während die Türkei die Visa-Pflicht für Griechen aufgehoben hat, müssen Türken, selbst wenn sie nur eine der in Sichtweite vor der Küste liegenden griechischen Inseln besuchen wollen, in einem aufwändigen Verfahren ein Schengen-Visum beantragen.

Schwieriger als die Annäherung zwischen der Türkei und Griechenland gestaltet sich das Friedensprojekt Zypern. Auf Drängen Griechenlands hat die EU auf Zypern einen großen außenpolitischen Fehler gemacht. Statt, wie ursprünglich vorgesehen, darauf zu bestehen, dass die Insel erst dann EU-Mitglied werden kann, wenn die Teilung politisch gelöst ist, hat sie der griechischen Seite zugesagt, sogar dann Mitglied der EU werden zu können, wenn der Wiedervereinigungsplan der UNO scheitern sollte. Prompt passierte, was man in Brüssel zuvor nicht für möglich gehalten hatte: Während die türkischen Zyprioten in einer Volksabstimmung für den »Annan-Plan« votierten und damit ihre Friedenswilligkeit unter Beweis stellten, stimmten fast zwei Drittel der Griechen dagegen. Trotzdem wurde der griechische Teil Zyperns EU-Mitglied, was der Regierung in Nikosia nun die Möglichkeit gibt, jede weitere Annäherung der EU an Nordzypern zu blockieren. Darüber hinaus muss die Türkei als Voraussetzung für den Beginn von EU-Beitrittsverhandlungen »Griechisch-Zypern« de facto als Regierung der Insel anerkennen, indem sie die Zollunion mit der EU auf Zypern ausweitet. Aus türkischer Sicht handelt die EU auf Zypern gegen ihre eigenen Werte.

Demokratische Reformen

In der Frage einer gefestigten Demokratie sind in den Jahren seit Helsinki 1999 die größten Fortschritte erzielt worden. Der eindrucksvollste Beleg dafür, dass die demokratischen Institutionen funktionieren, war der Regierungswechsel am 3. November 2002. Auf einen Schlag wurden alle alten, bis dahin im Parlament vertretenen Parteien aus der Nationalversammlung herausgewählt, und stattdessen rückte die »Gerechtigkeits- und Fortschrittspartei« (AKP) ins Parlament und an die Regierung. Die AKP ist im islamischen Milieu entstanden und hatte mit der bisherigen politischen Klasse der türkischen Republik fast nichts zu tun. Doch anders als in früheren Jahren akzeptierten das Militär, die Bürokratie und die wichtigsten wirtschaftlichen Akteure den demokratischen Wechsel ohne Einschränkungen. Reformen zur Anerkennung der kulturellen Differenz der kurdischen Minderheit, die die Vorgängerregierung sehr zögerlich begonnen hatte, wurden energischer fortgesetzt. Ja, selbst der Rückzug des Militärs aus dem politischen Tagesgeschäft ging ohne allzu große Probleme über die Bühne. Obwohl die Probleme damit natürlich noch nicht gelöst sind und die Frage, ob man den Kurden kollektive Minderheitenrechte einräumen soll, die Gesellschaft weiterhin tief spaltet, sah die EU-Kommission im Sommer 2004 das Glas als halb voll an und empfahl den Staats- und Regierungschefs, mit den Beitrittsverhandlungen zu beginnen.

Zuvor hatte es eine Auseinandersetzung gegeben, die auf der anderen Seite darstellte, wo die eigentlichen Unterschiede zwischen der türkischen Regierung, einem großen Teil der sie tragenden Bevölkerung und Westeuropa liegen. Kurz vor der parlamentarischen Beschlussfassung über ein jahrelang diskutiertes, grundlegendes neues Strafrecht, mit dem das seit 80 Jahren existierende Gesetz grundsätzlich reformiert wurde, brachte ein Teil der AKP plötzlich den Vorschlag ein, Ehebruch unter Strafe zu stellen. Die Strafbarkeit von Ehebruch war schon lange abgeschafft, eine Wiedereinführung wäre ein starkes gesellschaftliches Signal gegen die individuelle Selbstbestimmung gewesen.

Der Konflikt verdeutlichte auf eklatante Weise das konservative – nicht unbedingt islamische, sondern patriarchalische – Weltbild, das die türkische Gesellschaft im Allgemeinen nach wie vor prägt. Der Vorschlag provozierte aber auch heftige Debatten innerhalb der Türkei, so dass die AKP letztlich nicht nur aufgrund der Brüsseler Kritik, sondern auch wegen des Widerstands innerhalb der eigenen Gesellschaft auf die Strafbarkeit von Ehebruch verzichtete. Tatsächlich gelang es einer Allianz von Frauenorganisationen, einige wichtige Verbesserungen im neuen Strafrecht durchzusetzen. »Ehrenmördern«, also Familienmitgliedern, die ihre Töchter oder Schwestern ermorden, weil diese angeblich die Familienehre verletzt haben, wird seither kein Strafnachlass mehr eingeräumt. Bis dahin hatten sie oft mit richterlichem Verständnis und mildernden Umständen rechnen können. Seit dem 1. Juni 2005 ist sogar die Vergewaltigung in der Ehe strafbar, ein Gesetz, das auch in Deutschland vor noch nicht allzu langer Zeit hitzig diskutiert wurde.

Die größte Kluft zwischen den Gesetzen und der gesellschaftlichen Realität besteht bis heute auf dem Gebiet des funktionierenden Rechtsstaates. Die türkische Justiz, vor allem die Staatsschutzjustiz, hat sich immer als tragender Bestandteil eines wehrhaften Staates begriffen, der entschieden gegen seine Gegner vorgeht. Symbolisch sichtbarstes Zeichen dieser Mentalität ist, dass der Staatsanwalt immer noch neben den Richtern auf der erhöhten Richterbank sitzt, während die Verteidiger unten im Saal neben den Angeklagten Platz nehmen müssen. Da einer der grundlegenden europäischen Werte die Gewaltenteilung ist und die Unabhängigkeit der Justiz ein hohes Gut, kann die EU nun schlecht die türkische Regierung drängen, sie möge auf die Justiz einwirken, damit sie liberaler urteile. Während die Legislative die Strafen für Folter verschärft, sorgt die Judikative beispielsweise immer noch häufig dafür, dass Prozesse gegen Polizisten, denen vorgeworfen wird, Gefangene misshandelt zu haben, entweder erst gar nicht zugelassen oder endlos verschleppt werden. Wenn dann doch mal ein Urteil fällt, ist es in der Regel so milde, dass bislang noch kein Polizist länger ins Gefängnis musste. Das ist einer der entscheidenden Gründe, weshalb es bis heute zu Folter und Misshandlungen in Polizeihaft kommt. Solange die Justiz nicht energisch dagegen vorgeht, sieht die Polizei sich weiter gedeckt.

Die Staatsschutzgerichte sind zwar abgeschafft worden, aber die Richter sind nach wie vor im Amt und verhalten sich oft so, als hätte sich nichts verändert. Deshalb sind viele Journalisten und Bürgerrechtsaktivisten über einige Paragrafen im neuen Strafrecht, die den Gerichten bei Vorwürfen wie »Beleidigung von Staatsorganen« oder »Verunglimpfung der Republik« einen weiten Ermessensspielraum einräumen, sehr besorgt und sehen die Meinungsfreiheit sogar stärker gefährdet als im alten Strafrecht. Da die Justiz den gesellschaftlichen Entwicklungen bekanntlich aber immer hinterherhinkt, besteht die berechtigte Hoffnung, dass der Wandel mit der Zeit und mit einer neuen Generation von Juristen kommen wird.

Bis vor wenigen Jahren war die Situation der Christen in der Türkei ein Thema für einige wenige Spezialisten innerhalb des Weltkirchenrates und bei den Verwaltungsgerichten. Verwaltungsrichter mussten sich mit der Plausibilität von Asylgründen befassen, und im Weltkirchenrat registrierte man mit Bedauern, dass die letzten Sprengel der östlichen Kirche in Anatolien immer kleiner wurden. Das wurde zwar als bedauerliche Entwicklung eingestuft, sorgte politisch aber kaum für mehr Beachtung als das Aussterben seltener Sprachen im

Kaukasus. Erst seit der Beginn von Beitrittsgesprächen mit der Türkei näher rückt, wurde das Schicksal der unterschiedlichen christlichen Gemeinden in der Türkei plötzlich zu einem Politikum, das zunehmend Brisanz entwickelt. Das hat wenig mit der Realität der Christen an Ort und Stelle zu tun, sondern sehr viel damit, dass die Religionszugehörigkeit seit dem 11. September 2001 plötzlich wieder eine ganz andere Bedeutung hat: Die Türkei wird überwiegend darüber definiert, dass der größte Teil der Bevölkerung muslimischen Glaubens ist. So, wie man im Westen die Muslime im eigenen Land plötzlich als Bedrohung ansieht, sind im Umkehrschluss die Christen in der muslimischen Türkei zu einer verfolgten Minderheit geworden. Tatsächlich kämpfen die orthodoxen griechischen, armenischen und syrischen Gemeinden seit dem Friedensvertrag von Lausanne 1923 um ihre Rechte als Gemeinden. Das zeigt sich immer wieder an Konflikten um kirchliche Liegenschaften und kirchliche Bildungsinstitutionen sowie um spezielle Ausbildungsstätten für Priester.

Während in kirchlichen Kreisen in Deutschland manchmal der Eindruck entsteht, Christen in der Türkei seien an Leib und Leben bedroht, ist die individuelle Religionsfreiheit in der Türkei überhaupt kein Problem. Die Auseinandersetzung dreht sich tatsächlich um den rechtlichen Status, den die nichtmuslimischen Religionen beanspruchen können. In der laizistischen Türkei, in der die Muslime durch eine staatliche Religionsbehörde kontrolliert werden, will man den Christen keine Rechte einräumen, die über die der Muslime hinausgehen. Die orthodoxen Kirchen wollen aber eine weitgehende Autonomie für ihre Kirchen, auch was ihre Ausbildungsstätten angeht. Deshalb tut sich die derzeitige Regierung, die religiösen Bedürfnissen gegenüber ja sehr aufgeschlossen ist, so schwer damit, die griechisch-orthodoxe Hochschule auf der

Prinzeninsel Heybeli wieder zu eröffnen, obwohl sie damit einen großen Imageerfolg erzielen könnte.

Verquickt wird die Debatte um die Situation der Christen in einer problematischen Weise mit dem Schicksal hunderttausender Armenier, die in der Schlussphase des Osmanischen Reiches vertrieben und massakriert wurden. Da alle türkischen Regierungen der Republik sich bis heute weigern, die damaligen Vorfälle als Völkermord anzuerkennen, entsteht in der momentanen Debatte, gewollt oder ungewollt, ein Zusammenhang zur heutigen Situation der Christen, deren Situation deshalb unangemessen dramatisch dargestellt wird.

Die Hoffnung der regierenden AKP, die EU würde im Sinne der Religionsfreiheit darauf drängen, die Einschränkungen des Kopftuches im öffentlichen Raum als Diskriminierung und Verletzung der Religionsfreiheit zu erklären, hat sich dagegen nicht erfüllt. Im Gegenteil, in Deutschland und Frankreich wurde das strikte türkische Kopftuchverbot an Schulen und Universitäten sogar zunehmend als vorbildlich gelobt.

Sehr viel weniger Bedeutung als Demokratie- und Menschenrechtsfragen hatten in den Diskussionen um die Kopenhagener Kriterien die sozialen Probleme. Eine Rolle spielte immerhin die Bildungsmisere, allerdings vor allem im Zusammenhang mit der Durchsetzung der Schulpflicht für Mädchen in den ländlichen Gebieten im Osten der Türkei. Bessere Bildung gilt zwar immer als Schlüssel zum Wertewandel, doch der Auf- und Ausbau des öffentlichen Schulsystems wird nicht zur Voraussetzung von Beitrittsverhandlungen gemacht. Auch die Gewerkschaften klagen, dass die EU sich um die Einhaltung von Arbeitnehmerrechten verhältnismäßig wenig Gedanken macht. Zwar erhoffen sich auch die Gewerkschaften eine Verbesserung ihrer Situation durch eine stärkere Integration in Europa, das glauben sie aber vor allem durch eine engere Zusammenarbeit mit den jeweiligen westeuropäischen Partnerorganisationen und nicht durch die Verbesserung der Rechtsprechung oder anderer institutioneller Normen zu erreichen.

Die Türkei als Bedrohung für christliche Werte

Schmerzlich für die türkische Bevölkerung ist, dass die EU schon jetzt angekündigt hat, die Freiheit im Waren- und Personenverkehr für die Türkei solle noch lange Zeit auf Waren beschränkt bleiben. Damit hat man nicht zuletzt versucht, die Vorbehalte gegen einen EU-Beitritt der Türkei zu mildern. Dieses Signal kommt in der derzeitig schwierigen wirtschaftlichen Lage, in der sich viele EU-Länder befinden, allerdings nicht mehr an. Verstärkt durch christlich-konservative Politiker wie Angela Merkel, Edmund Stoiber und den Franzosen Nicolas Sarkozy, hat sich das Bild von den Millionen von Türken, die auf ihren gepackten Koffern sitzen, um möglichst bald die Fleischtöpfe in Westeuropa zu erreichen, im Kopf der meisten Deutschen, Franzosen und anderen EU-Bürgern festgesetzt.

Da die Frage, ob die Türkei die Kopenhagener Kriterien hinreichend erfüllt oder nicht, nun einmal nicht objektiv zu beantworten ist, behauptet insbesondere CSU-Chef Stoiber, eine Mitgliedschaft der Türkei in der EU sei das Ende unserer Wertegemeinschaft, ja sogar nahezu der Untergang des christlichen Abendlandes. Zusammen mit der wachsenden Islamphobie sorgt diese Haltung dafür, dass das Argument, nur zusammen mit der Türkei könne man aus der unseligen globalen Konfrontation des Westens gegen die islamische Welt herauskommen, die meisten Bürger Europas nicht erreicht.

Schon vor der erst vorläufig gescheiterten Ratifizierung einer europäischen Verfassung prophezeite der Soziologe Karl

Otto Hondrich, dass dies die falsche Richtung wäre, um eine europäische Identität zu verankern: »Europa als Ersatznation mit quasinationaler Nestwärme – das ist die falsche Erwartung. Auch davon heilt der Blick auf die Türkei. Europa bildet sich an einer Ordnungsfunktion neuer Art: vermittelnd zwischen Nation und Weltgemeinschaft, zwischen Gewalt und Legitimation zwischen den Kulturen. Mit der Türkei wird das schwer zu schaffen sein, aber ohne sie gar nicht. Nur mit der Türkei, aber nicht ohne sie, kann Europa die Identität finden, die es immer noch sucht.«

Ob die Türkei eine Chance hat, in Europa aufgenommen zu werden, wird sich deshalb letztlich daran entscheiden, ob die EU ihre Identität in der von Hondrich skizzierten Synthese sucht, oder mit denjenigen, die ihr Heil in der Abschottung sieht.

Werte im Alltag

Heimatträume ausgeträumt

Eine türkische Großfamilie spricht über ihr Zuhause in Berlin

Es ist kalt vor dem Rathaus Neukölln in Berlin. Nur zögerlich füllt sich deshalb der Platz, auf dem bereits eine Gruppe mit Transparenten in den klammen Händen darauf wartet, dass die Demonstration endlich losgeht. »Keine Toleranz mit den Mördern von Hatun Sürücü« steht auf den Plakaten oder »Kampf dem Islamismus und dem Patriarchat«. Berliner Frauenorganisationen haben die Demonstration organisiert. Gekommen sind zumeist Mitarbeiterinnen und Mitarbeiter von Beratungsstellen und Integrationsprojekten. Männer sind eher in der Minderheit, und auch türkischstämmige Demonstranten sind nur wenige vertreten.

Der Anlass für diese Demonstration im März 2005 ist ein Mord. Der Mord an der 25-jährigen türkischstämmigen Hatun Sürücü hat die deutsche Öffentlichkeit erschreckt und zu regen Diskussionen geführt, weil es sich um einen der so genannten Ehrenmorde handelte. Es war bereits der vierte Fall innerhalb weniger Monate. Drei Brüder von Hatun waren unter dem Verdacht festgenommen worden, ihre Schwester ermordet zu haben. Die Tat ereignete sich mitten in einer ohnehin schon aufgeheizten Debatte über das Thema Integration und Integrationswilligkeit der türkischen Minderheit. Sie schien zu bestätigen, was etliche Kommentatoren kurz als Schlüssel zum Integrationsproblem entdeckt haben wollten: Große Teile der türkischen Einwanderinnen und Einwanderer, so ihre Erkenntnis, lebten in ihren eigenen »Parallelwelten«. Die dort herrschenden Gesetze hätten mit dem deutschen Grundgesetz nichts zu tun, hieß es allenthalben. Als dann noch einige arabisch- und türkischstämmige Schüler gegenüber Klassenkameraden sagten, es sei doch verständlich, dass Hatun ermordet worden sei, sie hätte doch wie eine Deutsche gelebt, erreichte die öffentliche Erregung ihren vorläufigen Höhepunkt.

Gemessen am publizistischen Vorlauf, waren es dann doch relativ wenig Menschen, die auf den Rathausplatz Neukölln gekommen waren, um gegen »Ehrenmorde« zu demonstrieren. Vor allem diejenigen, zu deren Schutz der Marsch stattfinden sollte, hielten sich zurück. Bei der abschließenden Kundgebung schaute aus der Entfernung eine Gruppe türkischer Mädchen zu, die sich die Reden aber nicht lange anhörten. Auch die Deutsch-Türkin Meltem hatte sich der Demo nicht angeschlossen, obwohl sie es ursprünglich vorgehabt hatte. Sie kannte Hatun Sürücü zwar nicht persönlich, ist aber auf das gleiche Gymnasium in Kreuzberg gegangen. An der öffentlichen Manifestation wollte sie sich dann aber doch nicht beteiligen: »Da wird alles in einen Topf geworfen. Als wenn alle türkischen Familien ihre Töchter umbrächten, wenn die nicht genau das tun, was der Vater ihnen vorschreibt. Das ist doch absurd.«

Der Ethnologe Prof. Dr. Werner Schiffauer von der Europa-Universität Viadrina in Frankfurt/Oder, einer der besten deutschen Kenner der türkischen Gemeinschaft, führt die Zunahme der Ehrenmorde weniger auf die Väter als vielmehr auf die Brüder zurück. Nach den Untersuchungen von Schiffauer war das System der zu wahrenden Familienehre, das sich über den unbefleckten Körper der Frau definiert, vor allem in den früheren dörflichen Gemeinschaften überlebensnotwendig. Familien, die sich nicht daran hielten, drohte die Ausgrenzung und der Verlust der dörflichen Solidarität. Sobald sie von den Dörfern in die Städte ausgewandert waren, modifizierte und individualisierte sich das System der Familienehre. Erwartungsgemäß habe es in Migrantenfamilien deshalb auch kaum noch Ehrenmorde gegeben, so der Ethnologe.

Schiffauer glaubt, dass der Druck auf die Mädchen heute eher von den Brüdern als von den Vätern ausgeht. Vor allem unter männlichen Jugendlichen der dritten Generation sei eine starke Hinwendung zum eigenen ethnischen Ursprung zu beobachten. Als Folge von Diskriminierung und wirtschaftlicher Ausgrenzung zögen die Jugendlichen sich in ihre eigenen ethnischen Gruppen und Jugendgangs zurück. Sie betonten bewusst den Unterschied zur Mehrheitsgesellschaft, was ihr Selbstwertgefühl stärke. Dadurch habe der Begriff Ehre eine neue Bedeutung bekommen: »Wir haben Ehre, die anderen nicht.« Damit dieser Spruch gilt, müssen sich die Mädchen der Familie dann auch »ehrenhaft« verhalten und dürfen nicht wie »eine deutsche Hure« herumlaufen. »Die Wut auf die deutsche Gesellschaft«, sagt Schiffauer, »richtet sich dann schnell gegen die Frauen, die sich den damit einhergehenden Erwartungen entziehen – indem sie aufsteigen und aussteigen.«

Dass dies aber nach wie vor nur auf einen kleinen Teil der türkischen Gemeinde zutrifft, zeigt die Geschichte von Meltem. Die junge Frau kommt aus einer klassischen so genannten Gastarbeiterfamilie. Ihr Vater kam 1969 nach Deutschland, die Mutter folgte ihrem Mann zwei Jahre später. Die Familie Doğan lebt in Berlin-Kreuzberg, mitten im Kiez um das Kottbusser Tor. Die Reichenberger Straße, wo die Wohnung der Doğans liegt, ist fest in türkischer Hand. Lebensmittelläden, Cafés und Kramläden vermitteln die Atmosphäre einer türkischen Kleinstadt. Seit 30 Jahren leben die Doğans nun schon hier, mittlerweile in einer geräumigen Wohnung in einem sanierten Haus. Aber viele Jahre lang wohnten sie mit sieben Personen zusammengedrängt in zwei Zimmern.

Die türkischen Familien in der Nachbarschaft haben fast alle denselben Hintergrund – sie kommen aus kleinen Dörfern in Anatolien. Die erste Generation lebt ihr privates Leben in Deutschland nicht viel anders, als sie es auf dem Dorf auch getan hätte.

Vater Doğan stammt aus einem Dorf im Taurusgebirge, nördlich von Maraş. »Wir sind Tscherkessen. Meine Vorfahren sind aus dem Kaukasus in die Türkei eingewandert«, erzählt er. »Das waren echte Banditen.« Die Banditen haben sich dann an drei Plätzen rund um einen Hügel niedergelassen und drei Dörfer gegründet. »Wunderschöne Dörfer«, sagt Ali Doğan mit leuchtenden Augen. Sein Vater war, wie alle anderen im Dorf, Bauer. Er selbst hat vier Jahre lang die Dorfschule besucht und auf dem Hof mitgeholfen. Doch vom Ertrag der Felder konnte die Familie sich nicht ernähren. Er fand einen Job im Westen der Türkei, in Izmit am Marmarameer. Sein Onkel holte ihn dann von dort nach Deutschland.

Deutschland als Arbeitsland

Der mittlerweile ergraute Ali Doğan erzählt bereitwillig über seine Jahre in Deutschland, aber richtig in Fahrt kommt er nur dann, wenn er über seine alte Heimat reden kann. Wie schön die Holzhäuser im Dorf waren, wie hoch der Schnee im Winter liegt und wie angenehm die Bergluft im Sommer ist, wenn es in der Ebene, am Mittelmeer, 40 Grad und noch heißer wird. Auf die Frage, ob er es denn jemals bereut habe, nach Deutschland gekommen zu sein, schüttelt er jedoch den Kopf. »Nein, nein, ich hatte eine gute Arbeit hier.« Deutschland und Arbeit sind für Ali Doğan fast Synonyme. Er hatte Glück, 25 Jahre lang war er in derselben mittelständischen Elektrofirma und hat dort Halbleiterplatten mit Hilfe eines Roboters gelötet. »Mein Chef war sehr gut, er hat sich jeden Tag ein bisschen mit mir unterhalten.« Dafür ist er jeden Tag pünktlich zur Arbeit erschienen, hat, wenn nötig, klaglos Überstunden gemacht und ist so gut wie nie zum Arzt gegangen. Für seine Kollegen war er ein Vorbild an Fleiß und Disziplin, und er zeigte sich bereit, die wichtigsten deutschen Sekundärtugenden vollkommen zu übernehmen. Darüber hinaus hat er sich mit Deutschland allerdings nicht allzu sehr beschäftigt.

Über den Mord an Hatun Sürücü hat natürlich auch die Familie Doğan gesprochen. Der Vater, der sich seine Meinung im Kreise der Moschee und unter seinen Nachbarn bildet, findet die Tat furchtbar. Er kann sich überhaupt nicht vorstellen, dass Hatuns Brüder die junge Frau im Auftrag der Familie umgebracht haben sollen: »Eine Familie tötet doch ihre eigenen Kinder nicht, das ist doch unmöglich!«

Seine Frau hat es in all den Jahren in Deutschland nicht so gut getroffen. Sie hat ihr Leben lang geputzt, und das war oft nicht sehr erfreulich. Sie hatte keinen freundlichen Chef wie ihr Mann, sondern anonyme Bosse, die jeden aus der Putzkolonne feuerten, der sein Soll nicht erfüllen konnte. Ein schlimmer Ton herrschte dort und kein Respekt. Die kleine, etwas rundliche Frau Doğan ging zweimal täglich zur Arbeit. Einmal mitten in der Nacht, um Büros vor Arbeitsbeginn der normalen Angestellten zu putzen, das zweite Mal am Nachmittag, wenn die ersten Büros wieder Feierabend hatten. Dazwischen war sie zu Hause und versorgte die Kinder. Die Kinder, das ist der Mittelpunkt, um den sich in der Familie Doğan fast alles dreht.

Sie haben fünf Kinder, die mittlerweile alle erwachsen sind. Die beiden jüngsten, Meltem und ihr zwei Jahre jüngerer Bruder Kemal, leben noch bei den Eltern, jedenfalls wenn sie in Deutschland sind. Gut die Hälfte des Jahres verbringt das Ehepaar Doğan in seiner Wohnung im heiß geliebten Göksun, der Kreisstadt, zu der das Dorf von Ali Doğan gehört. Sie wären längst ganz dort, wenn nicht die Kinder wären. Denn die Kinder und demnächst die Enkelkinder werden in Deutschland bleiben. Keines von ihnen denkt daran, in die Türkei überzusiedeln.

Für die Kinder ist die Türkei ein Urlaubsland. Sie sind alle in Berlin groß geworden und fühlen sich dort zu Hause. Ganz im Gegensatz zu dem gegenwärtig heftig diskutierten Vorwurf der Abkapselung in Parallelwelten, haben alle fünf weiterführende Schulen besucht. Drei von ihnen haben das Abitur gemacht und studiert, Meltem bereitet sich gerade auf ihr Studium vor. Es geht ihr auf die Nerven, sagt sie, dass sie als Berlinerin immer wieder gefragt wird, warum sie so gut Deutsch spreche, und sie ärgert sich, wenn die Leute dann vermuten, sie stamme wohl aus einer Familie mit intellektuellem Hintergrund. »Wollen diese Menschen die Realität nicht wahrhaben, oder warum sonst muss ich mir solche Sachen immer wieder anhören?«, fragt sie sich öfters.

Abitur in der Parallelgesellschaft

War die Familie Doğan anders als ihre Nachbarn? War sie besonders bildungsbeflissen, und wollten Vater und Mutter Doğan unbedingt, dass ihre Kinder eine höhere Schule besuchen? »Nicht wirklich«, erzählt Meltem. Verantwortlich dafür seien weniger die Eltern als vielmehr die älteste Schwester Sevtap gewesen. »Mich hat meine acht Jahre ältere Schwester erzogen, und die hat vor allem darauf gedrängt, dass wir jüngeren Kinder uns um die Schule kümmern.« Sevtap selbst hatte das Glück, auf einen Lehrer zu treffen, der ihr Talent erkannte und sie intensiv unterstützte. Anders als heute, wo viele Kinder aus türkischen Familien darüber klagen, dass die Lehrer sie von vornherein abschreiben, wurde das Mädchen gefördert und wechselte dann auch auf Drängen ihres Lehrers aufs Gymnasium. »Sie wollte, dass wir jüngeren Geschwister auch aufs Gymnasium gehen. Wir Kinder waren ja viel allein, weil die Eltern immer gearbeitet haben. Deshalb hat Sevtap auf uns wohl einen größeren Einfluss als unsere Mutter gehabt.« »Die Eltern haben uns im Rahmen ihrer Möglichkeiten unterstützt. Auch wenn sie nicht so viel dazu beitragen konnten, waren sie natürlich stolz, dass ihre Kinder in der Schule so gut waren«, beschreibt Meltem die Situation in der Familie. Dennoch kam es immer wieder zu Konflikten zwischen den traditionell denkenden Eltern und den Kindern, die schon bald in einer anderen Welt lebten.

Für die Eltern kam es vor allem darauf an, gegenüber den Nachbarn, mit denen man quasi wie auf dem Dorf lebte, nicht aus der Rolle zu fallen. Die größten Auseinandersetzungen gab es um den Dauerbrenner Ausgehen. »Warum seid ihr jeden Abend unterwegs, die Mädchen der Nachbarn sind doch immer zu Hause«, war die ständige Klage der Mutter. »Wir hatten sehr harte Diskussionen darüber, vor allem meine beiden älteren Schwestern. Für mich war es leichter, da sie den Weg für mich schon freigekämpft hatten«, meint Meltem im Nachhinein.

Ein anderes Thema waren Verlobung und Heirat. »Meine älteste Schwester ist jetzt schon über dreißig und immer noch nicht verheiratet. Das war in der Nachbarschaft schon ungewöhnlich, aber meine Eltern haben das akzeptiert. Es war immer klar, dass wir uns unsere Partner selbst suchen. Ausgerechnet mein jüngster Bruder hat vor einiger Zeit einmal davon geredet, meine Eltern sollten ihm eine Braut in der Türkei suchen. Der ist sowieso der konservativste von uns allen. Jetzt hat er aber eine Freundin, und damit ist das Thema hoffentlich auch erledigt.«

Der jüngste Sohn der Familie Doğan ist aber keine Ausnahme. Der Trend unter den jüngeren Türken ist konservativ. Mit Befremden erzählt Meltem von der Verlobung der Nachbarstochter, die im gleichen Alter wie sie ist. »Das war eine vollkommen traditionelle türkische Verlobung.« Anders als sein älterer Bruder achtet Kemal auch auf korrekte Kleidung. »Murat, mein älterer Bruder, zieht sich meistens lässig an. In der Nachbarschaft gilt er deshalb schon als schlampig. Das würde meinem jüngeren Bruder nicht passieren«, so Meltem. Die Eltern akzeptierten die unterschiedlichen Haltungen beider Söhne. »Während meine älteste Schwester immer darauf gedrängt hat, dass die Jungs sich nicht wie die Paschas aufführen, haben meine Eltern denen das meistens durchgehen lassen. Wenn Murat dann aber in den Ferien in der Türkei in der Küche mal mit angefasst hat, war meine Mutter sehr stolz darauf, den Verwandten zu zeigen, wie emanzipiert ihr ältester Sohn ist.«

In der Familie Doğan haben die Kinder, wenn auch manchmal erst nach heftigen Auseinandersetzungen, im Wesentlichen über ihr Leben selbst bestimmt. Trotzdem hatte Meltem Bedenken, ob ihre Eltern ihren Berufswunsch verstehen würden. Sie hatte sich an einer Filmhochschule beworben, ein Milieu immerhin, das in konservativen Kreisen als besonders anrüchig gilt. »Ich habe lange überlegt, wie ich es ihnen beibringen soll, aber als wir dann darüber geredet haben, war es gar nicht so schlimm.« »Wenn du unbedingt willst, mach es halt, hat mein Vater gesagt.« Als ich dann bei meinem ersten Praktikum wochenlang morgens um 6 Uhr aufgestanden bin und bis in die Abendstunden geschuftet habe, waren sie von meiner Motivation beeindruckt. Geholfen hat aber auch, dass es seit einigen Jahren immer mehr erfolgreiche türkischstämmige Filmer gibt, wie Fatih Akın zum Beispiel. »Besonders wichtig war, dass eine der Schauspielerinnen, die in mehreren Filmen Akıns mitspielt, sie heißt Idil Üner, auch aus einer tscherkessischen Familie kommt. Das hat meinem Vater das Gefühl gegeben, dass Filme zu machen doch nicht so ungewöhnlich ist.«

Die Moschee liegt im Trend

Obwohl die Mädchen der Familie sich mit ihren Vorstellungen im Großen und Ganzen durchsetzen konnten, bestand der Vater doch darauf, dass gewisse Traditionen eingehalten wurden. Ein Teil davon war die religiöse Erziehung. Wie ihre Klassenkameradinnen zum Konfirmationsunterricht, ging Meltem als zehnjähriges Mädchen in den Korankurs. »Zuerst schickte mich mein Vater in die Mevlana Moschee. Dort habe ich übrigens Yakub Hoca kennen gelernt, den Imam, der jetzt als so genannter ›Hassprediger‹ abgeschoben wurde. Der war eigentlich ein ganz netter Mann«, erinnert sich Meltem an den Vertreter von Milli Görüş, der Ende letzten Jahres für so viel Furore sorgte, weil er in der Moschee über die »stinkenden Deutschen« gehetzt hatte.

Auf Meltem hatte der Korankurs jedoch genauso wenig bleibenden Einfluss wie der Konfirmationsunterricht auf ihre Freundinnen. Sie fände es gut, wenn an den Schulen, wie in Berlin jetzt beschlossen, Ethikunterricht für alle obligatorisch würde. »Dann lernen die Kinder, dass die Gemeinsamkeiten der Religionen viel größer sind als die Unterschiede«, hofft sie. Während ihr Vater im Laufe der Jahre immer häufiger die Moschee besuchte und dort Rückhalt und Frieden fand, haben die Kinder nur ein oberflächliches Verhältnis zum Glauben.

Nach Beobachtungen des türkischen Sozialarbeiters Ercan Yaşaroğlu, der den Kiez rund um das Kottbusser Tor und die

Reichenberger Straße seit Jahren gut kennt, liegt Vater Doğan mit seiner Haltung im Trend der türkischen Gemeinde. »Die Moscheen haben in den letzten Jahren erheblich mehr Zulauf bekommen, auch von Jugendlichen«, sagt er. »Sie gehen nicht nur zum Beten dorthin, sondern auch, um die Freizeiteinrichtungen, die die Moscheenvereine anbieten, zu nutzen.« Die wachsende Frömmigkeit in Kreuzberg hat sogar schon dazu geführt, dass einige Cafés, die traditionellen Treffpunkte türkischer Männer, in Schwierigkeiten gekommen sind und manche sogar mangels Kundschaft schließen mussten, erzählt der Sozialarbeiter. »Viele Männer gehen nicht mehr ins Café, sondern bewegen sich nur noch zwischen Moschee und Zuhause.« Das liege vermutlich an der wachsenden Arbeitslosigkeit, aber Yaşaroğlu weiß von vielen Bekannten, die aus Hinwendung zum Glauben nicht mehr im Teehaus sitzen wollen.

»Die Art und Weise, wie nun über den Mord an Hatun diskutiert wird, wird den Rückzug vieler Türken in ihre eigene Gruppe noch verstärken«, befürchtet er. »Die meisten fühlen sich von den Medien pauschal als rückständige Menschen in die Ecke gestellt.« Auch er hätte sich eine differenziertere Berichterstattung gewünscht. »Warum hat kein Journalist mit der Familie gesprochen?«, fragt er. Nach allem, was er weiß, zweifelt er daran, dass Hatuns jüngster Bruder sie ermordet haben könnte. Für Yaşaroğlu sind die so genannten Ehrenmorde auch nicht unbedingt ein Indiz für eine gescheiterte Integration, sondern eher das Gegenteil. Die Zunahme der Konflikte zeige doch gerade, dass immer mehr Mädchen nicht mehr bereit seien, die Vorstellungen und Werte ihrer Eltern und Brüder unwidersprochen zu übernehmen.

Yaşaroğlu, Meltem, ihr Vater, ihre Brüder und fast alle anderen türkischen Migranten in Kreuzberg hätten keinerlei Verständnis dafür, falls Hatun Sürücü tatsächlich im Namen einer falsch verstandenen Ehre ermordet worden sein sollte. Obwohl es auch innerhalb der Familie Doğan erhebliche Meinungsverschiedenheiten darüber gibt, was im Leben besonders wichtig ist, fühlt Meltem sich mit ihren Eltern eng verbunden. Auch wenn ihre Karrierewünsche sie später weit aus dem türkischen Kiez am Kottbusser Tor hinausführen könnten, bleibt die Familie für sie selbstverständlich der Mittelpunkt der Welt.

Vom Rhonetal an den Bosporus

Ein europäischer Blick auf den Wertewandel in der Türkei

In Istanbul zu leben ist in vieler Hinsicht ein Privileg, eine unvergleichliche Freude. Obwohl im Winter die Nordwinde auf die Hügel der Stadt einbrausen und im Sommer die Bosporusbrise nicht überall für Abkühlung sorgt, hat die Stadt lange Frühjahrs- und Herbstmonate, in denen alle Farben und Spielarten der Natur zu erleben sind. Das Meer teilt die Stadt in zwei Hälften und schimmert, je nach der Wetterlage, in allen erdenklichen Blautönen, so tief und wellig wie kein Fluss es kann. Über diese Hauptstraße aus Wasser, die sich kilometerlang durch die Stadt windet, fahren täglich Dutzende von großen Containerschiffen, Frachtern und Tankern.

Das ist nach ihrem Ehemann Yusuf der wesentliche Grund, weshalb die Schweizer Malerin Ursula Soltermann-Katipoğlu seit einem Vierteljahrhundert hier am Bosporus lebt. Ursula hat einen ganz besonderen Blick für Farben und Formen, die sie am liebsten in geometrischen Mustern auf die Leinwand überträgt. Ihre abstrakte Malerei findet sowohl in der Schweiz als auch in der Türkei bei Ausstellungen jährlich große Aufmerksamkeit. Im Frühjahr 2005 stellte sie in Istanbul ihre Bilder von Tulpen aus, jenen Blumen, mit denen die Stadt sich identifiziert und die seit jeher den feinen Geschmack am Hofe symbolisieren.

Ursulas kleine Familie besteht aus Yusuf Katipoğlu, einem bekannten türkischen Maler und Bildhauer, und ihren beiden Söhnen. Ihr Domizil ist der Stadtteil Kuzguncuk am Bosporus. Hier auf der asiatischen Seite, wo es nicht so hektisch und mondän zugeht wie am gegenüberliegenden europäischen Ufer, wohnten einst die Juden. Kuzguncuk, dessen Name auf einen

Derwisch namens Kuzgun Baba zurückgeht, den der Eroberer Istanbuls, Mehmet II., im 15. Jahrhundert hier angesiedelt haben soll, liegt heute am Fuße der ersten Bosporusbrücke, an einem Tal, durch das einst ein Fluss zum Bosporus herunterströmte. Heute ist aus dem Flussbett die asphaltierte Hauptstraße des Viertels geworden. Ein großer jüdischer Friedhof erstreckt sich auf dem benachbarten nördlichen Hügel. Direkt daneben liegt ein islamischer Friedhof. Beide sind auf karger, steiniger Erde errichtet und genießen leider nicht den Schatten der tief dunkelgrünen, gewaltig hohen Zypressen, die sonst jede Grabstätte Istanbuls markieren. »Nächstes Jahr in Jerusalem«, sagten sich auch die türkischen Juden seit ihrer Vertreibung von der iberischen Halbinsel im Jahre 1492.

Jerusalem, auf Türkisch Kudüs (aus dem arabischen Al-Quds), war bis zum 20. Jahrhundert osmanisch-islamische Erde. Wer sich in Istanbul niedergelassen hatte und seit Generationen hier lebte, ließ sich, wenn sich der Traum von einem Leben im Heiligen Land nicht hatte verwirklichen lassen, als zweite Wahl in Kuzguncuk begraben. Im 17. Jahrhundert wird Kuzguncuk in Schriftstücken als ein »jüdisches Dorf am Bosporus« erwähnt, wobei auch Griechen am Ort gewohnt haben, wovon zwei große orthodoxe Kirchen zeugen. Im 18. Jahrhundert zogen auch wohlhabende armenische Familien hierher und errichteten ihre eigenen Kirchen. Mehrere Synagogen, von denen eine am Sabbat sehr rege besucht und deshalb auch streng bewacht wird, prägen immer noch das Viertel. In Kuzguncuk hat sich eine alte Bausubstanz erhalten, die aus schönen, niedrigen Häusern aus Holz oder Stein besteht, an deren Erkerfenstern gehäkelte Gardinen hängen. Unzählige streunende Katzen werden auf den Straßen gefüttert, bei Krankheit zum Tierarzt gebracht und gestreichelt.

Eine Oase in der Großstadt

Die Senioren benötigen keine Altenheime, keine teuren Spezialeinrichtungen und sozialen Maßnahmen, damit sie nicht vereinsamen. Sie kennen sich alle und treffen sich in und vor den verschiedenen Kaffeehäusern des Viertels. Die Mütter wechseln sich beim Babysitting ab, kein Kind bleibt auf der Straße, weil eine Mutter vielleicht nicht rechtzeitig nach Hause kommen konnte. Auch die unterschiedlichen Kulturen leben, zwar nicht mehr so stark vertreten wie einst, friedlich mit- und nebeneinander. Die orthodoxe Kirche an der Hauptstraße sticht mit ihrem reich verzierten Portal sofort ins Auge. Sie ist eine Art Wallfahrtsstätte für die Orthodoxen, die alljährlich im Juli aus Griechenland und anderen Ländern nach Kuzguncuk strömen, um hier eine ganz besondere Messe zu feiern. Am Ortseingang stehen eine Moschee, eine armenische Kirche und eine Synagoge Rücken an Rücken dicht beieinander auf derselben Parzelle; Gebetsruf und Kirchenglocken ertönen von frühen Morgenstunden an in den engen, verwinkelten Gassen.

Gerade dieser »verschlafene, verträumte« Charakter des Ortes war es, der Ursula vor Jahrzehnten hierher zog. Ihr Mann suchte für beide ein Haus in Istanbul. Sie sagte ihm am Telefon: »Wenn du dort, wo wir mit der Fähre vorbeigefahren sind und wo es so schön grün war, etwas findest, dann miete es.« Heute bewohnt die Familie ihr eigenes Haus mit Erker und Garten – eine schöne Künstleroase mitten in der Großstadt, von der man in der geräumigen Wohnküche nichts merkt.

Ursula Soltermann kommt aus dem Wallis, das sie als einen »einst unterentwickelten Kanton der Schweiz« bezeichnet. Er liegt im Südwesten, ziemlich abgeschnitten im Rhonetal. »In den 1950ern, 60ern war es dort nicht verbaut und sehr ursprünglich«, erzählt sie. »Meine Jugendzeit im Wallis ähnelte in vieler Hinsicht dem früheren Leben in Kuzguncuk. Alle gingen nach Zürich, niemand wollte dort bleiben, es gab nicht einmal richtige Straßen. Ich bin auch dort in der Diaspora gewesen, weil wir Protestanten waren, Wallis war jedoch sehr katholisch. Ich besuchte erst eine katholische Schule, weil alle öffentlichen Schulen katholisch waren«, sagt Ursula. Dann schickte ihre Mutter sie auf eine Privatschule, denn »sie wollte nicht, dass ihre Tochter so erzogen wird«. Das Wallis gründete in den 1960ern das beste Schulsystem der ganzen Schweiz, doch damals in den 1950ern war es noch nicht so weit. Ursula erinnert sich zum Beispiel daran, wie die Jungen im nahe gelegenen Baggersee baden gingen und die Mädchen das nicht durften, weil es sich nicht schickte, in gemischten Gruppen zu baden. Ihre Mutter sagte ihr: »Geh hin! Ihr dürft euch nicht einschüchtern lassen!« Im Rückblick sagt Ursula, dass sie den Zustand, anders zu sein als die anderen, von Geburt an gewohnt war und ihr deshalb die türkische Diaspora keine großen Anpassungsprobleme verursacht hat.

Kennen gelernt hat sie ihren Ehemann in der Schwarzmeerstadt Trabzon, wo er beheimatet ist. Er lebte dort mit seiner Familie, nachdem er in Istanbul an der renommierten Kunstakademie Malerei studiert hatte. Sie war als junge Malerin auf einer touristischen Rundfahrt durch die Türkei. Eine Europäerin trifft einen Türken und sie verlieben sich – eine Bilderbuchgeschichte. Ursulas Mann war ihr gewiss eine große Hilfe bei der Gewöhnung an das Leben im fremden Land, ihrer neuen Heimat. Aber nicht nur er und das gewohnte Gefühl der Andersheit haben Ursula die »Integration« in der Türkei ermöglicht, sondern auch ihre Intelligenz und Sensibilität für die menschlichen Dinge des Lebens. Wenn es um den Vergleich der gesellschaftlich anerkannten Werte und Normen in Europa und in Anatolien geht, kommt neben den kulturellen, religiösen und geographischen Faktoren auch die Zeit ins Spiel. Denn um welche Werte geht es? Um die, die vor zwanzig, dreißig Jahren noch in der Türkei oder in Westeuropa geherrscht haben und die heute von unterschiedlichen Schichten und Gruppen überall anders ausgelegt und gelebt werden?

Einmal im Jahr besucht Ursula ihre Familie in der Schweiz. Manchmal nimmt sie an Kunstmessen teil und stellt dort ihre Arbeiten aus. Über ihre alte Heimat möchte sie nicht schlecht reden. Wenn man sie fragt, vermisst sie vor allem die Natur der Schweiz – die Berge, Flüsse, Täler. Sie hat sich jedoch durch ihren langen Aufenthalt in Istanbul von der Schweizer Lebensweise und Weltsicht entfremdet. Sie versteht die »Werte« der Jugendlichen nicht, die ihr zu oberflächlich und egoistisch erscheinen. Die geistige Orientierung sei verloren gegangen, sagt Ursula, alles sei auf das Materielle gemünzt. Gerade das, was sie in Europa mittlerweile nicht mehr wiederfindet, schätzt sie an der Türkei: Menschlichkeit und Solidarität, sei es in der Familie, im Viertel oder gar landesweit. Es stimmt sie traurig, zu sehen, dass der Wandel im Westen auch die Lebensweise der Türken beeinflusst: Überall scheint der Materialismus aufzublühen.

Frömmigkeit und Religion

An Ursulas Entscheidung, Yusuf zu heiraten und mit ihm, hier in seinem Land, eine Familie zu gründen, wirkten Menschen mit, die man ansonsten nicht unbedingt ins Herz schließt: die Schwiegereltern. Sie leben am östlichen Schwarzmeer, in einer so sattgrünen und üppigen Natur, dass man sie um diese Schönheit beneidet. »Sie sind eine aufgeschlossene, moderne Familie«, so Ursula. »Die Frauen der Familie tragen keine Kopftücher. In dieser Familie herrscht eine starke humanistische Tradition. Dieser Humanismus, der durch die Religion und die gesamte anatolische, heterodoxe Bektaşi-Tradition destilliert ist, bereitet immer eine sehr angenehme Atmosphäre.« Die Kunst ihres Ehemanns ist von diesen Ursprüngen geprägt. Seine »Drehenden Derwische«, angefertigt aus hauchdünnem Zink, veranstalten während unseres Gesprächs durch die aufsteigende Hitze der Heizung stille Tänze. »In Trabzon, wo meine Schwiegereltern leben und Yusuf herkommt, ging von der alten Familie eine so große, selbstverständliche Kraft aus. Ich möchte es Vertrauen nennen, *güven*. Daran war nichts gespielt. Die Grenzen waren vielleicht auch klar gesetzt, aber nichts hat mich dort jemals gestört.« Diese humanistische Tradition, die sich auch im anatolischen Islam stark zeigte, geht verloren, bemerkt Ursula wehmütig.

»Die neue Frömmigkeit ist hölzern«, stellt sie fest. »Früher wurde sie selbstverständlich, ganz natürlich gelebt. Ich habe die Religion, diese Kultur in der Türkei immer sehr tolerant gefunden. Früher machte man sich über die Strenggläubigen, die ihre Frömmigkeit zur Schau stellten, lustig. Man sagte ›Hacı Baba‹ und meinte, der Mann sei völlig entrückt.« Heute wird der Glaube von vielen unerbittlicher denn je kommentiert. Warum ist das so gekommen, wann begann die Toleranz in Härte umzuschlagen? Und ist diese religiöse Strenge tatsächlich vorhanden, oder ist sie nur ein Lippenbekenntnis?

Ursula setzt den Beginn des Wandels im Wertesystem der Türkei mit der Regierung des Turgut Özal gegen Mitte der 1980er Jahre an. Zuerst hatte nach turbulenten politischen Zeiten 1980 ein Militärputsch stattgefunden, der die bürgerkriegsähnlichen Zustände auf türkischen Straßen beendete und geradezu traumatisierend für »Ruhe und Ordnung« sorgte. »Nach Özal überschwemmten westliche Waren das Land und die Werte änderten sich. Plötzlich gab es neureiche Leute, die nicht wie früher aus alteingesessenen, vornehmen Familien stammten, sondern rasch zu viel Geld gekommen waren.« Diese Parvenus hätten sie zunächst belächelt, meint Ursula, man wollte sie ignorieren.»Aber plötzlich wurde das Geld zum Maßstab aller Dinge. Wer das ablehnte, zog sich in seine eigene Welt zurück.« Ursula denkt, dass die türkischen Intellektuellen desorientiert sind und dieser Entwicklung nichts entgegenzusetzen haben.»Viele sind von der westlichen Kultur enttäuscht, was immer man darunter auch verstehen mag.«

Quartierleben in Kuzguncuk

In Kuzguncuk fand Ursula sich zuerst gut zurecht. Alles war neu und interessant. Aber mit der Zeit empfand sie auch einen Druck auf ihren Schultern, sie fühlte sich kontrolliert, denn die Nachbarn spähten permanent neugierig herüber und fühlten sich genötigt, die Fremde zu bemuttern und zu beraten. »Das konnte manchmal zu viel werden«, sagt sie. Aber auch die damaligen Lebensbedingungen stärkten den Zusammenhalt im Viertel.»Nur eine einzige Nachbarin verfügte damals über einen Telefonanschluss. Da alle zum Telefonieren zu ihr gingen, wusste sie über jeden Bescheid und tratschte den lieben langen Tag« – Zustände, über die Westdeutsche vermutlich nur lächeln können, die den Bürgern der ehemaligen DDR aber noch gut in Erinnerung sind. In Istanbul waren plötzliche Stromausfälle sowie Gas- oder Benzinknappheit in jenen Jahren noch auf der Tagesordnung. Vor der Zollunion der Türkei mit der EU im Jahre 1995 gab es zwar schon verstärkt westliche Warenlieferungen, dennoch war alles knapp und verteuert. Ursulas Nachbarn lebten mit einer dreistelligen Inflationsrate, unter wirtschaftlich verheerenden Bedingungen, und mit einem entfesselten Kapitalismus aus dem Bilderbuch des marktwirtschaftlichen Dschungels. Sie werden sich deshalb mächtig darüber gewundert haben, dass diese kluge, sympathische Schweizerin, eine Künstlerin obendrein, freiwillig gekommen war, um in ihrem verstaubten Viertel zu leben.

»Es war ein richtiges Quartierleben«, erinnert sich Ursula, »mit allen guten und schlechten Seiten. Ich bin da mitten hineingeplumpst. Es ist zuweilen richtig dörflich gewesen.« Aber in diesem Dorf lebten auch Nichtmuslime, zum Beispiel Nachkommen der alteingesessenen Juden und Griechen. Ursulas Söhne waren mit jüdischen und griechischen Kindern befreundet. Der Familienclan, diese starke, liebevolle Solidargemeinschaft, ist nach ihrem Empfinden in den letzten Jahren zurückgegangen. »Der Strom, in dem alle miteinander schwammen, dieser natürliche Lebenszustand aller Menschen im Viertel, ist verschwunden«, sagt sie mit Bedauern. »Es war früher alles weicher, selbstverständlicher, natürlicher. Jetzt ist alles sehr spitz. Die Extreme haben sich herauskristallisiert; andere fühlen sich frustriert und leben nunmehr in ihrer eigenen Welt.«

Was das Benehmen angeht, findet Ursula als Mutter Gefallen an dem Respekt, den ihr die Freunde ihrer beiden Söhne zollen. »Die jungen Leute hier finde ich noch ganz anders als in Europa, sehr erfrischend, schön. Sie haben etwas von der alten Art, gegenüber Eltern und den Älteren Achtung auszudrücken. Das ist eine gute Erziehung, ein gutes Benehmen, das ich in der Schweiz sehr vermisse.« Was denkt sie über die in Westeuropa sehr häufig zu hörende Behauptung, dass die türkisch-islamischen Werte mit den europäischen Werten inkompatibel seien? »Theoretisch kann man ja alles behaupten«, sagt sie, »aber ich habe große Zweifel, dass die hölzerne Art der Religiosität hier zu Lande wirklich die Oberhand gewinnen wird.« Das würde ihr, wie allen anderen Künstlern, Journalisten oder Intellektuellen in Kuzguncuk und der Türkei, nicht gefallen. Ihrer Ansicht nach lassen sich die neuen Werte vieler türkischer Jugendlicher mit der Ich-Bezogenheit in Europa durchaus gut kombinieren. »Manche jungen Türken sind völlig materialistisch orientiert, sie interessiert nur, wie viel einer verdient, was er besitzt. Sie versteifen sich auf das Aussehen, auf das Vorzeigbare. Manchmal denke ich, die Religiösen wollen ihre Werte deshalb auch stärker demonstrieren und legen mehr Gewicht auf Äußerlichkeiten wie die Kleidung. Jeder will auffallen.« Es ginge aber auch bei den neuen, demonstrativ Frommen eher um Äußerlichkeiten, um oberflächliche Werte wie Macht, Position, Geld und Anerkennung. Auch das Kopftuch sei nichts als ein Ritual, rein äußerlich. »Das eigentlich Religiöse ist unsichtbar«, sagt Ursula. Das sei der Grund, warum der Glaube in Europa nicht mehr sichtbar sei. »Das bedeutet allerdings nicht, dass er dort nicht existiert.«

Antoine de Saint-Exupérys »Der Kleine Prinz« riet seinen Lesern einst, immer mit dem Herzen zu sehen, weil das Wesentliche für die Augen unsichtbar sei. Auch Ursula Soltermann-Katipoğlu, Künstlerin, Ehefrau und Lebensgefährtin des Malers Yusuf Katipoğlu, Mutter von zwei Söhnen, lebt seit einem Vierteljahrhundert glücklich in dem ehemaligen jüdischen Bosporusdorf Kuzguncuk. Das gelingt ihr nur, weil sie das Wesentliche erkennt. »Der anatolische Humanismus, die Gedankenwelt von Rumi oder Yunus Emre, ist dem europäischen Humanismus völlig ebenbürtig, ja mit ihm identisch«, sagt sie. »Diese Tradition der Nomaden auf den Bergen, die der Derwische des Bektaşi-Ordens, gibt einen bestimmten Rhythmus des Leben an und bietet eine eigene Weltsicht.« Diese Weltsicht, so hofft sie, haben sie und ihr Mann den Söhnen mit auf den Weg gegeben.

Minarett versus Glockenturm

Von Christen in der Türkei und Muslimen in Deutschland

Ein gepflegtes Istanbuler Viertel sieht anders aus. Müllreste türmen sich an der Straßenecke, und zwischen heruntergekommenen kleinen Mietshäusern sieht man immer wieder in die leeren Fensterhöhlen von Ruinen. Wenn dann die Zweifel an der Adresse schon überhand nehmen, taucht unversehens doch noch ein kleiner Kirchturm auf. Erleichtert sucht der Besucher nach einer Türglocke oder einer anderen Möglichkeit, sich bemerkbar zu machen, nur um bald frustriert feststellen zu müssen, dass er sich in der Tür geirrt hat. Die kleine Kirche mitten im Armeleute-Viertel Tarlabaşı gehört nicht zur gesuchten deutsch-evangelischen Gemeinde von Istanbul – es ist eine alte armenische Kirche. Sie ist derzeit an eine schwarze amerikanische Baptistengemeinde vermietet, die dort fröhliche Gospelgottesdienste feiert. Doch das Ziel ist nicht mehr weit. Die deutsche Gemeinde ist im Haus nebenan, einem Haus, dem man von außen nicht ansieht, dass es sich um eine Kirche handelt. Die weiße Fassade erinnert eher an eine kleine Schule, und tatsächlich kommt dieser Eindruck der Wahrheit ziemlich nahe. Das, was man von außen sieht, war in der Tat einmal eine Schule und dient nun als Gemeinderaum. Die eigentliche Kirche wurde später auf die Schulräume gebaut und ist etwas nach hinten versetzt, so dass man den Bau von der Straße aus nicht als solchen erkennt. Der kleine Glockenturm steht im Hof. Es wird am Sonntag zwar geläutet, doch das dient eher der Erbauung der bereits Anwesenden, als dass es die Gläubigen zum Gottesdienst rufen könnte.

Nicht viel anders dürfte es Besuchern gehen, die einmal einen Blick in die berühmteste – mittlerweile wohl auch berüchtigtste – Moschee Deutschlands, die Mevlana Moschee in Berlin-Kreuzberg, werfen wollen. Rund um das Kottbusser Tor gibt es zwar etliche türkische Gemüseläden, Reisebüros und Kebab-Buden, nach dem Minarett der Moschee sucht man aber vergebens. Um den Gebetsraum zu finden, muss man in das Obergeschoss eines hässlichen Einkaufszentrums, um dort dann auf einen Versammlungsraum zu stoßen, der mit dem Bild, welches man sich gemeinhin von einer Moschee macht, nicht viel zu tun hat. Bis auf die Teppiche auf dem Boden fehlt es an allem, was eine Moschee eigentlich ausmacht.

Die Sichtbarkeit von Religion

Beide, die evangelische Kirche in Istanbul und die Mevlana Moschee am Kottbusser Tor, sind jeweils auf ihre Weise charakteristisch für die Situation von Muslimen in Deutschland sowie umgekehrt von Christen in der Türkei. Das religiöse Leben beider Religionen blühte lange Zeit vorwiegend im Verborgenen. Das änderte sich erst in den letzten Jahren. Sichtbarstes Zeichen des neuen muslimischen Selbstbewusstseins in Berlin ist die Anfang dieses Jahres neu eröffnete repräsentative Moschee am Columbiadamm in Tempelhof. Zwar steht die Moschee nicht gerade an einem zentralen Platz der Stadt, aber immerhin sieht sie genauso aus, wie man sich die kleinere Variante einer Istanbuler Sultansmoschee vorstellt. Das klassische Kuppeldach, flankiert von zwei Minaretten, ergibt die gewohnte Silhouette einer Moschee, und auch der Innenraum entspricht dem hergebrachten Bild. Das ist kein Zufall, sondern von den Bauherren so beabsichtigt. Damit es auch klappt, wurden extra aus der Türkei Architekten und Handwerker geholt, die über entsprechende Erfahrungen verfügten. Auch in einigen wenigen anderen deutschen Städten sind mittlerweile sichtbare Moscheen entstanden, etliche weitere sind in der Planung. Der überwiegende Teil der rund 2500 Gebetsräume besteht aber auch heute, fast 40 Jahre nach dem Beginn der Anwerbung türkischer Arbeitskräfte, die nahezu ausnahmslos Muslime waren, immer noch aus so genannten Hinterhofmoscheen. Nur, dass die frühere Ignoranz der deutschen Öffentlichkeit heute in massives Misstrauen umgeschlagen ist: Aus den einst übersehenen Gebetsecken sind plötzlich Al-Qaida-Trainingslager und Agitationsecken von Hasspredigern geworden.

Trotzdem wird in Deutschland und anderen EU-Staaten immer darauf hingewiesen, dass es zwar tausende Moscheen in Europa gibt, die Türkei den Bau von neuen Kirchen bei sich aber verbiete. Diese Ungleichbehandlung widerspreche eklatant der Religionsfreiheit und müsse möglichst noch vor Beginn von Beitrittsverhandlungen der EU mit der Türkei geändert werden. Vor allem die Deutsche Bischofskonferenz und der Vorsitzende der Evangelischen Kirche in Deutschland (EKD), Bischof Huber, werden nicht müde, die andauernde Repression von Christen in der Türkei zu beklagen. Urplötzlich wurde der Bau von Kirchen bei den Verhandlungen zwischen der EU und der Türkei zum Politikum.

Was sich zunächst nachvollziehbar anhört, erweist sich jedoch bei näherem Hinsehen als komplizierter, als es aus deutscher Sicht scheint. Die Situation der Christen in der Türkei ist aus historischen Gründen eine ganz andere als die der Muslime in Deutschland. Christliche Gemeinden und ihre Kirchen waren im Osmanischen Reich eine Selbstverständlichkeit. Anders als in Westeuropa, wo die meisten Länder jahrhundertelang entweder katholisch oder evangelisch waren, bestand das Imperium der Sultane immer aus einem multireligiösen Mix. Der Islam war zwar die Staatsreligion, und die nichtmuslimische Bevölkerung hatte nicht dieselben Rechte wie die Muslime, doch sie wurden als religiöse Gemeinschaften toleriert und konnten sich als »Schutzbefohlene« weitgehend selbst verwalten. Armenische Christen, orthodoxe Griechen, syrisch-orthodoxe Araber und Juden bildeten Mitte des 19. Jahrhunderts fast ein Drittel der Bevölkerung des Osmanischen Reiches.

Der Anblick von Kirchen ist deshalb in der Türkei nichts Ungewöhnliches. Vor allem in bestimmten Stadtteilen Istanbuls gehören Kirchen zum gewohnten Bild. Im heutigen Beyoğlu, dem früheren Pera, das im 19. Jahrhundert überwiegend Christen und Juden bewohnten, wimmelt es geradezu von Kirchen. Noch bis in die Mitte des 20. Jahrhunderts bestand die Bevölkerung Istanbuls zu einem Drittel aus Nichtmuslimen.

Dass auf die Forderungen nach Gleichberechtigung für Christen heute in der Türkei mit hinhaltendem Widerstand reagiert wird, hat mit der Geschichte der Christen in der Niedergangsphase des Reiches zu tun. Mit dem osmanisch-britischen Handelsabkommen 1838 begann im Osmanischen Reich der Anfang vom Ende. Zölle wurden gesenkt und mit dem jeweiligen Staat zusammen festgelegt. Billige englische Produkte, die wegen der Schutzzölle auf dem Kontinent keinen Zugang zu europäischen Märkten fanden, flossen ungehindert ins Osmanische Reich und zerstörten die erst in den Anfängen steckenden Manufakturen. Die europäische Überlegenheit auf technischem und wirtschaftlichem Gebiet fand in den christlichen Minderheiten des Reiches ihre Entsprechung. Die Christen waren die Ansprechpartner der westeuropäischen Mächte, über sie wickelten sie ihre Geschäfte ab, und nicht zuletzt wurde mit Forderungen nach einer Besserstellung der Christen im osmanischen Herrschaftsbereich auch kräftig Politik gemacht.

Die Verwestlichung im 19. Jahrhundert brachte die Werteordnung im Reich erheblich durcheinander: Einerseits war der Sultan zugleich Kalif der ganzen islamischen Welt, und die Muslime waren die herrschende Gemeinschaft (Millet) im Reich, andererseits drängten die europäischen Staaten auf Reformen, die die rechtliche Gleichstellung der Christen bringen sollten. Reformen wurden deshalb auf Druck von außen im Laufe des 19. Jahrhunderts zwar immer wieder beschlossen, aber nie richtig verwirklicht. Das Scheitern lag auch bei den Christenführern selbst, die zwar gleiche Rechte wollten, gleichwohl aber den Militärdienst, den die Christen bis dahin nicht zu absolvieren brauchten, weiter ablehnten.

Während das Bildungssystem im Osmanischen Reich dem in Westeuropa weit hinterherhinkte, wurden viele christliche Kinder von Missionaren, die vor allem im Osten des Landes hunderte von Schulen gründeten, im westlichen Sinne erzogen. Sie bekamen so das Gefühl, besser ausgebildet zu sein und besser zur vorherrschenden Zivilisation zu passen als die Muslime. Weil die Christen bei den Unabhängigkeitsbewegungen des 19. Jahrhunderts auf dem Balkan nicht durchgängig, aber unübersehbar auf Seiten der »Rebellen« mitgekämpft hatten, sind sie in den Augen vieler Türken bis heute »Konspirationsherde«. Christliche Missionare werden nicht gern gesehen und als »Handlanger der westlichen Staaten« empfunden.

Die Frustration aus den Niederlagen auf dem Balkan entlud sich im 20. Jahrhundert dann gegen die verbliebenen christlichen Minderheiten. Erst die Massaker und Vertreibungen an den Armeniern von 1915 bis 1918, dann der Bevölkerungsaustausch mit den Griechen und neue Pogrome gegen die Istanbuler Griechen in den 1950er Jahren (als Reaktion auf die Verfolgung der Türken auf Zypern) dezimierten die traditionellen christlichen Gemeinden auf minimale Restbestände ihrer ursprünglichen Größe. Diese unbewältigten Altlasten der Geschichte stehen einem natürlichen Umgang mit dem Christentum bis heute im Weg. Heute gibt es in der Türkei nur noch ungefähr 60 000 Armenier, 25 000 Juden und 5000 Griechen, die konzentriert in den Großstädten leben.

Viele Kirchen werden deshalb gar nicht mehr oder nur noch sehr sporadisch genutzt. Kirchenruinen in Landstrichen, in denen keine Gemeinde mehr existiert, konfisziert der Staat häufig. Sakrale Ensembles wie im Istanbuler Stadtteil Kuzguncuk, wo Moschee, Kirche und Synagoge in engster Nachbarschaft zueinander stehen und auch genutzt werden, gemahnen deshalb eher an frühere religiöse Vielfalt und Eintracht, als dass sie etwas über die heutige Situation aussagen. Die wenigen orthodoxen Griechen und Armenier, die heute noch in Istanbul leben, können ihre vorhandenen Kirchen kaum mit Leben erfüllen, geschweige denn, dass sie neue Gotteshäuser bauen wollten.

Warum dann die Aufregung um den Bau neuer Kirchen? Der Wunsch nach neuen Kirchen entsteht in der Türkei an ganz anderer Stelle als dort, wo traditionell christliche Gemeinden existieren. Nicht in Istanbul, Izmir oder Ankara, sondern an der türkischen Riviera, in Antalya und Alanya, wächst heute der Wunsch nach christlichen Versammlungsräumen. Das hat einen einfachen Grund. Seit rund zehn Jahren ist die türkische Mittelmeerküste zu einem immer beliebteren Refugium für Pensionäre aus Deutschland, Österreich und anderen westeuropäischen Ländern geworden, die nun, nachdem sie sich eingerichtet haben, auch gerne eine Kirche hätten. Jedenfalls einige von ihnen.

Das erste sichtbare Zeichen dieses Wunsches ist im letzten Jahr etwa 30 Kilometer außerhalb von Antalya, am Rande des Ferienortes Belek, entstanden. Um den Bedürfnissen ihrer Kunden nachzukommen und auch um ein Zeichen für religiöse Toleranz zu setzen, hat hier ein Zusammenschluss von 36 Großhotels einen so genannten »Garten der Religionen« finanziert. Auf einem lauschigen Platz direkt an einem Kiefernwäldchen, das bis zum Meer reicht, hat man versucht wiederherzustellen, was in Istanbul noch vor hundert Jahren gelebter Alltag war: eine Kirche, eine Synagoge und eine Moschee nebeneinander. Die jeweiligen Glaubensgemeinschaften können die Gebäude nutzen und Touristen im Raum Belek das religiöse Angebot wahrnehmen. In den ersten Monaten nach der Eröffnung, zu der sogar der türkische Ministerpräsident Tayyip Erdoğan anreiste, war der »Garten der Religionen« vor allem eine Besucherattraktion für einheimische Touristen. Täglich kommen mehrere Busladungen türkischer Großstädter an, die sich dann in großen Pulks durch die drei Gotteshäuser schleusen lassen. Für die meisten ist der Besuch einer Kirche oder einer Synagoge genauso neu wie für viele Deutsche der Besuch einer Moschee in ihrer Umgebung. Man staunt, lacht und lässt sich vor dem Altar fotografieren.

Kritiker bezeichneten den »Garten der Religionen« deshalb als religiöses Disneyland, das der türkischen Regierung als reine Propaganda im Ausland diene. Doch die Adressaten am Ort sehen das anders. Pfarrer Rainer Korten, den die Deutsche katholische Bischofskonferenz im Herbst 2003 als ersten deutschen Geistlichen an die türkische Mittelmeerküste entsandte, will demnächst alle zwei Wochen einen Gottesdienst in Belek anbieten. »Die Kirche«, ist er überzeugt, »wird bestimmt genutzt werden.«

Der Prälat Korten ist in der Türkei momentan noch ein Unikum. Er ist der erste Geistliche, der mit einer offiziellen Arbeitserlaubnis ins Land gekommen ist. Seine katholischen und evangelischen Kollegen in Istanbul sind alle offiziell Mitarbeiter des Konsulates, weil bis 2003 kein Priester oder Pfarrer eine Arbeitserlaubnis für seinen Beruf bekam. Ein wenig erinnert die Wirkungsstätte des Priesters an die Hinterhofmoscheen in Deutschland. Seine Kirche liegt in einer Seitenstraße des großen Boulevards von Antalya. Hinge nicht das Schild »St. Nikolaus Kilisesi« neben der Eingangstür, wäre sie kaum als solche zu identifizieren. Tatsächlich beherbergte das kleine zweistöckige Häuschen vor seiner Umwandlung in eine Kirche ein ganz ordinäres Café, doch Korten ist mit dem Haus sehr zufrieden. »Es liegt zentral, der Gottesdienstraum ist groß genug und es hat einen kleinen Garten, wo unsere Besucher sich nach dem offiziellen Teil noch zusammensetzen können, um miteinander zu plaudern.« Was der 64-Jährige bei einem Rundgang durch das Gebäude mit schönem Understatement präsentiert, ist in Wahrheit ein bahnbrechender Erfolg für die Christen in der Türkei. Mit dem Druck der EU im Rücken – »Ohne dies wäre das Unternehmen kaum gelungen«, ist Korten überzeugt – konnten sie erstmals nach Jahrzehnten der Ungewissheit für die existierenden Gemeinden eine neue Kirche gründen.

Rechtsunsicherheit und baurechtliche Schikanen – Glaubensfragen als Statusprobleme

Nachdem hochrangige EU-Delegationen in Ankara immer wieder auf das Problem der freien Religionsausübung hingewiesen hatten, schickte Ministerpräsident Erdoğan im Frühjahr 2004 einige Vertraute nach Antalya, um mit Korten zu klären, was geändert werden müsse, damit für ihn und seine Gemeinde eine freie Religionsausübung möglich sei. »Ich habe dann gesagt, dass wir einen akzeptierten legalen Status brauchen, dass wir eine Immobilie im Namen der Gemeinde kaufen oder mieten müssen und unbehindert religiöse Schriften einführen wollen. Außerdem wollen wir die Erlaubnis, seelsorgerische Besuche im Gefängnis und Krankenhaus machen zu können.« »Die haben sich das angehört und gleich ›in Ordnung‹ gesagt.« Korten ist noch heute erstaunt, wie zügig sein Anliegen über die Bühne ging. Als Träger der Gemeinde wurde dann der »St. Nikolaus Kirchenverein für Antalya und Alanya« gegründet und im Vereinsregister eingetragen.

Für den Anfang sei das eine ausreichende Lösung, auf die Dauer bräuchten die Kirchen allerdings einen auf sie zugeschnittenen eigenen Status, meint der Priester. »Genau genommen darf in der Türkei ein Verein nicht ausschließlich zu religiösen Zwecken gegründet werden. Das verstößt eigentlich gegen das geltende Vereinsgesetz. Im Moment ist es deshalb eine Frage der politischen Opportunität, ob man uns gewähren lässt oder nicht. Auf Dauer ist das natürlich zu unsicher.«

Auch Holger Nollmann, der evangelische Pfarrer der kleinen deutschen Gemeinde im Istanbuler Stadtteil Tarlabaşı, betrachtet das Experiment in Antalya noch mit einiger Skepsis. »Wir haben das Vereinsmodell bei uns noch nicht übernommen. Wir wollen erst einmal abwarten, wie es sich in der Praxis bewährt.« Nollmann ist offiziell Angestellter des deutschen Konsulats und damit quasi Mitglied des diplomatischen Korps. Die Rechtsgrundlage für seine Kirche ist ein so genannter »Ferman«, ein Erlass des damaligen Sultans von 1857, in dem die Erlaubnis zur Errichtung einer preußischen Kapelle für die Angehörigen der Gesandtschaft erteilt wurde. Bis heute gilt die Kirche deshalb offiziell als eine Art Ableger des Konsulats und genießt somit diplomatischen Schutz. »Bevor wir das aufgeben und uns als Verein registrieren lassen, müssen wir sicher sein, dass diese Rechtsform auch funktioniert«, meint Nollmann.

Das Problem der heutigen evangelischen und katholischen Gemeinden stammt aus der Frühphase der türkischen Republik. Als damals das Kalifat abgeschafft und stattdessen ein strikter Laizismus nach französischem Vorbild eingeführt wurde, verloren Religionsgemeinschaften nicht nur alle Privilegien, sondern wurden vielfach auch verboten. Islamische Orden galten als besonders reaktionär und wurden bekämpft, weil sie einer Modernisierung des Landes vermeintlich im Wege standen. Das verbleibende religiöse Leben wurde unter staatliche Kontrolle gestellt. Die Moscheen kontrolliert seitdem die staatliche Aufsichtsbehörde »Diyanet«. Die Imame wurden staatliche Angestellte, und die Leitung des Diyanet gibt bis heute die Inhalte der Freitagsgebete vor. Der Status der christlichen Kirchen, das waren damals die armenische und die griechisch-orthodoxe Kirche, wurde im Friedensvertrag von Lausanne geregelt. Wenn heute die Christen im Westen freie Religionsausübung und einen eigenen Rechtsstatus für ihre Kirche in der Türkei fordern, stellen sie den türkischen Staat, aber auch die EU vor ein enormes Dilemma. Das rührt nicht nur an historischen Ressentiments. Würde Ankara den evangelischen und katholischen Christen einen unabhängigen Status als autonome Religionsgemeinschaft einräumen, würde die Regierung ihr eigenes System sprengen. Sie müsste konsequenterweise auch die staatliche Religionsbehörde auflösen und den islamischen Religionsgemeinschaften dieselben Freiheiten einräumen. Was sich in der Theorie ganz einfach anhört, könnte in der Praxis eine Entwicklung auslösen, die auch in der EU niemand will.

Der radikale Bruch mit der tragenden Rolle des Islam im Osmanischen Reich war die entscheidende Voraussetzung für die Modernisierung der Türkei. Der strenge Laizismus hat in jahrzehntelangen Auseinandersetzungen verhindert, dass die muslimischen Vertreter, wie in den meisten anderen islamisch geprägten Staaten, ihre Ansprüche an die Gestaltung der Gesellschaft durchsetzen konnten. Soll man also gerade jetzt, in Zeiten einer vermeintlichen oder tatsächlichen Bedrohung durch einen wachsenden islamischen Fundamentalismus, der Türkei aus prinzipiellen Erwägungen (Religionsfreiheit als Wert an sich) das Instrument aus der Hand schlagen, mit dem der Staat die Religion mühsam in den privaten Bereich der einzelnen Bürger zurückgedrängt hat? Will man gerade jetzt, wo in Deutschland immer lauter nach einer stärkeren Kontrolle der Moscheen gerufen wird, der Türkei diese Kontrolle verbieten?

Die Praxis sieht auch in Deutschland anders aus. Nachdem man jahrelang händeringend nach Ansprechpartnern unter den Muslimen gesucht hat, pendelt sich jetzt immer mehr eine Zusammenarbeit zwischen den Behörden und dem muslimischen Dachverband DITIP ein. Die DITIP-Moscheevereine, das hat man mittlerweile gelernt, bieten eine Gewähr dafür, dass religiöse Eiferer sich nicht in den Vordergrund spielen können und der Islam sich problemlos in den deutschen Verfassungsstaat einfügt. DITIP aber ist nichts anderes als der deutsche Ableger von »Diyanet«, die deshalb auch die Imame für die Moscheen in Deutschland aus der Türkei schickt.

Die Berliner Moschee am Columbiadamm ist ebenfalls eine Moschee von DITIP. Der Vorsitzende des Moscheevereins, Hüseyin Midik, ein eloquenter Mann, der Mitte der 1970er Jahre nach Deutschland kam, zeigt dem Besucher die neue Moschee nicht ohne Stolz. Er weist auf die feinen Marmorarbeiten hin, die besonderen Kacheln und die gelungene Kuppel. Die Moschee besticht durch ihre Symmetrie, zu der auch die beiden Minarette beitragen. Doch all das war schwer erkämpft. Was für die deutschen christlichen Gemeinden in der Türkei die fehlende Rechtsgrundlage ist, ist den türkischen Muslimen in Deutschland das Baurecht. Grundsätzlich gilt natürlich die Religionsfreiheit, die jeder Glaubensgemeinschaft auch ihre Sakralbauten zugesteht. Praktisch ist der Bau einer repräsentativen Moschee jedoch ungefähr so schwierig wie der Bau eines Asylbewerberheimes auf dem Hamburger Jungfernstieg oder Unter den Linden in Berlin. Fast jeder Moscheebau in Deutschland hat zuvor jahrelange politische Auseinandersetzungen in den betreffenden Kommunen zur Folge gehabt, in denen Bürgerinitiativen gegen das Vorhaben mobilmachten und Wahlkämpfer sich zum Vollstrecker des Volkswillens machten. Der Bielefelder Soziologe Jörg Hüttermann hat die Konflikte, die entstehen, wenn eine Moschee gebaut werden soll, untersucht. Seine Schlussfolgerung lautet: Die Konflikte folgen immer einem bestimmten Schema, das Inkorporationsritualen in vormodernen Gesellschaften gleicht. Die Einheimischen testen die Fremden, zeigen ihnen ihre Grenzen und setzen letztlich durch, was ihnen selbst akzeptabel erscheint.

Hüttermann erläutert seine These an einem Beispiel im ostwestfälischen Städtchen Halle. Rein formal waren die Muslime im Recht – sie hätten ihre Moschee wie geplant mit einem 26 Meter hohen Minarett bauen können, baurechtlich hätte es keine Einwände gegeben. In insgesamt sechs Bürgerversammlungen, die sich über eineinhalb Jahre hinzogen, wurde den Vertretern des Moscheevereins jedoch klar gemacht, dass sie in Halle keine Rechte, sondern lediglich Gastrecht genießen. Den Muslimen sei offen und subtil gedroht worden, und man habe sie »nach Strich und Faden eingemacht«, beschreibt der Soziologe die Atmosphäre. Schließlich hätten aber beide Seiten die Versammlungen fortgesetzt und gelernt, sich gegenseitig zu respektieren. Zuletzt durfte die Moschee gebaut werden, aber die Muslime mussten auf zehn Meter Minarett verzichten. Der Gebetsruf darf nur den Innenhof der Moschee beschallen – und zwar nur drei- statt fünfmal am Tag.

Am Berliner Columbiadamm gab es zwar keine Bürgerversammlungen, weil die Moschee so abgelegen ist, dass es keine unmittelbaren Anwohner gibt. Dafür wurden vergleichbare Konflikte dann allerdings über die Medien ausgetragen.

»Wir wollten unsere Unstimmigkeiten im direkten Kontakt mit den politisch Verantwortlichen ausräumen«, erzählt Hüseyin Midik, aber die Politiker hätten das gleich an die große Glocke gehängt. Wie in Halle ging es insbesondere um die Höhe der Minarette. Sie sind höher als in der Baugenehmigung vorgesehen, aber wenn man sich die Moschee ansieht, versteht man, warum das so ist: Die Höhe der Minarette korrespondiert in harmonischer Weise mit der Kuppel. Kleinere Minarette hätten wie verstümmelt gewirkt. »Alle, die die Moschee gesehen haben, haben uns bestätigt, dass sie so, wie sie ist, gut aussieht«, berichtet Midik. Sogar die zuständigen Bezirkspolitiker hätten das so gesehen. Trotzdem hätten sie in den Medien riesigen Krawall gemacht. »Wir haben den Eindruck«, so Midik, »dass sie das gemacht haben, um das Bußgeld in Höhe von 80 000 Euro zu rechtfertigen.« Auch andere Entscheidungen im jahrelangen Kampf um den Bau empfand der Moscheeverein als reine Schikane. So weigerten sich die zuständigen Behörden über ein Jahr lang, den Handwerkern aus Istanbul, die den Innenausbau der Moschee ausführen sollten, ein Einreisevisum auszustellen, obwohl doch von Anfang an klar gewesen war, dass es entsprechende Fachkräfte in Deutschland nicht gibt. Am wenigsten Verständnis aber hatte Midik für einen Baustopp, der verhängt wurde, weil die Moscheebauer das Artenschutzgesetz verletzt haben sollen. Kopfschüttelnd zeigt er auf eine Rosette in der reich verzierten Holztür, durch die man die Moschee betritt. Die Einlegearbeit, vielleicht drei Zentimeter im Durchmesser, ist aus Elfenbein, wie es zu diesem Zweck in der Türkei auch verwendet wird. »Selbst dafür«, so der Vorsitzende des Moscheevereins empört, »mussten wir eine Strafe zahlen.«

Gesellschaftliche Akzeptanz und Polizeischikane

Probleme mit den Nachbarn haben die deutsche evangelische Gemeinde oder die neue Kirche in Antalya nicht. Im Gegenteil, meint Pfarrer Nollmann, die faktische Lage sei gegenwärtig sehr gut. »Abgesehen von den grundsätzlichen rechtlichen Problemen, können wir derzeit nicht klagen.« Nollmann wird wie andere Religionsvertreter zu protokollarischen Anlässen eingeladen, und zu größeren Veranstaltungen der Gemeinde sah sogar Oberbürgermeister Topbaş herein. Sein Kollege Korten in Antalya hat da schon größere Probleme; nicht unbedingt mit den Bürgern von nebenan, dafür aber immer mal wieder mit der Staatsgewalt. Bei den Nachbarn half Korten ein Zufall. Vor gut einem Jahr war er zu einer Beerdigung eines Deutschen gebeten worden. Da der Mann mit einer muslimischen Frau verheiratet gewesen war, war auch ein Mufti zugegen. »Wir haben dann beide gemeinsam am Grab gebetet und zufällig hat das Regionalfernsehen diese Szene gefilmt. Seitdem werde ich in den Läden in Antalya als Hoca angesprochen.« Anders ist es mit den lokalen Behörden. »Die haben offenbar noch nicht alle mitbekommen, dass Ankara grünes Licht gegeben hat«, mutmaßt Pfarrer Korten, »sonst wären bestimmte Dinge wohl nicht passiert.«

Das grundsätzliche Misstrauen gegenüber dem, was die Ausländer da eigentlich treiben, führt dazu, dass regelmäßig zu seinen Gottesdiensten zivile Polizei erscheint und sich in den hinteren Reihen niederlässt. »Einmal«, erzählt Korten, »hat es einen schweren Zwischenfall gegeben. Ein türkischer Christ, wahrscheinlich ein Konvertit, wurde im Anschluss an den Gottesdienst abgeführt. Ich habe dagegen im Büro des Gouverneurs protestiert, aber nichts mehr davon gehört.« Eines der Reizthemen in der Türkei ist die vermeintlich groß angelegte Missionsarbeit christlicher Kirchen. Obwohl der Wechsel des Glaubensbekenntnisses in der laizistischen Türkei offiziell natürlich kein Problem ist, werden Konvertiten im Islam als Verräter behandelt und entsprechend geächtet. In der öffentlichen Meinung ist Missionieren verpönt, von den Nationalisten wird sie als ein Mittel zur Schwächung des Landes denunziert. Vor allem einige amerikanische und koreanische Freikirchen sollen mehr oder weniger klandestin auf Schäfchenfang gehen. Angeblich wird damit geworben, dass, wer zum Christentum übertritt, leichter ein Visum für die USA oder andere westliche Länder bekommt. Für Priester Korten ist es deshalb eher problematisch, wenn ein Türke zu ihm kommt, um sich nach dem christlichen Glauben zu erkundigen. »Wir wollen hier nicht missionieren, das ist nicht meine Aufgabe. Ich habe genug mit den hier lebenden europäischen Christen zu tun.«

Tatsächlich ist die kleine Kirche für viele Deutsche, die ihren Lebensabend in Antalya und Umgebung verbringen, vor allem ein sozialer Anlaufpunkt. 12- bis 14 000 Deutsche leben dauerhaft entlang der türkischen Riviera, darunter etliche mit großen sozialen Problemen. »Viele«, erzählt Korten, »merken bald, dass das Leben nicht nur aus Sonnenschein und Baden besteht. Es gibt viel Einsamkeit und manchmal große materielle Sorgen.« Dass seine Gemeinde nicht gerade aus reichen Leuten besteht, merkt Korten nach jedem Gottesdienst am Klingelbeutel: »Von den Spenden der Gemeinde können wir nicht existieren.« Da aber auch die Bischofskonferenz neben der Miete und seinem Gehalt nicht noch für die anderen laufenden Kosten aufkommen will, hat Korten eine andere Einnahmequelle aufgetan. »Wir haben so viele Besuchergruppen hier im Sommer, dass wir von deren Spenden die Unkosten bestreiten können.«

Geld ist auch eines der Hauptprobleme in Alanya, der eigentlichen Hochburg deutscher Pensionäre in der Türkei. Bereits lange bevor Korten nach Antalya kam, gab es in dem 120 Kilometer östlich gelegenen, kleineren Ferienstädtchen Alanya Bemühungen, eine Kirche zu eröffnen. Eine deutsche Initiativgruppe hatte sich dafür eine ehemalige griechische Kirche ausgesucht, von der allerdings nicht viel mehr als eine Ruine übrig ist, die noch dazu unter Denkmalschutz steht. Für Pfarrer Nollmann in Istanbul ist das ein völlig unrealistisches Vorhaben. »Die Kirche liegt hoch am Berg und ist für Gemeindearbeit völlig ungeeignet. Außerdem wäre eine Restauration unbezahlbar.« In Alanya ist der evangelische Pastor Hans Gerdts stationiert. Gerdts empfängt seine Gäste in einem traumhaft gelegenen Café am Strand, weil es hier bislang noch keine Gemeinderäume gibt. »Alle zwei Wochen«, erzählt er, »gibt es einen Gottesdienst im Kulturzentrum, das der Bürgermeister den Deutschen zu diesem Zweck zur Verfügung stellt.« Zusammen mit Vertretern des »St. Nikolaus Kirchenvereins« sucht Gerdts nun nach Gemeinderäumen, die man mieten könnte.

Dabei kam es zu einem Zwischenfall, der zeigt, dass das deutsch-türkische Zusammenleben in Alanya unter der friedlichen Oberfläche angespannt ist. Bei seinem Antrittsbesuch beim örtlichen Präfekten habe er zusammen mit mehreren Vereinsmitgliedern gefragt, ob der Präfekt bei der Suche nach Räumlichkeiten behilflich sein könne. Der habe das, entweder aufgrund eines Übersetzungsfehlers oder weil er bewusst missverstehen wollte, als Aufforderung verstanden, die Stadt solle den Christen kostenlos einen Raum zur Verfügung stellen. Obwohl dies gar nicht der Fall war, hätte der Präfekt empört reagiert und auch die Presse informiert. Es kam zu einem Aufschrei, die Christen wollten vom Staat alimentiert werden, obwohl dies in der laizistischen Türkei doch streng verboten sei.

»Eine unselige Kampagne, die uns sehr geschadet hat«, meint Pastor Gerdts. Dahinter verbergen sich seiner Meinung nach aber weniger kulturelle Ressentiments, als vielmehr ein handfester Konflikt unter den Bewohnern Alanyas. »Es gibt diejenigen, die von den deutschen Ansässigen profitieren, und diejenigen, die darunter leiden. Für alle Shops, Restaurants, Hotels und andere Dienstleistungsunternehmen sind die Deutschen eine willkommene Einkommensquelle, für andere dagegen nur ein Faktor, der die Preise nach oben treibt.« »Vor allem die Haus- und Wohnungspreise sind aufgrund der ausländischen Nachfrage in den letzten fünf Jahren so stark gestiegen, dass sich kaum noch ein Türke eine Wohnung kaufen kann«, hat Gerdts beobachtet. »Das erzeugt natürlich bei den Betroffenen schlechte Stimmung, die sich dann in solchen Kampagnen offenbart.«

Dabei verhalten sich die Verantwortlichen in der Stadtverwaltung von Alanya den Deutschen gegenüber im Allgemeinen sehr kooperativ. »Dass wir hier noch keine Kirche haben, liegt weniger an den Türken als am fehlenden Geld«, meint Gerdts. Anders als die katholische Kirche in Antalya will die EKD, der Dachverband der evangelischen Kirche in Deutschland, sich in Alanya finanziell nicht engagieren. Gerdts selbst ist pensionierter Pastor, der nur für ein paar Monate in Alanya ist und dann durch einen anderen Pfarrer im Ruhestand ersetzt werden soll. »Eine Kirche hier«, sagt Gerdts, »kann wie auch die in Antalya nur eine ökumenische Angelegenheit sein. Wir können es uns nicht leisten, eine konfessionelle Spaltung zu zelebrieren. In Deutschland versteht man das nicht. Die fragen mich, ob sie etwa für eine Kirche zahlen sollen, von der sie nicht einmal wüssten, ob sie evangelisch oder katholisch ist.«

Das eigentliche Problem für alle deutschen Geistlichen in der Türkei ist jedoch ein anderes. Es gibt zwar einen zunehmenden Bedarf an sozialer, auch seelsorgerischer Betreuung, aber ein großes kirchliches Engagement der Deutschen in der

Türkei gibt es nicht. Anders als bei den Türken in Deutschland, von denen viele sich in der Fremde wieder ihrem Glauben zugewandt haben, gibt es unter den Deutschen in der Türkei keine größere Frömmigkeit als in Deutschland: So wie sich in Deutschland in Umfragen gerade einmal 30 Prozent als religiös bezeichnen, sind auch die Deutschen in der Türkei an religiöser Unterweisung überwiegend nicht interessiert. »Wenn ein Ehepaar sich entscheidet, seinen Lebensabend in einem muslimischen Land zu verbringen, kann man ja schon davon ausgehen, dass ihnen ein Kirchenbesuch nicht besonders am Herzen liegt«, meint Pastor Gerdts. Auch Prälat Korten in Antalya hat festgestellt, dass viele seiner Gottesdienstbesucher vorrangig den sozialen Kontakt suchen, das Vaterunser aber kaum noch kennen. »Ich missioniere deshalb schon, aber nur unter Deutschen«, meint er lachend. Und Holger Nollmann behilft sich in Istanbul mit denselben Konzepten wie seine Kollegen in Berlin oder Hamburg. »Wir machen viele so genannte niedrigschwellige Angebote im sozialen und gesellschaftlichen Bereich. Niemand, der zu uns kommt, muss seinen Glauben vor sich hertragen.«

Frauenpower auf Türkisch

Eine Gratwanderung zwischen Patriarchat und Emanzipation

Wenn in Deutschland von türkischen Frauen die Rede ist, dann oft nur in zwei Zusammenhängen: Leid und Schönheit. Einerseits vertreten junge Deutsch-Türkinnen Deutschland auf internationalen Schönheitswettbewerben, andererseits werden sie auf deutschen Straßen von wütenden Ehemännern oder Verwandten ermordet. Aber besteht ihre Geschichte nur aus diesen zwei Polen? Gewalt gegen Frauen ist in der sich rapide verändernden türkischen Gesellschaft, sei es zu Hause oder in westeuropäischen Ländern, tatsächlich ein Problem. Jede dritte Türkin, sagen Studien, erfährt in ihrem Leben mindestens einmal physische Gewalt durch Männer.

Geht es um Gleichberechtigung, liegt in der Türkei noch vieles im Argen. Im türkischen Parlament sind im Jahre 2005 nur 4,4 Prozent weibliche Abgeordnete vertreten. Jährlich werden über eine halbe Million Mädchen nicht eingeschult, die Analphabetenrate bei Frauen auf dem Land, vor allem in Ostanatolien, erreicht mancherorts 50 Prozent. Das patriarchalische Denken ist weiter tonangebend. Wahr ist aber auch, dass türkische Frauen im Vergleich zu Deutschland sehr viel häufiger in akademischen Berufen tätig sind: Zwei Drittel aller Lehrkräfte an türkischen Universitäten und Hochschulen sind weiblich. Auch die seit Anfang der 1990er Jahre in die Höhe schnellende Scheidungsrate in türkischen Großstädten zeigt, dass sich Frauen mit wachsendem Einkommen immer weniger von ihren Ehemännern gefallen lassen.

Dennoch ist das Bild nicht schwarz-weiß. Mehr noch als in anderen Ländern sind Frauenprobleme in der Türkei von der

Herkunft, der Klasse, dem Bildungsstand oder dem Wohnort abhängig. Allzu oft wird vom unbeteiligten Betrachter die Perspektive verzerrt: Das, was viele Westler als Problem empfinden, ist nur ein Teil eines Gesamtbildes, das viele Frauen durchaus glücklich macht. Zum Beispiel möchte nicht jede Frau nach ihrer Heirat mit ihrer Kernfamilie in eine Stadtwohnung ziehen und entscheidet sich stattdessen dafür, weiter mit ihren Eltern oder Schwiegereltern unter einem Dach zu leben. Sie empfindet das Leben in einer Großfamilie als angenehmer, geselliger und befriedigender. Für viele türkische Mädchen gehören Heirat und Mutterschaft wie selbstverständlich zum Leben. Kinderlosigkeit wird meist bemitleidet. Die überwiegende Mehrheit der Türkinnen bringt Kinder zur Welt, auch wenn sie studiert und eine Karriere begonnen hat.

Aber es gibt Probleme, die nicht dem Gesetz der Relativität unterliegen. Das Bewusstsein über die Rechte der Frau ist in den letzten zehn Jahren stark gewachsen. Der Kampf gegen Gewalt und Unterdrückung ist weit verbreitet, und erfreulicherweise beteiligen sich immer mehr Frauen aus ländlichen Gebieten daran. Die meisten innerfamiliären Konflikte erleiden jedoch nicht die Frauen in den Dörfern des Schwarzmeergebietes oder Mittelanatoliens, sondern die Frauen in den ärmlichen Vororten der Großstädte. Dort sind die Einwanderer zerrissen vom modernen Leben, in dem sie noch nicht angekommen sind, und der schwindenden traditionellen Lebensweise. Weil die Menschen ihre Rollen und ihre Mitte noch nicht gefunden haben, geht es auch in den Migrantenfamilien in Westeuropa zuweilen heftig zu, was die Behandlung der Frauen angeht, die sich meist schneller als ihre Männer zu verändern scheinen und damit an den althergebrachten Rollenmustern rütteln.

Fadimes Geschichte

Wenn auch nicht ausschließlich, so sind doch viele Probleme der türkischen Frauen und ihrer Familien ökonomischer Natur, sagt Fadime. Sie sagt das natürlich auf ihre Weise: »Wir haben kein Geld, was sollen wir machen?« Dabei gehört sie zu der arbeitenden Minderheit von nur 25,1 Prozent der Türkinnen. Die überwiegende Mehrheit ist ohne Entgelt in der Landwirtschaft beschäftigt. Nach den Zahlen des Staatlichen Amtes für Statistik der Türkei (DIE) gab es Ende 2004 genau 588 000 arbeitslose Frauen im Vergleich zu 5 652 000 berufstätigen. Die Arbeitslosigkeit trifft die Frauen mit höherer Bildung am stärksten. Weil die Industrie zu schwach ist und der Dienstleistungssektor ungenügend, nutzt vielen Frauen nicht einmal ein Diplom einer renommierten in- oder ausländischen Universität. Viele Arbeitgeber ziehen bei der Einstellung außerdem Männer vor, nicht nur, weil sie nicht schwanger werden und keine angeblich frauenspezifischen Unpässlichkeiten haben, sondern weil sie meinen, damit ein Familienoberhaupt einzustellen, das mehrere Menschen ernährt.

Fadime ist eine von tausenden Putzfrauen, die jeden Morgen von den Hügeln am Rande Istanbuls in die Stadt ausschwärmen, um in privaten Haushalten oder Büros zu arbeiten. Türkinnen lassen ihre Wohnung oder ihr Haus viel lieber von anderen putzen als Deutsche – man mag das zu Recht »Bequemlichkeit« nennen. Bezeichnenderweise heißt die Reinemacherin im Volksmund kurz und bündig »Frau« (kadın). An einem Tag verdienen Putzfrauen je nach Stadtviertel zwischen 20 und 30 Euro, das ist für türkische Verhältnisse, bei einem monatlichen Mindestlohn von ungefähr 300 Euro, viel Geld. Die Haushaltshilfen bekommen zudem eine Mittagsmahlzeit gratis. Wenn eine »Frau« zwei Tage in der Woche einen Putzjob hat, wähnt sie sich glücklich. Seit der Wirtschaftskrise in der Türkei 2001, während der viele ihre Arbeit verloren haben, sind die ungelernten Frauen, die bis dahin ihr Dasein als Hausfrauen in den Vororten fristeten, sehr gefragt. Ihre Männer haben teilweise immer noch keine Arbeit, so dass in den letzten fünf Jahren viele von ihnen Putzjobs gesucht und auch gefunden haben. »Nicht jede kann das machen, das ist ein Beruf«, sagt Fadime stolz. Sie ist tatsächlich sehr gefragt und hat neben ihrer täglichen Putzarbeit in Privathäusern noch eine Reinemachestelle in der Firma, in der ihr Mann neuerdings als Pförtner arbeitet. So gilt Fadimes Familie im Viertel als »gut situiert«. Das muss sie auch sein, denn die Familie besteht aus sieben Personen, die unter einem Dach leben: Fadime, ihr Ehemann, seine alten, »Gott sei Dank!« nicht pflegebedürftigen Eltern und drei Kinder im Alter von acht bis sechzehn.

Fadimes Familie kommt aus Ostanatolien, der Stadt Malatya, sie selbst ist in Istanbul geboren. Als eine von fünf Geschwistern wuchs sie in nicht besonders ärmlichen, aber auch nicht als gut zu bezeichnenden Verhältnissen auf. Ihr Vater war Gemüseverkäufer und die Familie groß. Trotzdem hat sie es bis zu einem Mittelschulabschluss geschafft, was einem deutschen Hauptschulabschluss entspricht. Ihren Ehemann wählte sie selbst aus. Sie und er wohnten im selben Einwandererviertel, in Ümraniye, einem so genannten Gecekondu-Gebiet am Rande der Stadt, wo die »über Nacht gebauten Häuschen« stehen (Gecekondu). Hier sah sie ihren Zukünftigen immer aus der Ferne, wenn er auf dem Nachhauseweg bei ihr vorbeiging oder sich mit ihren Brüdern unterhielt. Sie haben seinerzeit zwar nie ein Wort miteinander gewechselt, dennoch ist er ihre Wahl gewesen – eine glückliche Geschichte, bei deren Erinnerungen ihr heute noch die Wangen erröten. Im Vergleich zu den von den Eltern arrangierten Ehen, die ohne Zustimmung der Töchter zu Stande kommen, war das schon wie eine eigene Wahl, als Fadime ihrem Vater »Ja« sagte, nachdem dieser sie gefragt hatte, ob sie den jungen Mann, der um ihre Hand anhielt, heiraten wolle. Das war vor zwanzig Jahren, sie war achtzehn, ihr Zukünftiger neunzehn. Vor dem Militärdienst wurden sie rasch verlobt, damit das Mädchen »fest gebunden« war und auf ihren Bräutigam wartete.

»Ich hatte damals große Probleme in dieser neuen Familie. Weil ich so jung und unerfahren war, habe ich sie ertragen«, sagt Fadime. Ihre Schwiegereltern schauten auf ihre Eltern herab und verkehrten nicht mehr mit ihnen; der Schwiegervater, heute noch ein richtiger Patriarch von über achtzig Jahren, behandelte sie wie ein Dienstmädchen. Fadime sollte fortan ihre Eltern nicht mehr so oft wie vorher besuchen, obwohl sie nur einen Steinwurf entfernt wohnten. Das Schlimmste war jedoch, dass sie plötzlich ihren Kopf bedecken musste. Sie machte das eine Zeit lang mit. Nach der Geburt ihres Ältesten ließ sie die Familie jedoch wissen, dass sie sich nicht länger verhüllen und auch auf die Elternbesuche nicht weiter verzichten werde. Sie hatte ihrem Mann einen Sohn »geschenkt«, was ihr Prestige ungemein erhöht hatte. Außerdem war sie durch ihren Fleiß unverzichtbar geworden. Aber wenn sie sich zurückerinnert, »war es doch die große Liebe meines Mannes zu mir, die mir den Rücken stärkte«. Durch Fadime hat sich sogar ihr Mann allmählich von dem Patriarchen emanzipieren können. Er brachte es aber nicht fertig, sein zweistöckiges Haus, das beiden Familien genug Platz bietet, zu verlassen.

Der Mann war eigentlich Koch. Aber einer, der nirgendwo lange blieb. Regelmäßig fing er etwas Neues an und fiel damit auf die Nase. Stets ersetzte die Familie das fehlende soziale Netz des Staates: Der Schwiegervater arbeitete, wenn Fadime schwanger war; die Schwiegermutter passte auf die Kinder auf, wenn sie arbeiten ging. Die Arbeit ist in Fadimes Leben eine Zäsur. Denn es ging ihr nicht nur darum, Geld zu verdienen und damit einen neuen Stellenwert in der Familie zu bekommen, sondern auch darum, in die Welt hinauszugehen und etwas zu erleben. »Ich ging in die Häuser von wohlhabenden Menschen und sah dort Dinge, die ich bisher noch nie gesehen oder gehört hatte«, erzählt sie ohne Neid, aber mit Ehrgeiz. Viel wichtiger noch: Sie lernte andere Frauen kennen und sah, dass es auch alternative weibliche Lebensweisen und Weltsichten gibt. Sie fand nicht immer Gefallen daran, aber es erweiterte ihren Horizont auf eine noch nie da gewesene Weise.

Da war zum Beispiel eine Malerin. Sie empfahl Fadime, nicht immer ihren gesamten Verdienst ihrem Mann zu geben. Sie solle doch unbedingt ein eigenes Konto bei der Bank in dem Viertel eröffnen, in dem sie arbeitete, um wenigstens etwas zu sparen. »›Man weiß nie‹, sagte sie und öffnete mir die Augen«, so Fadime heute. »Ich hätte nicht im Traum daran gedacht, mir Geld beiseite zu legen.« Nach anfänglichem Zögern setzte sie den Vorschlag der Frau in die Tat um, aber nicht ohne ihrem Mann davon zu erzählen. Er erteilte ihr die »Erlaubnis«. Als aber nach zwei Jahren der Kauf eines Gebrauchtwagens bevorstand, wurde die Sparbüchse auf der Bank geknackt. Ohne Fadimes Ersparnisse wäre diese Anschaffung, die zum Wochenendvergnügen der Familie wurde, nicht möglich gewesen.

Fadime beneidet die Malerin, die mit ihrem Mann ein kinderloses, modernes Leben in einem Bohème-Viertel am Bosporus führt, aber nicht. Dabei genießt die Künstlerin alle Segen der »Zivilisation« – von modernen Geräten in ihrer Küche bis hin zu einem kleinen Garten hinter dem Haus, wo sie fast jeden Abend mit Freunden zusammensitzt, trinkt, raucht und philosophiert. Diese Frau hat alles, was das Herz der Großstadttürkin begehrt. Einschließlich einer tüchtigen, netten Putzfrau. Diese aber ist mit ihrem eigenen Leben überaus zufrieden: »Kinderlosigkeit ist doch ein Fluch«, sagt Fadime geradeheraus, »ein Haus ohne Kinder ist wie eine Wüste. Da hocken dann zwei Leute, schauen sich die ganze Zeit gegenseitig an und werden alt. Wie schrecklich!« Die vielen Vasen, Körbe, Blumentöpfe, Spiegel, Figürchen und anderen Dekorationsgegenstände, die in einer typischen Großstadtwohnung herumliegen, findet Fadime zudem völlig überflüssig: »Nur Staubfänger und nutzloses Zeug im Wege«, schimpft sie. Tatsächlich ist ihre eigene Wohnung bar jeden Schmuckes.

Was sie der Malerin abguckt, sind nicht die Äußerlichkeiten, sondern das selbstbewusste Auftreten, die Beziehung dem Mann und anderen gegenüber: »Ich ging gestern an den Bosporus, um eine Formalität zu erledigen«, erzählt sie mit glühendem Blick. »Da es Mittag wurde, ging ich noch etwas essen, bevor ich einkaufen ging und mir einen dieser schönen Haartrockner kaufte. Abends saßen wir beisammen, und ich legte die Quittung und auch den Kaufvertrag auf den Tisch und sagte, jetzt zahlen wir mal meine Raten ab!« Was sagte ihr Mann dazu? »Gar nichts!«, ruft sie aus, er habe sich über etwas ganz anderes empört, nämlich, dass sie alleine essen gegangen war. Dabei hatte sie sich nur einen Döner gekauft und damit auf eine Bank am Meer gesetzt. Mit 38 Jahren hatte sie zum ersten Mal in ihrem Leben »draußen alleine gegessen«.

Fadime setzt sich ein lockeres Kopftuch auf, wenn sie aus dem Haus geht. Dieses Tuch nimmt sie in dem Viertel, in dem sie arbeitet, ab. Im Bus nach Hause sieht man sie wieder etwas bedeckter. Es ist kein richtiges Kopftuch, wie die Islamisten es bevorzugen, das, was man in der Türkei »Turban« (türban) nennt, weil es vorne gekreuzt und hinten gebunden wird. Darunter kommt in der Regel ein Toupet aus Plastik, damit der Kopf nicht so flach und unattraktiv aussieht. Was Fadime

macht, ist jedoch nur ein kleines, »normales« Tuch aufzuset-
zen, wie anatolische Bäuerinnen es oft verwenden, und sie
verknotet es unter dem Kinn. Warum sie das macht, erklärt
sie ganz einfach: »Ich gehe draußen arbeiten und will nicht,
dass die Leute schlecht über mich reden.« Wo Fadime wohnt,
herrscht eine ungeheure soziale Kontrolle über die Frauen: »Da
ist eine, deren Mann vor fünf Jahren starb. Sie ging kaum noch
aus dem Haus, nur zum Krämer um die Ecke oder auf den Wo-
chenmarkt. Ich habe ihr gesagt, warum fährst du nicht in die
Stadt? Sie meinte, sie wolle den Tratsch verhindern. Man sollte
nicht schlecht über sie reden. Neulich ist sie endlich in die
Stadt heruntergefahren, und was haben die Leute gemacht?
Tratsch! Sie sagten, schau mal die an, kaum ist ihr Mann tot,
spielt sie schon die lustige Witwe!«

Trotzdem gehört Fadime zu den »freier« lebenden Frauen im
Vorort. Einmal war sie auf eine Hochzeit eingeladen. »Ich zog
ein hübsches Kleid an, schminkte mich, machte mir eine nette
Frisur«, erzählt sie. »Mit meinem Mann ging ich die Treppen
des Hochzeitssalons hoch, und was sahen wir? Alles verhüllt!
Frauen und Männer saßen getrennt, Limonade und Schokola-
denkuchen auf den Tischen, keine Musik. Ich sagte zu meinem
Mann: ›Komm, wir gehen wieder, wir sind hier total fehl am
Platz!‹« In Fadimes Familie wird abends auch gern mal ein Bier
oder ein Anisschnaps getrunken.

Schritte der Emanzipation der türkischen Frau – ein historischer Exkurs

Die Türkei ist ein so genanntes Schwellen- oder Entwicklungs-
land. Die wirtschaftlichen und sozialen Daten des Landes liegen
in der Rangfolge zwischen den islamischen Ländern und den

ärmeren »Dritte-Welt-Staaten«. Im Vergleich zu Letzteren steht die Türkei seit den Gesetzesänderungen von 1999 bis 2005 auch rechtlich besser da. Westeuropäische, vor allem skandinavische Länder sind türkischen Verhältnissen in Sachen Frauenrechte um Lichtjahre voraus, vor allem was die Repräsentierung von Frauen in der Politik und Wirtschaft angeht.

Erstmals sind Türkinnen im Jahre 1843 durch das Tor einer Bildungsstätte geschritten: In der Medizinischen Fakultät der Istanbuler Universität konnten sie eine Ausbildung zur Hebamme absolvieren. 1847 stellte das Erbrecht sie erstmals mit den Männern gleich; bis dahin galt im Osmanischen Reich das islamische Gebot, wonach Frauen nur die Hälfte dessen erben, was Männern zusteht. 1856 verbot der Sultan per Dekret den Handel mit Sklavinnen in seinem Hoheitsgebiet – genau sieben Jahre vor der Veröffentlichung der »Emancipation Proclamation« durch Abraham Lincoln, die in den USA die Sklaven befreite. Zwei Jahre später trat im Osmanischen Reich das neue Bodengesetz in Kraft, das weibliche und männliche Erben auch in Immobilien völlig gleichstellte. 1858 wurden auch die ersten Mädchenschulen der Türkei eröffnet.

Der Status der Türkinnen begann sich also seit Mitte des 19. Jahrhunderts stetig zu verbessern. Im Jahre 1869 kam die erste türkisch-osmanische Frauenzeitschrift »Terakk-i Muhadderat« auf den Markt. Zugleich trat ein Gesetz in Kraft, das den Grundschulbesuch von Mädchen zur Pflicht machte. 1870 öffnete die erste Hochschule für Lehrerinnen ihre Tore. Mit der Veränderung der sozialen Stellung der Frauen, insbesondere in den Großstädten des Reiches, wurde 1871 durch ein neues Familiengesetz auch das Heiratsalter bei Mädchen auf 17 Jahre angehoben. Unglaublich, aber wahr: Im Jahr der Herstellung der deutschen Einheit durch Bismarck wurden bei den Osmanen Zwangsehen gesetzlich verboten. Dass es sie über einhundert Jahre später in bestimmten Kreisen auf dem Land und unter den Türken in der Diaspora immer noch gibt, zeigt: Gesetze sind gegen Traditionen nicht allmächtig.

Um die Jahrhundertwende und zur Zeit der Republikgründung 1923 keimte eine Frauenbewegung auf, deren erste Vertreterinnen, wie zum Beispiel Latife Bekir, Esma Neymalı, Nezihe Muhittin oder Azize Hanım, »den Wandel der Doppelmoral in der Gesellschaft« und »völlige Gleichberechtigung zwischen den Geschlechtern« forderten. Nezihe Muhittin wollte 1923 die erste Frauenpartei der Türkei gründen und scheiterte mit ihrem Vorhaben am Vereins- und Parteiengesetz. Die ersten Frauenrechtlerinnen kämpften vor allem für ein aktives und passives Wahlrecht der Frauen. Die seit 1897 offiziell als Arbeiterinnen und seit 1913 als Beamte zugelassenen Frauen unterstützten sie dabei. 1922 traten sieben Studentinnen unerschrocken unter Protestrufen der Konservativen ihr Medizinstudium in Istanbul an – bis dahin eine ausgesprochene Männerdomäne. Allerdings hatte der »Staatsfeminismus« der Gründungsväter seine Grenzen: So löste Latife Bekir, Vorsitzende der Frauenvereinigung in den 1930ern, ihre Organisation aus Gründen der Überflüssigkeit auf, weil Frauenrechte nunmehr durchgesetzt seien. Tatsächlich erlangte die Türkei 1934 noch vor der Schweiz das aktive und passive Wahlrecht. Die Kommunen hatten Frauen dieses Recht sogar schon 1930 erteilt.

Eine der wichtigsten republikanischen Reformen war das 1924 in Kraft getretene »Gesetz zur Vereinheitlichung des Bildungssystems«, das alle religiösen und konfessionellen Schulen abschaffte und landesweit ein einziges Schulsystem etablierte. Die Koedukation wurde eingeführt, Mädchen drückten nun gleichberechtigt neben Jungen die Schulbank. Das neue Zivilrecht vom 17. Februar 1926 brach vollends mit den islamisch-konservativen Traditionen: Die Mehrehe des Mannes wurde verboten, und er hatte nicht mehr das Recht, einseitig die Ehe zu beenden. Frauen bekamen Scheidungs- und Vormundschaftsrechte. Sie durften von nun an alleine über ihren Besitz verfügen. 1930 beschloss man den Mutterschaftsurlaub, drei Jahre später eröffneten die ersten Berufsschulen für Mädchen mit einer Technikerinnenausbildung. Ab 1937 war es den Betrieben untersagt, Frauen mit Schwerstarbeit und im Untertagebau zu beschäftigen. Trotzdem mussten die Arbeiterinnen bis 1949 warten, um bei Rentenauszahlungen den Männern gleichgestellt zu sein.

1950 wurde zwar Müfide Ilhan in Mersin am östlichen Mittelmeer zur ersten Bürgermeisterin gewählt, aber die Zahl der Politikerinnen stagniert bis heute. Die erste Ministerin kam erst 1971 zum Einsatz; 1989 wurde die erste Frau zum Bezirksgouverneur einer Kleinstadt ernannt. Immerhin haben Türkinnen schon 1965 das Recht auf Abtreibung gesetzlich zugesichert bekommen – hier zeigte sich der Unterschied zwischen einem rationaleren Islam und dem strengen Katholizismus. Die Türkei ist Deutschland auch noch in anderer Hinsicht voraus: Sie hatte mit der Wirtschaftsprofessorin Tansu Çiller schon am 25. Juni 1993 ihre erste Ministerpräsidentin. Seit 1997 darf die Frau ihren Mädchennamen nach der Heirat behalten.

Der lange Weg zur Gleichberechtigung

Aber Gesetze allein können das jahrhundertealte, patriarchalische Denken auf dem Land und die eingefahrenen Geschlechterrollen in den Städten nicht verändern. Die Frauen übernahmen nach der Republikgründung in den 1920ern und 30ern eine ähnliche Rolle wie in der Sowjetunion: Die Pflichten der Frau gegenüber Staat und Gesellschaft standen im Vordergrund.

Im deutschen Nationalsozialismus und beim Faschismus in Italien war der Frau eine häusliche, tradierte Rolle zugewiesen. Die türkische Republik hingegen führte die Türkinnen unter ihrem Gründer Mustafa Kemal Atatürk aus ihrer häuslichen Isolation hinaus in die Öffentlichkeit. Sie gab ihnen jedoch nicht jede erdenkliche Freiheit, sondern setzte ihnen Grenzen. Diese Grenzen galten aber auch für den Mann: Tugenden wie soziale Verantwortung, Bildung und Respekt blieben für Türken, gleichgültig welchen Geschlechts, das oberste Gebot.

Fadime ist der Ansicht, dass es ihr viel besser geht als ihrer Großmutter, die in einem kleinen Dorf bei Malatya geboren wurde und starb, ohne über Ankara hinausgekommen zu sein. Ihre Großmutter gehörte nicht zu jenen Türkinnen, die die Vorteile des Zivilrechts genießen konnten. Heute geht es Frauen in der Türkei vor allem aus zwei gesellschaftlichen Kreisen schlecht: den jungen Frauen aus dörflichen Familien, die in die Großstädte eingewandert sind und deren männliche Mitglieder den Wandel in den Köpfen und den Wandel der Lebensweisen ihrer Töchter und Frauen nicht nachvollziehen können; und den Frauen auf dem Land. Der soziale Status von Bäuerinnen ist sehr niedrig. Sie werden fast ausnahmslos bei der Familienarbeit ausgebeutet; ohne Lohn oder Sozialversicherung müssen sie ihr Leben lang schwer landwirtschaftlich arbeiten. Da die Arbeit auf den Feldern vielfach noch manuell erledigt wird, werden gerade die Frauen zu dieser Arbeit herangezogen, während die Männer oft im Dorfcafé sitzen. Die Mechanisierung der Landwirtschaft kommt deshalb vor allem den Frauen zugute. Während zwischen 1975 und 2000 die Zahl der Universitätsabsolventinnen von 56000 auf 910000 stieg, hat sich bei den auf dem Land lebenden Frauen die Alphabetisierungsrate noch nicht einmal verdoppelt und blieb bis heute bei 30–60 Prozent.

Eine zweite Gruppe der Türkinnen bilden Frauen wie Fadime, die zwar in Klein- oder Großstädten etwas moderner leben und sich ihrer Rechte bewusst, aber von den Pflichten, die dieses Leben mit sich bringt, stark belastet sind. Hätten solche Frauen einen besseren Zugang zu Bildung und höheren Qualifikationen, ginge es ihnen zweifellos besser. An dritter Stelle stehen die wenigen Großstadtfrauen, die die Privilegien »guter Familien« genießen, gut ausgebildet sind und einen Beruf haben, auch wenn sie ihn nicht ausüben. Die rechtliche Stellung dieser Frauen ist zudem gesichert.

2001 wurde das alte Zivilrecht von 1926 gründlich reformiert: Das neue türkische Zivilrecht, bestehend aus 1030 Paragrafen, hat den Mann und die Frau in der Ehe völlig gleichgestellt. Bis dahin hatte im Gesetzestext gestanden, der Mann sei das Familienoberhaupt. Frauen mussten, wenn sie aushäusig arbeiten wollten, die Erlaubnis ihres Mannes einholen. Der Mann konnte seine Ablehnung gegen die Berufstätigkeit seiner Ehefrau sogar gesetzlich begründen. Mit der Gleichstellung bekam die Frau das Recht, ihren Mädchennamen nach der Heirat zu behalten. Religiöse Trauungen vor dem Imam sind ohne den vorherigen standesamtlichen Eheschluss nicht erlaubt. Der Gesetzgeber strich auch den Satz, dass »der Ehemann für den Unterhalt seiner Frau und Kinder verantwortlich« sei. Somit wurde die Frau in die finanziellen Angelegenheiten der Familie gleichberechtigt einbezogen. Das Erbrecht sieht vor, dass alle Kinder, auch aus nichtehelichen Beziehungen, in gleichem Maße erben. Bei einer Scheidung muss nunmehr die Frau ihrem Mann Unterhalt zahlen, falls sie besser verdient.

Diese Gleichstellung ist den Türkinnen noch etwas fremd. Jahrhundertealte Rollenspiele prägen heute noch das Verhalten von Frauen, die sich oft freiwillig in die Abhängigkeit von ihren Männern begeben. Obwohl sie einen Beruf haben, arbeiten viele Oberschichtfrauen lieber nicht und bleiben zu Hause. Dass Frauen außer Haus arbeiten, gilt nicht als ein Wert für sich, sondern wird als eine Folge der Mittellosigkeit und Bedürftigkeit angesehen – wer es nicht nötig hat, muss nicht »draußen arbeiten gehen«. Obwohl die Ideologie der kemalistischen Revolution Frauen gesellschaftlich in die Pflicht nahm, ist dies als gültiger Wert an sich noch nicht durchgedrungen. Frauen aus der High Society vertreiben sich mit allerlei Aktivitäten die Zeit, sie gehen zum Frisör, zur Maniküre oder Pediküre und geben viel, sehr viel Geld für Kosmetika und ihre Schönheit aus. Sie besuchen Freundinnen und gehen shoppen. Währenddessen erledigen andere Frauen wie Fadime ihre Hausarbeiten. Männer, die sich solche Frauen leisten können und wollen, führen das Rollenmodell weiter und fühlen sich in ihrer Position als Familienoberhaupt bestätigt.

Erst allmählich gilt die Berufstätigkeit von Frauen nicht nur als reiner Broterwerb, sondern auch als ein Lebensinhalt. In Großstädten gibt es, ganz im Gegensatz zu den Müßiggängerinnen aus der Oberschicht, viele junge Frauen, die sich durch ihren Beruf von ihren Familien unabhängig machen, Prestige erringen und sogar Single-Haushalte gründen. Die Zahl dieser Frauen ist im Vergleich zu Deutschland jedoch sehr niedrig. Unterhaltsame Angebote für weibliche Singles sind quasi nicht existent, und das patriarchalische Denken verbietet Frauen immer noch, nachts auszugehen. Türkische Frauen leben streng verhüllt als Drittfrauen im tiefsten kurdischen Osten oder als Karrierefrauen mit eigenen Wohnungen in der Großstadt. Alle Varianten an Lebensweisen sind in der Türkei möglich.

Fadime war noch nie in Europa. Sie weiß nicht, wie die deutschen Frauen leben. Aber sie ist sich nicht sicher, ob sie das überhaupt wissen will. In ihrer Vorstellung existieren klare Grenzen, und ihre Schubladen sind voll. Sie sagt, sie könnte

»niemals so wie die anderen Frauen« sein, rauchen, trinken, nachts alleine ausgehen, gar alleine wohnen und wechselnde Männerfreundschaften haben. So jedenfalls stellt sie sich deutsche Frauen vor. Fadimes Bild von Europäern ist spiegelverkehrt zum Image, das westliche Europäer sich von Türken machen. Wie meistens, liegt die Wahrheit in der Mitte.

Mercedes Türk

Von deutschen Tugenden und türkischem Ehrgeiz

»Irgendwann ist mir der Kragen geplatzt. Da hab ich denen den Krieg erklärt.« Heute kann Hans Peter Heinstein darüber lachen, aber damals hat er sich unglaublich aufgeregt. »Der dachte doch tatsächlich, er könnte mich erpressen. Aber da hab ich nicht mitgemacht.«

Wie Werksleiter Heinstein da hinter seinem Schreibtisch sitzt, die Ärmel aufgekrempelt, bester Laune und stets sprungbereit, um neue Ideen per Telefon gleich weiterzugeben, kann man sich nur schwer vorstellen, wie dieser Mann Krieg führt. »Doch, doch«, sagt er, »ich kann ganz schön böse werden.«

Damals, vor zehn Jahren, hat er damit gedroht, niemanden mehr aus dem Dorf Aratol im Werk zu beschäftigen. »Da hätten Sie mal sehen sollen, wie die ihrem Muhtar, dem Bürgermeister, die Bude eingerannt sind.« Der Krieg, den Heinstein da geführt hat, war ein Kampf Goliaths gegen David: der Weltkonzern Daimler-Chrysler gegen einen kleinen Dorfbürgermeister. Einerseits. Andererseits war es aber auch ein Kampf des ausländischen Konzerns, der Fremden, gegen die mächtige einheimische Bürokratie und deren Ansprüche.

Im Nachhinein hört sich das ganze wie ein Schildbürgerstreich an, dabei war es bitterer Ernst. »Der Bürgermeister des Dorfes Aratol, zu dessen Gemarkung das Mercedes-Werk damals planungsrechtlich noch gehörte, wollte eine Straße mitten durch unser Werksgelände bauen lassen. Das hätte die Produktion enorm behindert«, sagt der 59-Jährige. »Die haben einfach ihr absurdes Planungsvorhaben im Muhtar-Büro ausgehängt, was von uns natürlich niemand mitbekommen hat. Als dann die Einspruchsfrist abgelaufen war, hat der Muhtar mir die Pistole auf die Brust gesetzt. Er wollte zehn LKWs, damit das Dorf auf eine Straße verzichtet, die sowieso niemand brauchte.« Heinstein hat sich geweigert und stattdessen seinen Kampf gegen, wie er es sieht, Vetternwirtschaft und Korruption aufgenommen. Nicht nur im Streit mit dem Dorfbürgermeister, sondern mit allen, die glaubten, sie könnten mit Hans Peter Heinstein einen Handel außerhalb der offiziellen Regeln machen.

Werksleiter Heinstein hat darüber graue Haare bekommen – er geht dieses Jahr in Pension –, aber der Erfolg hat ihn doch zutiefst befriedigt. Stolz führt er den Besucher durch ein hochmodernes LKW-Werk, in dem jährlich bis zu 10000 Einheiten produziert werden und »1200 Menschen in Lohn und Brot stehen«.

»Als ich 1993 hier ankam, sah es ziemlich düster aus. Wir haben kaum 2000 LKWs im Jahr produziert. Das Produkt war für den türkischen Markt nicht richtig ausgelegt, und die türkische Wirtschaft schlitterte gerade in eine große Krise. Ich war kaum ein Jahr da, als im Konzern ernsthaft über die Schließung des LKW-Werkes in Aksaray diskutiert wurde. Wir, der Mercedes-Gesamtchef der Türkei und ich, mussten in Stuttgart viel Überzeugungsarbeit leisten, damit wir weitermachen konnten.«

Die Alternative zur Schließung war schließlich der weitere Ausbau: neue Investitionen, um einen für die Türkei bedarfsgerechten LKW-Typ zu produzieren, und mehr Geld, das zunächst in die Ausbildung von Mitarbeitern floss. »Wir konnten keine ausgebildeten Leute finden. Hier gab es ja nur Bauern.«

Selbst schuld, könnte man da unwillkürlich denken, warum wollte Mercedes auch unbedingt in der tiefsten Provinz, mitten im anatolischen Hochland, Lastwagen produzieren? Doch die Stuttgarter hatten selbstverständlich einen guten kapitalistischen Grund, ausgerechnet nach Aksaray zu kommen. Anfang der 1980er Jahre öffnete der damalige Ministerpräsident Turgut Özal die Türkei für ausländische Investoren. Er wollte zusammen mit einem potenten ausländischen Konzern einen Motortyp entwickeln lassen, der für eine eigene türkische Autoproduktion verwendet werden sollte. Das Militär war beteiligt, weil es für seine Geländewagen ebenfalls neue Motoren brauchte. Der Mercedes-Benz-Konzern, der bereits seit 1967 in einem Joint Venture mit zwei türkischen Konzernen unter dem Namen Otomarsan in der Nähe von Istanbul Reisebusse produzierte, bekam den Zuschlag für das Projekt. Eine der Bedingungen war aber der Standort in Zentralanatolien, um dort einen neuen industriellen Kern zu schaffen.

Das Projekt mit dem Motor ging schief, aber Mercedes begann, da man nun schon einmal da war, unter anderem im Auftrag des Militärs, Geländewagen und LKWs zu bauen. »Das war 1986, und bis 1993 hatten die nur Verluste produziert«, beschreibt Heinstein die Situation, als er in Aksaray ankam. »Wir mussten uns völlig neu organisieren.« Er formulierte seine Vision, wie er es nannte, und ließ seine Thesen an alle leitenden Angestellten verteilen: »Ich will mein berufliches Umfeld und meine Aufgaben im Rahmen der Strategie ›LKW Europa‹ eigenverantwortlich gestalten. Das Werk Aksaray möchte ich mit meinen Mitarbeitern zu einem wertorientierten Center umgestalten. Unsere Shareholder, Kunden und unsere Mitarbeiter will ich gemeinsam mit unserem Führungsteam zufrieden stellen. Alle Mitarbeiter sollen ihren Fähigkeiten entsprechend gefördert werden und eine Leistungsfähigkeit mit Spitzenniveau erreichen. Meine berufliche Laufbahn möchte ich gesund beenden.«

»Bis auf den letzten Punkt«, sagt Heinstein zufrieden, »hab ich alles geschafft. Nur mein Blutdruck ist zu hoch.«

UFO in der Steppe

Tatsächlich ist ein Rundgang durch das Werk beeindruckend. In mehreren riesigen Hallen werden zwei LKW-Typen, Sattelschlepper und Unimogs, produziert. Zum Werk gehören große Lagerhallen, in denen alle externen Bauteile für einen sicheren Produktionsfluss bereitliegen. Außerdem gibt es eine Auslieferungshalle, in der sich die Kunden mit ihren zukünftigen Transportfahrzeugen vertraut machen können. Auf einem Parkplatz ist eine ganze Sattelschlepper-Armada abgestellt – »ein Großauftrag aus dem Iran, für den wir noch das Geld erwarten«, wie Heinstein beiläufig erwähnt. Obwohl sich auch die Stadt Aksaray in den vergangenen 15 Jahren erheblich entwickelt hat, wirkt das Werk noch immer ein bisschen wie vom Himmel gefallen. Zwar ist die Straßenanbindung mittlerweile hervorragend, doch rings um Aksaray ist nichts als verdorrte Steppe. Ein schneebedeckter Vulkankegel ragt als Solitär aus der Ebene heraus, und auf dem Weg nach Ankara fährt man fast 100 Kilometer an einem riesigen Salzsee entlang. Der nächste Flughafen in Kayseri ist zwei Stunden entfernt. An diesem abgelegenen Ort ein hochmodernes LKW-Werk vorzufinden, das jedem Vergleich mit seinen Konkurrenzwerken in Deutschland, Spanien oder Italien standhält, überrascht dann doch. Es wirkt ein bisschen wie ein UFO in der Steppe.

Auch die Produktion selbst unterscheidet sich erheblich von den ortsüblichen Gepflogenheiten. Die Werkshallen sind klimatisiert und werden peinlich sauber gehalten. Sicherheitsvorschriften existieren nicht nur auf dem Papier, alle tragen Helm und Schutzkleidung. Man kann sich vorstellen, dass das nicht so leicht durchzusetzen war, wo doch bereits das Anlegen eines Sicherheitsgurtes bei Taxifahrten vom Fahrer als Nachweis des Misstrauens gegen seine Fahrkünste verstanden wird.

Als Heinstein beim Rundgang durch sein Werk ein loses Kabel entdeckt, sorgt er per Handy sofort dafür, dass der Mangel beseitigt wird. Nachlässigkeiten, so die Botschaft, werden nicht akzeptiert. »Die entscheidende Voraussetzung für den Erfolg unseres Werkes waren und sind die Ausbildung und die veränderte Denkweise der Leute«, beschreibt Heinstein sein Credo als Werksleiter. »Als ich hier ankam, gab es noch Leute, die mir nach traditioneller Art, wie einem Großgrundbesitzer, die Hand küssen wollten. Dieses Denken in Hierarchie-Kategorien mussten wir erst mühsam überwinden.« Hierarchien sind für Heinstein und Mercedes kein Demokratie-, sondern ein Effizienzproblem. »Wir wollen, dass die Leute mitdenken und konstruktiv sind, um so alle Abläufe produktiver zu gestalten. Wer das Denken immer nur an die nächsthöhere Hierarchiestufe delegiert, ist nicht produktiv, bringt keine guten Leistungen.«

Um die passive Haltung zu durchbrechen, wurden in den verschiedenen Abteilungen, vor allem in der Planung, Verwaltung und im Controlling, Arbeitsgruppen eingerichtet und Teamwork propagiert. »Zu Beginn war das eine Katastrophe. Die Leute trauten sich nicht, andere zu kritisieren, schon gar nicht ihre Vorgesetzten. Wenn deutsche Mitarbeiter ihre türkischen Kollegen kritisierten, wurde das zu Anfang immer als Angriff auf die Person missverstanden. Es hat lange gedauert, bis die Angestellten verstanden haben, dass es nicht um sie persönlich, sondern um die Funktion geht. Kritik und Analyse gehören dazu, wenn man etwas verbessern will.«

Ganz verschwunden ist dieses Hierarchiedenken bis heute nicht. »Es behindert unsere Leute auch im internationalen Wettbewerb. Wenn wir in internationalen Teams diskutieren, entweder bei Treffen mit Vertretern aus verschiedenen Kontinenten oder in Videokonferenzen, sagen unsere Leute fast nie etwas. Obwohl sie die Kompetenz längst haben.« Das, so Heinstein, zeige sich bei den wechselseitigen Besuchen so genannter Auditoren aus den Mercedes-LKW-Werken in Wörth und Aksaray. »Die Leute in Wörth haben mittlerweile mehr Angst vor unseren Qualitätsprüfern als andersherum. Unsere Arbeit entspricht absolut den höchsten internationalen Standards.«

Damit das so bleibt, wird in Ausbildung investiert. Stolz zeigt Heinstein seine Lehrwerkstatt, in der jedes Jahr zwanzig junge Leute, Mädchen und Jungen, ausgebildet werden. »Aus hunderten Bewerbern stellen wir jedes Jahr eine Gruppe zusammen. Streng nach einem Prüfungsverfahren und ohne den Neffen des Bürgermeisters zu bevorzugen.« Mercedes hat außer der Lehrwerkstatt noch ein Ingenieurbüro eingerichtet, wo Universitätsabsolventen, die direkt von der Uni ins Werk kommen, nachgeschult werden. »Eines unserer Probleme ist, dass wir die hoch qualifizierten Mitarbeiter oft nicht in Aksaray halten können. Wenn wir die jungen Leute, die von den Maschinenbau-Fakultäten in Ankara, Izmir oder Istanbul kommen, bei uns weiter qualifiziert haben, bis sie richtig gut sind, gehen viele wieder weg. Wir haben mittlerweile schon drei Generationen von Ingenieuren ausgebildet.« Nach Meinung von Heinstein hat das zwei Gründe: Aksaray sei für diese Leute nicht attraktiv. Hier gebe es keine Freizeitmöglichkeiten, und das Meer sei weit entfernt. Der zweite Punkt sei aber noch wichtiger: Die meisten strebten möglichst schnell einen Job als »Müdür«, als Chef, an. »Lieber in einem kleinen Laden eine Chefposition, als bei uns im Team arbeiten«, ist Heinsteins Erfahrung.

Um die guten Leute langfristig halten zu können, will Mercedes jetzt zusammen mit der Stadt Aksaray in einem Joint Venture mit der privaten Hatcitepe-Universität und in Zusammenarbeit mit der Technischen Universität Esslingen in Aksaray die erste Universität der Türkei speziell für Fahrzeugbau gründen. Heinstein schwärmt davon, ein regionales Technologiezentrum aufzubauen, mit den dafür notwendigen Bildungseinrichtungen und entsprechenden Technologiefirmen aus dem Umfeld der Zuliefererindustrie für den Automobilbau. »Warum sollen wir die Teile aus Deutschland importieren oder von Istanbul nach Aksaray holen, das können wir auch hier produzieren. Wenn sich das entwickelt, werden die Leute auch bleiben.«

Für die Arbeit in der Fertigung, also bei den weniger qualifizierten Jobs, gilt das schon längst. Ein Arbeitsplatz in der Fabrik bei Mercedes ist heiß begehrt.

Heinstein lobt die Zuverlässigkeit und Pünktlichkeit der Arbeiter. »Die Leute sind hoch motiviert und identifizieren sich mit ihrem Betrieb.« Arbeiter einer Montagegruppe bestätigen, dass sie sehr froh sind, einen Job bei Mercedes zu haben. Sonst, sagt einer von ihnen, »hätte ich Aksaray verlassen müssen, weil es hier keine Arbeit gibt«. Nach betriebsinternen Umfragen sind 90 Prozent aller in der Produktion beschäftigten Arbeiter mit Herz und Seele Mercedes-Männer. »Die Identifikationsquote liegt bei über 90 Prozent.« Dabei zahlt der Autokonzern auch nicht mehr als den jeweiligen Tariflohn, doch wer erst einmal einen Job bei Mercedes ergattert hat, hofft, dass er dort eine Stelle fürs Leben hat. »Im Großen und Ganzen«, so Heinstein, »stimmt das auch, aber wir mussten auch schon entlassen.« In den großen Krisen 1994 und 1999 hat auch Mercedes sich von etlichen Leuten trennen müssen. »Die haben wir aber ein oder zwei Jahre später, als es uns wieder besser ging, bevorzugt wieder eingestellt.«

Gewerkschaften? Nein danke

Hire and Fire ist in der Türkei kein Problem. Aus Sicht des Werksleiters ist das gegenüber Deutschland ein echter Standortvorteil. Mit den Gewerkschaften gibt es keine Konflikte, Überstunden, Samstags- oder Sonntagsarbeit sind kein Thema. »Wenn es notwendig ist, können wir hier reibungslos durcharbeiten.« Im LKW-Werk in Aksaray ist seit seiner Gründung nicht ein Tag gestreikt worden. Heinstein fällt zunächst noch nicht einmal der Name der Gewerkschaft ein, die die Arbeiter in seinem Betrieb organisiert, so wenig spielt sie eine Rolle.

Als Hasan Arslan das hört, wundert er sich nicht. »Türk-Metal«, die Gewerkschaft, die in den Daimler-Chrysler-Werken vertreten ist, »kann man vergessen«, sagt er. »Die tun überhaupt nichts, außer vielleicht, den Belegschaften die Entscheidungen der Unternehmensleitung schmackhaft zu machen.« Hasan Arslan arbeitet zwar nicht mehr »beim Daimler«, sondern ist nun Funktionär der »Birleşik Metal-Iş«, einer Konkurrenzgewerkschaft zu Türk-Metal. Doch er hat immerhin 15 Jahre im Daimler-Benz-Stammwerk in Sindelfingen gearbeitet. Die Unterschiede zwischen den Fabriken in Deutschland und in der Türkei kann er deshalb gut beurteilen. »Die nutzen die Verhältnisse hier gnadenlos aus. Sie feuern die Leute nach Belieben und zahlen dieselben Hungerlöhne wie die meisten türkischen Konzerne auch. Deshalb sind sie doch hier.«

Wenn der Chef nicht mehr dabei ist, scheint auch die Begeisterung der Mercedes-Arbeiter für ihren Job nicht mehr ganz so groß. »Kürzlich«, erzählt Hasan Arslan, habe ihn ein Bekannter angerufen, der als Lackierer im LKW-Werk in Aksaray arbeitet. Er sei nun schon seit fast einem Jahr bei Daimler, aber er bekomme nach wie vor nicht viel mehr als den gesetzlich vorgeschriebenen Mindestlohn, hätte sein Freund sich beklagt. »Mercedes zahlt ihm mit Überstunden monatlich knapp 600 Lira, das sind rund 350 Euro. In Sindelfingen müssten sie demselben Mann 2000 Euro zahlen«, meint der Gewerkschafter. Das Durchschnittseinkommen für Arbeiter in der türkischen Automobilindustrie schätzt Arslan auf rund 1000 Lira, ungefähr 550 Euro.

Über die angeblich andere Werkskultur bei Mercedes kann er nur schmunzeln. »Sicher«, sagt er, »Mercedes achtet auf die Einhaltung von Sicherheitsvorschriften, aber das tun sie doch auch im eigenen Interesse. Wenn ein Unfall passiert, hat schließlich auch das Werk ein Problem.« Zu den Arbeitsgruppen und den flacheren Hierarchien als in türkischen Fabriken sagt Arslan: »Von Mitbestimmung, wie sie bei Daimler in Deutschland praktiziert wird, gibt es hier keine Spur. Die Arbeitsgruppen können und sollen zwar Vorschläge machen. Umgesetzt werden aber nur solche Vorschläge, die die Produktivität erhöhen. Geht es um Erleichterungen für die Arbeiter, die womöglich auch noch Geld kosten, stellen die Chefs sich meistens taub.« Man gebe sich in Aksaray mehr Mühe als in anderen Fabriken, weil es dort nicht so viele arbeitslose Facharbeiter wie in Istanbul oder Bursa gebe. Doch im Allgemeinen, so sein Eindruck, passten die ausländischen Konzerne sich eher den türkischen Gepflogenheiten an, als dass sie hier flächendeckend für bessere Standards sorgen würden.

Arslan bezweifelt auch, dass der Mercedes-Werksleiter in Aksaray in Bezug auf die türkischen Gewerkschaften wirklich so ahnungslos ist, wie er sich gibt. »Die Konzerne, auch die ausländischen, tun viel dafür, dass möglichst gar keine Gewerkschaft in ihren Werken vertreten ist und wenn, dann eben nur die Scheingewerkschaft Türk-Metal.«

Anders als in Deutschland, ist in der Türkei die Gewerkschaftsbewegung stark zersplittert. Die Vielzahl von Klein- und

Kleinstgewerkschaften ist auch nicht in einem gemeinsamen Dachverband wie dem DGB organisiert, sondern es gibt gleich drei konkurrierende Zusammenschlüsse. Der größte ist Türk-Iş, ein Gewerkschaftsdachverband, den man in Deutschland als Gelbe Gewerkschaft bezeichnen würde. Als nach dem Militärputsch 1980 alle Gewerkschaften zerschlagen und verboten wurden, blieb Türk-Iş als Feigenblatt übrig. Der links-sozialdemokratische Dachverband DISK, zu dem auch Hasan Arslans Metal-Iş gehört, war von 1980 bis 1992 verboten. »In dieser Zeit mussten die Leute gezwungenermaßen in die Türk-Iş-Gewerkschaften eintreten – insofern es in den Fabriken überhaupt Gewerkschaften gab.« Türk-Metal, die die Arbeiter bei Mercedes organisiert, gehört zu Türk-Iş.

Bislang hat Arslans Metal-Iş vergeblich versucht, in den großen ausländischen Autokonzernen in der Türkei Fuß zu fassen. »Toyota ist bis heute gewerkschaftsfrei, Renault und Daimler-Chrysler akzeptieren nur Türk-Metal.« Als Metal-Iş in einigen Zuliefererwerken erste Erfolge erzielte, gingen die Firmenleitungen nach Aussage von Hasan Arslan massiv dagegen vor. »Beim Gramer Konzern in Bursa hat man 70 unserer Kollegen auf einen Schlag entlassen und stattdessen Leute eingestellt, die vorher bei Türk-Metal unterschreiben mussten.« Bei Ditaş-Doğan, einem türkischen Autozulieferer in Niğde, in der Nähe von Aksaray, ging der Betrieb besonders brutal vor. Alle bei Metal-Iş organisierten Kollegen, erzählt Arslan, seien von Schlägertrupps in Busse verfrachtet worden, die sie zu einem Notar brachten, wo sie dann ihren Eintritt bei Türk-Metal unterschreiben mussten. Unter den Schlägern, so der Gewerkschafter, sollen auch Mitarbeiter aus dem Mercedeswerk in Aksaray gewesen sein.

Hans Peter Heinstein macht keinen Hehl daraus, dass es auch die größere unternehmerische Freiheit war, die ihn in die Türkei gebracht hat. »Hier kann ich etwas bewegen. Die Unflexibilität in Deutschland, dieser ständige Krampf mit den Gewerkschaften hat mich damals so aufgeregt. Das war einer der Hauptgründe, warum ich ins Ausland wollte.«

Integration und die deutsche Parallelgesellschaft

Heinstein war 46 Jahre alt, als er sich entschloss, seinen gesicherten Managerposten im Mercedes-Buswerk in Mannheim aufzugeben und die Stelle in Aksaray zu übernehmen. »Ich sollte ursprünglich zwei bis drei Jahre hier bleiben. Nun sind es 13 Jahre geworden.«

Genau wie der größte Teil seiner Belegschaft hat Heinstein sich hundertprozentig mit seinem Werk in Aksaray identifiziert. Er lebt fast auf dem Fabrikgelände. Um etwas gegen das maue Freizeitangebot am Ort zu tun, hat er Sportplätze für Fußball und Tennis anlegen lassen. Wenn am Abend Fußball gespielt wird, geht er häufig noch selbst mit auf den Platz; er will ein Chef zum Anfassen sein. Beim Rundgang durch die Fabrik merkt man, dass er viele Leute persönlich kennt und mit ihren Problemen vertraut ist. Heinstein ist ein Patriarch alter Schule. Gewerkschaften sind ihm lästig, für die Zufriedenheit seiner Leute will er schon selber sorgen. Er hat eine Gesundheitsstation im Werk aufgemacht, in der sich auch die Angehörigen der Arbeiter untersuchen lassen können. Die Werkskantine ist ein großer, freundlicher Pavillon, in dem Arbeiter, Angestellte und Chefs gemeinsam essen.

Für die Angestellten hat Mercedes auf einem Gelände vor der Stadt Häuser bauen lassen und einen eigenen Mercedes-Compound eingerichtet. Die Wohnungen dort sind sehr begehrt, jeder Mercedes-Mitarbeiter möchte dort wohnen. »Die fühlen sich wie eine große Familie«, beschreibt einer der wenigen deutschen leitenden Angestellten, die außer Heinstein noch in Aksaray arbeiten, die Situation. »Sie arbeiten den ganzen Tag gemeinsam im Werk, und abends setzen sie sich vor ihren Häusern zum Grillen zusammen. Das Bedürfnis, sich nach der Arbeit mal mit anderen Leuten zu treffen, kennen diese Menschen gar nicht.«

So sehr Heinstein auch im sozialen Kosmos seines Werkes eingetaucht ist: Am Wochenende hat er doch meistens versucht, mit seiner Frau etwas zu unternehmen. Schließlich war gerade für sie der Wechsel nach Aksaray eine große Herausforderung. »Als wir uns entscheiden mussten, in die Türkei zu gehen, hatte ich von dem Land keine Ahnung«, beschreibt Frau Heinstein ihre damalige Situation. »Wir waren einmal zuvor im Urlaub hier gewesen und hatten unter anderem Kappadokien besichtigt. Ich erinnerte mich dunkel, dass wir dabei durch Aksaray gefahren sind. Ich wusste, dass das ein Städtchen weitab von allem anderen ist.« »Ausländer waren damals in Aksaray so fremd, dass die Kinder mir nachliefen, wenn ich in die Stadt ging. Durch die Hauptstraße wurden noch Schafe und Kühe getrieben. Für mich war das ein großes Abenteuer, in das ich mich hineingestürzt habe.« Anders als ihr Mann setzte Frau Heinstein alles daran, auch Türkisch zu lernen. »Mit dem Wörterbuch in der Hand bin ich zum Einkaufen gegangen.« Heute ist sie mit allen Nachbarn per Du, kümmert sich schon mal um deren Kinder, wenn die krank werden, und trifft den Gouverneur manchmal beim Joggen.

Außerdem begleitete sie ihren Gatten zu den diversen gesellschaftlichen Anlässen. Als der mit Abstand größte Arbeitgeber am Ort waren Hans Peter Heinstein und Frau vom Tag ihrer Ankunft an Teil der örtlichen Honoratioren. Treffen beim Bürgermeister und beim Gouverneur waren an der Tagesordnung, man wollte den Mercedes-Mann sogar zum Vorsitzenden des örtlichen Fußballklubs machen, eine Position, die in der Türkei gemeinhin reiche Geschäftsleute innehaben, die den Klub dann auch aus ihrer Privatschatulle sponsern. »Ich habe denen aber gleich gesagt, ich gebe kein Geld, damit ihr teure Spieler einkauft, sondern wenn überhaupt, dann nur, um eine eigene Jugendmannschaft aufzubauen.« Heinstein hat auf den Vorsitz im Fußballklub aber lieber verzichtet und sich im Laufe der Zeit auch sonst aus den gesellschaftlichen Verpflichtungen etwas zurückgezogen. »Wir sponsern schon diverse Aktivitäten, aber man wird dennoch immerzu mit neuen Begehrlichkeiten konfrontiert. Auf die Dauer ist das sehr schwierig.«

Der engagierte Werksleiter hat seine Kontakte deshalb auf die Beziehungen reduziert, die für das Werk wichtig sind. Ärger mit der Bürokratie gibt es zwar immer noch, doch Kämpfe, wie die mit dem früheren Dorfbürgermeister von Aratol, sind längst Geschichte. Nicht nur, weil die Planungshoheit mittlerweile bei der Stadt Aksaray liegt, sondern auch, weil sich das Klima mit Amtsantritt des derzeitigen Regierungschefs Tayyip Erdoğan erheblich verbessert hat. »Die Abgeordneten unserer Provinz stehen alle hinter uns. Wenn es Probleme gibt, kann ich direkt beim Planungsstab des Ministerpräsidenten anrufen.«

Mercedes ist bereit zu investieren und liegt damit voll auf der Linie der AKP-Regierung, die den Wirtschaftsaufschwung vor allem mit ausländischen Investoren schaffen will. Der derzeitige Mercedes-Benz-Türk-Chef, Till Becker, prophezeit dem Wirtschaftsstandort Türkei eine große Zukunft. Er gehört deshalb zum festen Bestandteil der Entourage von Erdoğan, wenn dieser im Ausland um neue Investoren wirbt. Becker braucht dabei nur die Erfolgsstory seines eigenen Hauses zu erzählen. Aus den ursprünglichen 37 Prozent Beteiligung an Otomarsan wurde 1984 die Mercedes-Benz Türk Group, die mittlerweile zwei Busfabriken westlich von Istanbul und das LKW-Werk in Aksaray, eines der wenigen großen Industriewerke östlich von Ankara, betreibt. Die Busse – Reise- und Stadtbusse – werden nicht mehr nur auf dem türkischen Markt verkauft, sondern mittlerweile weltweit exportiert.

Dasselbe gilt für das LKW-Werk in Aksaray. In der Geschichte des Werkes, erzählt Heinstein, hat es zwar bisher lediglich 1998 und in den letzten beiden Jahren, also 2003–2004, echte Gewinne gegeben. Das war eine lange Durststrecke, die Mercedes-Benz als strategische Investition erbringen musste, aber jetzt brummt das Geschäft. Die Auftragsbücher in Aksaray sind im Februar schon für den Rest des Jahres 2005 gefüllt, die LKWs aus der Türkei gehen sowohl in den Nahen Osten als auch nach Europa. »Wir haben mittlerweile alle davon überzeugt, dass man auch in der Türkei hochwertige Mercedes-Benz-Qualität bauen kann«, und zwar billiger als in Deutschland – was Heinstein nicht ausdrücklich sagt, aber doch andeutet. Die gesamte Führungscrew in Aksaray ist überzeugt, dass die Zukunft des LKW- und Omnibusbaus in Ländern wie der Türkei liegt. Der Anteil der manuellen Arbeit sei höher als im PKW-Bau, deshalb spielten die Lohnkosten eine größere Rolle.

»Wenn man auf die Menschen zugeht, wenn man ihre Empfindlichkeiten respektiert, ist die Arbeitsproduktivität in den Werken in der Türkei hervorragend«, ist Heinstein überzeugt. Der deutsche Patriarch ist ein wenig besorgt, dass sein Nachfolger in der Zusammenarbeit mit den türkischen Mitarbeitern vielleicht nicht das notwendige Fingerspitzengefühl aufbringen und deshalb nicht zurechtkommen könnte. »Der Aufbau dieses Werkes ist mein Lebenswerk, wenn man hier richtig weitermacht, wird das eine ganz große Erfolgsstory für die Region und für Daimler-Benz.«

Vom Gastarbeiter zum Ruheständler

Hans Peter Heinstein und seine Frau haben sich in den 13 Jahren, die sie nun in Aksaray leben, nicht nur mit dem Mercedes-Werk identifiziert, sondern auch die Türkei als zweite Heimat entdeckt. Am Wochenende sind sie oft mit dem Auto unterwegs, um das Land zu erkunden. Ihr Lieblingsziel ist das nahe Kappadokien, ein verwunschenes Gebiet aus bizarren Tuffsteinkegeln, in denen sich im zweiten und dritten Jahrhundert Anhänger des verbotenen Christentums vor römischen Truppen versteckten. Noch heute findet man dort unterirdische Höhlenkirchen, ebenso wie komfortable Gasthäuser, die die Höhlen als Zimmer nutzen. Eine der Hauptattraktionen ist eine Fahrt mit dem Heißluftballon, um die ungewöhnliche Landschaft von oben zu betrachten. Heißluftballonfahren in Kappadokien ist eine von Heinsteins Leidenschaften.

Die andere ist Golfen. Deshalb sucht das Ehepaar nun auch eine Bleibe in der Nähe der Mittelmeermetropole Antalya, um nach der Pensionierung in Reichweite der Golfplätze von Belek wohnen zu können. Wie türkische Migranten in Deutschland, wollen sie ihren Lebensabend als Pendler verbringen. »Wir werden sicher ungefähr die Hälfte des Jahres hier in der Türkei sein«, glaubt Heinstein, »in Deutschland sind ja doch alle nur noch am Klagen.«

Die Istanbuler Europa-Schule

Deutsche Bildungswerte und türkische Schulordnung

»Ihren Ausweis, bitte!« Der uniformierte Pförtner ist freundlich, aber bestimmt. Auch die schwere Gittertür signalisiert: »Für Unbefugte – Betreten verboten«. Was auf den ersten Blick wie der schwer gesicherte Zugang zu einem Ministerium, Großkonzern oder Gefängnis aussieht, ist in Wirklichkeit eine Schule. Diese liegt vor den Toren der Istanbuler Altstadt, in Sichtweite der Überreste der bald 2000 Jahre alten Stadtmauer, und ist in den Gebäuden eines ehemaligen griechischen Hospitals untergebracht. Wie bei allen anderen Privatschulen auch, ist das Gelände der Europa-Schule (»Avrupa Kolleg«) gesichert, und der Besucher bekommt ein Namensschildchen, das er sich an die Jacke heften muss. Ist man erst einmal am Pförtner vorbei, geht es innerhalb des Geländes dann aber wesentlich entspannter zu.

Die Europa-Schule hat außer dem normalen Pausenhof noch einen großen Garten und einen Sportplatz – Auslauf für die Kinder, Freiräume, in denen sie sich bewegen können, und wo die Lehrer die Möglichkeit haben, einige Aktivitäten auch nach draußen zu verlagern. An der Mauer, die die Schule zur Straße hin abschirmt, sind die europäischen Länder in alphabetischer Reihenfolge aufgemalt worden. Schon rein äußerlich lässt diese Schule keinen Zweifel daran, wo sie sich selbst verortet.

Das Avrupa Kolleg ist eine türkische Privatschule mit einem Deutsch-Schwerpunkt. Die Initiative zur Gründung der Schule ging von einer Gruppe deutscher Frauen aus, die im »Brücke-Verein« organisiert sind – ein Zusammenschluss von Frauen, die mit türkischen Partnern verheiratet sind und in Istanbul leben. Eine von ihnen ist Christine Arabin, heute Leiterin der deutschen Abteilung der Schule. »Wir waren damals, Mitte der 1990er Jahre, eine Gruppe deutscher Frauen, deren Kinder alle gemeinsam einen Kindergarten besuchten. Wir haben eine Schule gesucht, in der die Kinder auch Deutsch lernen können und in der wenigstens teilweise auch nach pädagogischen Konzepten unterrichtet wird, wie wir sie uns vorstellen«, sagt Arabin.

Die näher liegende Lösung, die Kinder in die deutsche Schule, die Istanbuler Botschaftsschule mit angeschlossenem Gymnasium, zu bringen, scheiterte daran, dass die Schulleitung keine Kinder aus binationalen Ehen akzeptieren wollte. »Wir haben uns dann mit einem privaten kommerziellen Schulträger zusammengetan und 1997 das Avrupa Kolleg gegründet.« Vom rechtlichen Status her ist das Kolleg somit eine Privatschule unter anderen, die von ihren Besitzern meist nur aus kommerziellen Interessen betrieben werden.

Teure Privatschulen oder überfüllte Klassen und frustrierte Lehrer

Wie in anderen Privatschulen auch, muss deshalb ein hohes Schulgeld gezahlt werden: Der Staat bezuschusst diese Schulen nicht. Trotz der hohen Kosten (rund 6000 Euro pro Schuljahr) versuchen möglichst viele Eltern, ihre Kinder auf einer Privatschule unterzubringen, um der Misere der staatlichen Schulen zu entkommen. Das ist oft ein nervenaufreibendes Unterfangen. Jedes Jahr stellt sich für viele Eltern immer wieder aufs Neue die Frage, ob sie es schaffen, das Schulgeld aufzutreiben, oder ob sie ihr Kind an eine staatliche Schule zurückschicken müssen. Da die Privatschulen in erster Linie Wirtschaftsunternehmen sind, nehmen die meisten auf pädagogische Fragen nur wenig Rücksicht. Wenn das Geld nicht mehr reicht, gibt es auch für begabte Schüler kaum Ausnahmen und nur selten Stipendien.

Die staatlichen Schulen in der Türkei sind dagegen chronisch unterfinanziert und dem Bevölkerungswachstum der Türkei hilflos ausgeliefert. Die Türkei hat eine junge Bevölkerung, jedes Jahr drängen mehr Kinder im schulpflichtigen Alter in die Bildungsanstalten. Im Schuljahr 2004/2005 gingen insgesamt 14 Millionen Kinder zur Schule. Eigentlich müssten es noch mehr sein, denn in den ländlichen Gebieten im Osten kommt es immer noch vor, dass Mädchen erst gar nicht zur Schule dürfen. Hier hat man in den letzten Jahren allerdings einiges erreicht: Ein spezielles Programm wurde entwickelt, um die Eltern darauf aufmerksam zu machen, dass auch ihre Töchter in die Schule gehören. Auch ältere Mädchen können nun noch eingeschult werden und in eine ihrem Alter angemessene Klasse gehen. Auf diese Weise wurde die Quote von Schulmädchen in den größten Problembezirken um 200 Prozent gesteigert.

Um den armen Familien wenigstens etwas Unterstützung zukommen zu lassen, werden in den Grundschulen seit zwei Jahren die Lehrbücher kostenlos zur Verfügung gestellt. Seitdem haben zwar alle Kinder Schulbücher – nach offiziellen Angaben wurden mehr als 80 Millionen Bücher verteilt –, aber dennoch treffen die Kinder in der Regel auf überforderte und schlecht bezahlte Lehrer. Da fast alle Klassen aus 35 bis 40 Schülern bestehen, legen die Lehrer großen Wert auf Disziplin – andernfalls wären die Kinder auch kaum zu kontrollieren. Als die Regierung 1996 die Schulpflicht von vier auf acht Jahre verlängerte, war dieser Schritt weder durch genügend neue Lehrkräfte noch durch entsprechend zusätzliche Schulgebäude gesichert. Seitdem wird in vielen Grundschulen im

Schichtbetrieb unterrichtet – die einen Klassen von 7.30 bis 12.30 Uhr, die anderen dann von 13.30 bis 18.30 Uhr.

Disziplin ist in der Türkei aber nicht nur eine Frage der Funktionalität, sondern durchaus auch ein Wert an sich. »Viele Lehrer und auch viele Eltern legen großen Wert darauf, dass die Schüler diszipliniertes Verhalten lernen«, erzählt Christine Arabin über den Alltag in der Europa-Schule. »Das ist eine der Fragen, an denen türkische und deutsche Vorstellungen von Schule besonders kollidieren: das unterschiedliche Verständnis von Disziplin.« Aus den Anfängen der Europa-Schule ist heute ein Betrieb mit 700 Schülern geworden, der von der Vorschule bis zur Universitätsreife alle Jahrgänge umfasst. Längst ist es auch nicht mehr so, dass die Mehrheit der Schüler aus deutsch-türkischen Familien kommt. »Die Eltern, die ihre Kinder zu uns schicken, tun dies, weil sie sich für ihre Kinder dadurch bessere Chancen für die Zukunft versprechen«, beschreibt die Deutsche die veränderte Motivationslage. Deutschland ist der größte Handelspartner der Türkei, es gibt zunehmend mehr deutsche oder deutsch-türkische Firmen am Bosporus, die gut ausgebildetes Personal mit guten Deutschkenntnissen suchen. »Dort einen Job zu finden, ist für viele das Ziel der Ausbildung.«

Kampf um einen Platz an der Universität

Wer sich die teuren Privatschulen nicht leisten kann, schickt seine Kinder in der Regel auf eine Berufsschule, damit sie dann anschließend leichter einen Job finden. Eine dieser Berufsschulsparten ist der Ausbildung von islamischen Predigern, den Imamen, gewidmet. Mit dem Aufkommen des politischen Islam in den 1980er und 90er Jahren begannen immer mehr religiöse Eltern ihre Kinder auf diese »Imam-Hatip-Schulen« zu schicken. Unabhängig davon, ob ihre Kinder wirklich Prediger werden wollten, legten die Eltern Wert darauf, dass ihre Söhne und Töchter eine religiöse Ausbildung erhielten. Die Imam-Hatip-Schulen wurden zu einem weit verbreiteten Phänomen, und die derzeitige Regierung hat sich in einen regelrechten Kulturkampf mit dem staatlichen Universitäts-Aufsichtsgremium YÖK verstrickt. Ministerpräsident Erdoğan, selbst ehemaliger Imam-Hatip-Schüler, will durchsetzen, dass Absolventen der Imam-Hatip-Schulen mit den Abgängern von Gymnasien beim Zugang zu den Universitäten gleichgestellt werden.

Der Zugang zur Universität ist für die Schüler des Europa-Kolleg im Prinzip kein Problem. Sie müssen lediglich wie alle anderen nach dem Abschluss der 12. Klasse einen Test absolvieren, dessen Ausgang über die Zulassung zur Universität entscheidet. Im Grunde entscheiden zwei Tage im Leben jedes türkischen Schülers über seine schulische Zukunft, und sie bestimmen deshalb fast den gesamten Schulalltag: Es sind die Tage, an denen die beiden landesweiten Eignungstests durchgeführt werden, die über die weitere Bildungskarriere entscheiden.

Der erste dieser Eignungstests findet nach der 8. Klasse statt. Durch diesen Test erwirbt jeder Schüler eine Punktzahl, über die der Zugang zur weiterführenden Schule, dem *Lise*, vergleichbar dem deutschen Gymnasium, geregelt ist. Eine bestimmte Mindestpunktzahl ist die Voraussetzung für die weiterführende Schule, je mehr Punkte, desto anspruchsvoller die Schule. Die berühmten Istanbuler Lise setzen eine sehr hohe Punktzahl voraus. Der zweite Test nach Abschluss des Lise entscheidet über die Zulassung zur Universität. Anders als die deutsche Abiturnote, die sich aus vielen verschiedenen Komponenten zusammensetzt, hängt für den werdenden Studenten in der Türkei immer noch alles an diesem einen Test. Das Auswahlverfahren wird dabei von der Anzahl der zur Verfügung stehenden Plätze definiert. Im letzten Jahr gab es 1,5 Millionen Schüler, die den Test schrieben, aber nur 150 000 Studienplätze. Es hat also nur jeder Zehnte die Chance, einen der begehrten Plätze an der Universität zu ergattern.

Beide Tests sind »Multiple Choice«-Verfahren. Die Fragen werden zentral vom Bildungsministerium festgelegt und sind für sämtliche Schüler in der Türkei identisch. »Solange es diese Tests gibt«, so Arabin, »wird an türkischen Schulen Wissen gepaukt werden.« Je mehr ein Schüler von dem Erlernten parat hat, umso größer sind seine Chancen, im Test gut abzuschneiden. Die Prüfungen finden außerhalb der Schule statt, die vertrauten Lehrer sind dabei nicht anwesend. Um sich gut vorzubereiten, gehen viele Schüler vorher in so genannte »Dershane«. Das sind Nachmittags- oder Abendschulen, an denen nichts anderes gemacht wird, als die Testbögen vergangener Jahre und die möglichen Fragen durchzugehen. »Fast jedes Kind geht zur Dershane«, beschreibt Arabin das System mit einigem Befremden, »das ist schon ein richtiger Wirtschaftszweig.«

Die Fixierung auf diese Tests kollidiert ganz und gar mit den pädagogischen Ambitionen der Avrupa-Schule, die Kreativität, Kritikfähigkeit und Selbstständigkeit der Schüler in den Mittelpunkt stellt. Mehmet Naci Özçelik war im Schuljahr 2004 – 2005 Schulleiter des Europa-Kollegs. Er hat seine Ausbildung in Deutschland gemacht und viele Jahre an deutschen Schulen unterrichtet, bevor er nach Istanbul zurückkehrte und dort dann die Europa-Schule übernahm. Er beschreibt die Erwartungshaltung der meisten Eltern so: »Die Eltern wollen, dass ihre Kinder etwas lernen. Sie möchten das Heft mit den Übungen sehen und erwarten, dass ihre Kinder abfragbares Wissen gespeichert haben.« An türkischen Schulen wird quantitativ viel vermittelt, aber vorrangig durch stures Auswendiglernen. »Die Vertiefung eines Themas durch Diskussionen, das heißt die selbstständige Auseinandersetzung der Kinder mit Themen, ist hier generell nicht sehr gefragt«, bedauert die Leiterin der deutschen Sektion der Europa-Schule.

Reformen scheitern an den Tests

»Schule muss Spaß machen«, ist das Credo des Schulleiters, doch Spaß und Büffeln ist eben nicht leicht miteinander zu vereinbaren. »Wir haben das gleiche Curriculum wie alle anderen Schulen auch. Danach müssen die Erstklässler bereits Lesen, Schreiben und die Grundrechenarten lernen. Ein spielerischerer Zugang zum Lernen ist da fast unmöglich.« Özçelik beklagt, dass es in der Türkei noch kein Bewusstsein dafür gibt, wie man lernt. »Lernen ist hier noch kein gesellschaftliches Thema.« Frontalunterricht und Auswendiglernen ist normal: »Kaum jemand problematisiert das.«

Am allerwenigsten die Lehrer. »Als gute Grundschullehrer gelten in der Türkei diejenigen, die ihre Klasse im Griff und den Kindern bis zum Ende des vierten Schuljahres möglichst viel Stoff beigebracht haben«, klagt die deutsche Mutter Arabin. »Dieses Verständnis hat immer wieder zu Konflikten mit Lehrern aus Deutschland geführt, die mehr Wert darauf legen, die Kinder zu selbstständiger Arbeit zu motivieren.« Die pädagogischen Vorstellungen von deutschen Lehrern und Türken, die in Deutschland ihre Ausbildung gemacht haben, unterscheiden sich stark von denen ihrer Istanbuler Kollegen. »Wir versuchen diese Konflikte durch gemeinsame Lehrer-Fortbildungen zu lösen«, erzählt Özçelik, »aber feste Überzeugungen ändern sich nicht so schnell.«

Wie groß die Differenzen sind, merken die so genannten Rückkehrerkinder am deutlichsten. Das beginnt schon bei Äußerlichkeiten. In der Türkei ist eine Schuluniform obligatorisch. Die reicht zwar vom blauen Kittel mit Plastikkragen, üblich in den ländlichen Grundschulen, bis zum feineren Dress an den Istanbuler Privatschulen, doch individueller Ausdruck über die Kleidung ist generell nicht erwünscht. Zur Schuluniform kommt der Fahnenappell am Anfang und Ende der Unterrichtswoche. Strammstehen auf dem Schulhof und eine Rede des Direktors anhören ist für Kinder, die an die wesentlich lockereren Umgangsformen deutscher Schulen gewohnt sind, zunächst ein Kulturschock. Auch der Unterricht sieht in der Regel anders aus als an deutschen Schulen. »Die Schulen in der Türkei sind auf die Lehrer zugeschnitten«, sagt der Rektor der Europa-Schule. »Der Unterricht orientiert sich mehr an deren Bedürfnissen als an denen der Schüler.«

Um das Problem des Kulturschocks für Rückkehrerkinder etwas zu mildern, hat man in den 1980er Jahren, parallel zur damaligen Rückkehrkampagne der Bundesregierung, »Anadolu Lise« mit finanzieller Unterstützung aus Deutschland eingerichtet. Diese Schulen richteten sich speziell an Rückkehrerkinder. Einige Fächer wurden in den Anfängen auf Deutsch unterrichtet und es gab deutsche Lehrer, die nicht nur die Sprache unterrichteten, sondern auch dafür sorgten, dass die Atmosphäre an den Schulen sich nicht zu extrem von der bis dahin gewohnten unterschied. Diese Anadolu-Schulen waren so erfolgreich, dass zunehmend auch Kinder auf die Schulen drängten, die nie in Deutschland gewesen waren, weil sie dort einen guten Fremdsprachenunterricht bekamen. Da es im Laufe der Jahre auch immer weniger Rückkehrerkinder gab und die Unterstützung aus Deutschland stetig abnimmt, haben sich die Anadolu-Lise mittlerweile in mehr oder weniger normale staatliche Schulen gewandelt, in denen Deutsch als erste Fremdsprache unterrichtet wird.

»Selbst bei uns«, sagt Christine Arabin, »haben Rückkehrerkinder oft große Schwierigkeiten gehabt. Es gibt Kinder, die lange stumm bleiben und sich kaum beteiligen, oder andere, die gerade durch besonders selbstbewusstes Auftreten Anstoß erregen.« Alle bräuchten jedoch Jahre, um sich in der Türkei richtig einzufinden und sich an der Schule wohl zu fühlen. Um diese Fremdheit zwischen deutschen und türkischen Schulen ein bisschen zu überwinden, organisiert die Avrupa-Schule Austauschprogramme mit deutschen Schulen. Die Schüler leben dann für einige Wochen in deutschen beziehungsweise türkischen Familien und lernen Schule und Alltag im jeweils anderen Land besser kennen. Arabin würde gerne auch ein Austauschprogramm für ein ganzes Schuljahr anbieten, aber das scheiterte bislang an finanziellen Engpässen und daran, dass türkische Eltern sich kaum vorstellen können, ihr Kind für ein Schuljahr ins Ausland zu schicken.

»Türkische Kinder sind in der Regel sehr behütet und entsprechend wenig selbstständig. Alle Kinder werden mit dem Schulbus vor der Haustür abgeholt und am Nachmittag wieder nach Hause gebracht. Sie sind es nicht gewohnt, alleine zur Schule zu fahren oder sich am Nachmittag allein in der Stadt zu bewegen.« Der Schulleiter des Avrupa Kolleg möchte folglich, dass die Lehrer mit den Kindern mehr aus der Schule herausgehen. »Sie sollen ihre Stadt kennen lernen und mehr in der Praxis als nur im Klassenzimmer erfahren. Das setzt aber voraus, dass die Eltern mitmachen und vor allem die Schulen die Möglichkeit bekommen, mit den Vorgaben der Schulbürokratie flexibler umzugehen.« Özçelik ist Mitglied einer Reformkommission, die das Bildungsministerium in Fragen des Curriculums berät und Vorschläge für die Weiterentwicklung macht. Er ist ganz optimistisch für die Zukunft, weil »auch die Bürokraten das Problem durchaus erkannt haben«. »Die Türkei braucht zukünftig Schüler, die selbstständig und kreativ sind.« Schon bald soll deshalb erst einmal die Stoffmenge, die türkische Schüler bewältigen müssen, reduziert werden. »Das«, hofft er, »wird Raum für andere Unterrichtsmethoden schaffen. Die Curricula werden entrümpelt und schlanker. Der Zwang zum Einpauken wird gesenkt.«

Das Kernproblem bleibt jedoch die landesweite Prüfung, auf die jeder Schüler hinarbeiten muss. Es gibt allerdings Ausnahmen, von denen das Avrupa Kolleg eine ist. An Privatschulen, die von der ersten bis zur zwölften Klasse, also bis zur Uni-Reife, alle Möglichkeiten anbieten, können die eigenen Schüler ohne die externe staatliche Prüfung von der achten in die neunte Klasse wechseln. »Wenn unsere Schüler nach der achten Klasse nicht an ein anderes Lise wechseln wollen, brauchen sie die Prüfung nicht mitzumachen«, bestätigt Arabin die Regelung für ihr Kolleg. »Nur die Uni-Aufnahmeprüfung bleibt ihnen natürlich auch nicht erspart.« Doch selbst da gibt es schon Auswege: Die privaten Universitäten, die es bereits in größerem Umfang gibt, gehen teilweise schon dazu über, sich ihre Studenten nach eigenen Kriterien auszusuchen und nicht mehr nur die Punktzahl aus der staatlichen Prüfung zur Zugangsvoraussetzung zu machen. Da kommen dann sowohl individuelle Fähigkeiten als auch die finanziellen Möglichkeiten der Familien mit ins Spiel. Doch das gilt immer nur für den relativ kleinen Kreis von Kindern, deren Eltern eine teure Privatuniversität finanzieren können.

Zivilgesellschaft – Bürgerinitiativen

Wie eine Gruppe Engagierter ein gigantisches Bauvorhaben stoppt

Die Technische Universität in Istanbul ist ein wuchtiger, Ehrfurcht einflößender Bau. Vor dem Eingang an einem Seitenportal weisen große Transparente auf einen dreitägigen Verkehrskongress hin. Es geht um den permanent drohenden Verkehrsinfarkt in der 12-Millionen-Stadt am Bosporus, ein Thema, das jeden Einwohner Istanbuls massiv betrifft. Trotzdem ist der große Hörsaal am dritten Tag des Symposiums nur noch zu einem Drittel gefüllt. Wissenschaftler und Kommunalpolitiker scheinen hier unter sich zu sein. Doch dann meldet sich ein Teilnehmer, um gleich mehrere kritische Fragen zu stellen. Der Mann lässt sich nicht abspeisen, sondern insistiert wiederholt, bis er endlich eine vollständige Auskunft bekommt.

Der Fragesteller ist Ismail Üstün, und er ist nicht zum ersten Mal auf einem solchen Kongress. Obwohl von Haus aus Tourismusmanager, ist er längst auch zum Verkehrsexperten geworden. Seit gut acht Jahren beschäftigt der rund 40 Jahre alte Mann sich jetzt mit den Verkehrsproblemen der Großstadt – als ein Betroffener, der die Entscheidungen der staatlichen Behörden nicht mehr hinnehmen will. Eigentlich begann sein Einstieg in eine Karriere als Verkehrsexperte schon vor zehn Jahren. Ismail zog damals in den idyllischen Bosporus-Vorort Arnavutköy. Wie etlichen anderen Intellektuellen, Künstlern und Angestellten der nahe gelegenen Bosporus-Universität, hatte es ihm der Charme dieses noch mehrheitlich aus alten osmanischen Holzhäusern bestehenden Stadtteils angetan. Mit viel Liebe und erheblichem finanziellen Aufwand waren viele der alten Häuser vor dem Verfall gerettet und möglichst authentisch restauriert worden.

Arnavutköy, das wie etliche alte Stadtteile Istanbuls dem Verfall bereits preisgegeben schien, revitalisierte sich wieder und schien auf dem bestem Weg, ein Musterbeispiel für die Rettung wertvoller historischer Altbausubstanz zu werden. Bis dann im Jahr 1997 die Schreckensmeldung kam und die gesamte Erfolgsgeschichte ein abruptes Ende zu nehmen drohte. Das zuständige Bauministerium in Ankara, so hieß es, habe entschieden, eine dritte Brücke über den Bosporus zu bauen. Die permanenten Staus vor und auf den beiden bereits vorhandenen Brücken mache dieses Vorhaben unabweisbar. Der optimale Platz für eine dritte Brücke sei Arnavutköy. Es liegt fast in der Mitte zwischen der ersten und zweiten Brücke, und der Bosporus ist an dieser Stelle relativ schmal, weil das ehemalige Fischerdorf auf einer Halbinsel in die Meerenge hineinragt. Außerdem ist das asiatische Ufer gegenüber von Arnavutköy nur dünn besiedelt, bis auf ein paar Villen direkt am Wasser gehört der Hügel dahinter zu den letzten grünen Flecken entlang des Bosporus.

»Wir waren erst wie gelähmt«, erzählt die Journalistin und Bewohnerin von Arnavutköy, Ayten Görgün. »Viele Leute dachten gleich daran, ihre Häuser zu verkaufen und wegzugehen.« Eine kleinere Gruppe war jedoch spontan entschlossen, ihren Traum vom Leben am Bosporus nicht zu begraben, sondern für den Erhalt ihres Viertels zu kämpfen. Den Aktionsrahmen dafür bildete Arnavutköys Stadtteilverein »Boğaziçi Arnavutköylüler Derneği«. Hier sammelte sich eine bunte Mischung von Leuten, die nicht bereit waren, eine einsame Entscheidung ferner Bürokraten in Ankara widerspruchslos hinzunehmen. »Unsere Stärke war von Anfang an, dass alle sozialen Schichten des Viertels bald im Widerstand gegen die Brücke vereint waren«, erklärt die schon in Arnavutköy geborene Görgün den Erfolg der Bürgerinitiative. »Statt ihre Häuser zu verschleudern, haben uns bald alle unterstützt.«

Bei einem Spaziergang durch das Viertel zeigt der Verkehrsexperte Üstün, der seit nunmehr acht Jahren zu den unermüdlichsten Aktivisten der Bürgerinitiative zählt, wo die gigantischen Brückenpfeiler für die dritte Bosporusstrasse aufgebaut werden sollten – das Viertel wäre tatsächlich nachhaltig zerstört worden. »Das drohende Ausmaß der Katastrophe hat uns in den vergangenen Jahren immer wieder motiviert, nach neuen Wegen zu suchen, um den Politikern klar zu machen, dass ihre Pläne in der Bevölkerung nicht durchsetzbar sind.« Neben dem öffentlichen Protest im Viertel selbst schaffte die Bürgerinitiative es zu einer beachtlichen Medienpräsenz. Arnavutköy wurde so zu einem Paradebeispiel zivilen Widerstands in der gesamten Türkei.

»Unsere Schwierigkeiten«, erzählt Üstün, »liegen auf drei Ebenen. Die erste war, die Leute aus ihrer Stimmung ›Gegen die da oben können wir doch sowieso nichts machen‹ herauszuholen. Das hat ganz gut geklappt, weil wir hier eine gute soziale Mischung haben: Fischer, kleine lokale Geschäftsleute und Akademiker brachten die Heimatverbundenheit und Kontakte zu Medien und zur Bürokratie zusammen. Deshalb haben wir uns nicht so hilflos gefühlt.« Die zweite Ebene war dann die Auseinandersetzung mit den Bürokraten. Das ist in der zentralstaatlich organisierten Türkei nicht so einfach, weil die meisten Entscheidungen eben nicht am Ort, sondern in der Hauptstadt Ankara am grünen Tisch fallen. »Anfangs ist es schwierig, die Entscheidungsabläufe zu durchschauen, um herauszufinden, wer eigentlich dein Gegner ist«, beschreibt der Aktivist Üstün das Dilemma fast aller Bürgerorganisationen der Türkei.

231

Die dritte Ebene ist der Kampf um die öffentliche Meinung. »Hunderttausende von Istanbulern, die tagtäglich im Stau stehen, denken spontan erst einmal, es wäre doch gut, wenn es eine dritte Brücke gäbe.« Um die Leute davon zu überzeugen, dass Widerstand möglich ist, war vor allem Mahmut Çelebi wichtig. Der heutige Vorsitzende des Vereins gehört nicht zu den Intellektuellen, sondern ist einer der alteingesessenen Geschäftsleute im Viertel. Çelebi oder, wie man im Türkischen sagt, Mahmut Bey, ist stolz auf seinen Kiez, das Mahalle. Seine Familie lebt schon seit mehreren Generationen im Albanerviertel – im Osmanischen Reich siedelte der Sultan hier Albaner an –, und er wollte seine Heimat auf keinen Fall verlieren. »Wir haben damals bei der ersten Zerstörung nichts gemacht, jetzt mussten wir um unsere Existenz kämpfen.« Mit der ersten Zerstörung meint Çelebi den Bau der vierspurigen Autostraße, die der damalige Bürgermeister Bedreddin Dalan Mitte der 1980er Jahre ohne Rücksicht auf die Bedürfnisse der Anwohner durchsetzte und die Arnavutköy heute vom Meer abschneidet. Fotos aus der ersten Hälfte der 1980er Jahre zeigen noch das ursprüngliche Leben im Viertel, als die Holzhäuser direkt am Wasser standen und man vom Steg am Haus im Bosporus baden gehen konnte.

»Damals haben wir uns nicht gewehrt, heute können sie das mit uns nicht noch einmal machen.« Çelebi ist vom Erfolg der Bürger überzeugt. Warum vor zwanzig Jahren unmöglich war, was heute in Arnavutköy so selbstverständlich erscheint, erklärt Üstün mit der Situation der damaligen Zeit: »Der Putsch vom 12. September 1980 steckte allen Leuten noch in den Knochen. Jeder hatte Angst, sich zu exponieren.« Das ist heute nicht mehr so, wie die Bürokraten und Politiker in Ankara erfahren mussten. »Wir haben sie mit Petitionen und Unterschriftensammlungen überschüttet. Und wir haben gelernt, uns die Widersprüche innerhalb der Bürokratie zu Nutze zu machen«, sagt der ehemalige Tourismusmanager. Während das Bauministerium mit der Autolobby zusammenarbeitet, will das konkurrierende Transportministerium stattdessen einen S-Bahn-Tunnel unter dem Bosporus bauen, ein Vorschlag, den die Bürgerinitiative sofort aufgegriffen hat. Der Grund für die interne Konkurrenz in Ankara ist klar: Während das Bauministerium mit dem Bau von Autobahnen und Brücken seinen Einfluss unterstreicht, will das für die Schienenwege zuständige Transportministerium sich mit einem S-Bahn-Tunnel profilieren.

Mittlerweile hat die Bürgerinitiative von Arnavutköy schon etliche Bau- und Transportminister kommen und gehen sehen – die Pläne der Bürokraten sind immer noch dieselben. Allerdings haben sie nicht zuletzt mit Hilfe der Medien einen ersten großen Erfolg erzielt. Vor ein paar Jahren fiel die Entscheidung, tatsächlich einen Bosporustunnel für S-Bahnen zu bauen. Üstün hat alle Zahlen im Kopf: Über eine Brücke können pro Stunde rund 10 000 Menschen über den Bosporus gebracht werden, eine S-Bahn unter dem Wasser schafft dagegen stündlich rund 75 000 Personen. Mit diesen Zahlen hat die Bürgerinitiative jahrelang für einen Tunnel und gegen die dritte Brücke geworben. »Wir haben die Öffentlichkeit über die Erkenntnisse der Experten informiert. Das war bis jetzt unsere wichtigste Aufgabe.«

Olivenbauern gegen Goldwäscher

Die medial gut vernetzte Bürgerinitiative in Arnavutköy ist zwar eine der bekannteren Organisationen in Istanbul, aber sie ist keineswegs die einzige. Allein im Großraum Istanbul, schätzt Orhan Esen, ein erfahrener Netzwerker zwischen einzelnen Initiativen, gibt es ungefähr 7000 Gruppen und Zusammenschlüsse. Sie gelten als so genannte NGOs (Non Governmental Organizations), so der internationale Begriff für zivilgesellschaftliche Nichtregierungsorganisationen. Darunter werden in der Türkei landläufig auch Standesorganisationen wie Ärzte-, Rechtsanwalts- oder Architektenkammern gezählt, die Esen aber nicht als NGOs anerkennt, weil es sich ja nicht um freiwillige Initiativen handele. »Aber darüber hinaus gibt es hunderte Organisationen für Demokratie, für Menschenrechte, für Umweltschutz, für die Durchsetzung von Frauenrechten und vieles andere mehr.«

Genaue Zahlen über die Anzahl von NGOs in der Türkei gibt es nicht. Man geht allgemein von rund 100 000 Organisationen aus, darunter allerdings auch alle Stiftungen, Gewerkschaften, Berufsverbände und Moscheenvereine, die in Deutschland nicht als Bürgerinitiativen bezeichnet würden. Die Tarih Vakfı, eine ehrenamtliche Geschichtsstiftung, hat Anfang 2005 einen Führer herausgegeben, für den sie insgesamt 12 000 NGOs befragt und daraus dann rund 3000 Organisationen ausgewählt hat. Von diesen rund 3000 sind 1000 landesweit operierende, private Initiativen, in denen Menschen sich ehrenamtlich engagieren. Die restlichen 2000 arbeiten auf regionaler oder lokaler Ebene. Nach dem Putsch 1980 wurde die Gründung von Vereinen und anderen Verbindungen erheblich erschwert und von der Polizei strengstens überwacht. Das hat sich erst in den letzten Jahren grundsätzlich verbessert und wurde im Zuge der EU-Annäherung nun sogar durch die Reform des Vereinsgesetzes legislativ gesichert.

Der Prototyp aller Bürgerinitiativen in der Türkei bestand aus einer Gruppe von Bauern und Schäfern. Sie fanden sich in dem Ägäis-Städtchen Bergama zusammen und kämpften mit Unterstützung engagierter Intellektueller aus Izmir gegen den geplanten Abbau von Gold in ihren Olivenhainen. In den uralten Olivenhügeln über der Ägäis wollte ein westliches Unternehmen Gold mit Hilfe von Zyanid aus dem Berg waschen. Das ist eine besonders gefährliche Methode, die zuletzt in Rumänien zu einer großen Umweltkatastrophe geführt hat, als das Rückhaltebecken, in dem die giftige Zyankalilauge nach der Goldwäsche aufgefangen wird, undicht wurde und auslief. Ein Albtraum für die Bauern, die dort die bekanntesten Oliven der Türkei züchten. Sie fürchteten, dass die gesamte Gegend durch das Zyankali in Verruf geraten könnte.

Die Bürgerinitiative in Bergama gehörte in den 1990er Jahren zu den renommiertesten zivilen Organisationen der Türkei. Ihre Sprecher wurden zu nationalen Berühmtheiten. Die Aktivisten erreichten durch ihre Aktionen, aber auch durch juristische Schritte, dass der Bau der Mine sich immer wieder verzögerte, obwohl die westlichen Goldfirmen, die bald auch andere Standorte für den Goldabbau in der Westtürkei auserkoren hatten, mit der Hilfe der Botschafter ihrer Länder bei den wechselnden Regierungen in Ankara kräftig Druck machten. Die Bürgerinitiative errang große Erfolge vor Gericht und erreichte höchstrichterliche Urteile, die den Goldabbau mit Zyankali verboten. Das ursprüngliche Minenkonsortium verlor das Interesse an Bergama und verkaufte seine Optionen an ein australisch-türkisches Joint-Venture-Unternehmen. Vor einigen Jahren ging die Goldmine dann aber plötzlich doch in Betrieb. Gestützt auf eine besondere Ministererlaubnis und mit dem Versprechen, umfangreiche Sicherheitsvorkehrungen zu treffen, begann der Abbau des Goldes. Die Bürgerinitiative lässt jedoch nicht locker und versucht abermals auf juristischem Weg, die Schließung der Mine zu erreichen. Die Wirkung ist nicht zu übersehen: Die publikums- und medienwirksamen

Aktionen der Aktivisten von Bergama, ihre Straßenblockaden und ihre Märsche nach Ankara hatten einen großen Anteil daran, Bürgerinitiativen bekannt und populär zu machen.

Orhan Esen, Absolvent der Deutschen Schule Istanbuls, ist seit Anfang der 1990er Jahre in Stadtentwicklungsprojekten aktiv. Er hat sich an der UNO-Habitat-Konferenz 1996 in Istanbul beteiligt und publiziert seitdem in verschiedenen Zeitschriften und Büchern über die Zivilgesellschaft in der Türkei. Der größte Unterschied zwischen der Türkei und Deutschland ist für ihn, dass hier weniger Initiativen zu einem konkreten lokalen Problem arbeiten und stattdessen viele Gruppen die Aufgaben von Politikern übernehmen. »Leute, die mit den existierenden Parteien nichts anfangen können, wollen sich häufig über zivile Initiativen politisch profilieren«, ist seine Erfahrung. Das bringe in der Sache oft nicht weiter, vielmehr führe es zu Konkurrenzkämpfen. So gibt es beispielsweise mehrere Menschenrechtsorganisationen, an deren Spitze sich einzelne Leute profilieren, anstatt dass alle an einem Strang ziehen.

Ein anderes großes Problem, sagt Esen, ist die Nachhaltigkeit von Bürgerinitiativen. Nach dem Erdbeben von 1999, bei dem am östlichen Ende des Marmarameeres ein starkes Beben mit Ausläufern bis nach Istanbul offiziell 20 000 Menschen tötete, bildeten sich überall Gruppen, die sowohl die betroffenen Städte und Dörfer unterstützten als auch Vorsorge für die Stadt selbst treffen wollten. »Von diesen Gruppen ist leider kaum etwas übrig geblieben«, bedauert Esen deren schnelles Verschwinden – »obwohl es in Istanbul bei der Erdbebenvorsorge wahrlich genug zu tun gäbe.« Viele haben anfangs sehr engagiert und sehr erfolgreich überall dort Nothilfe geleistet, wo der Staat versagt hat. Später, als es darum ging, konkrete Vorsorgepläne für eine mögliche Erdbebenkatastrophe in Istanbul zu erarbeiten, ist kaum jemand dabeigeblieben. »Da setzen die Leute dann doch wieder auf den Staat, obwohl sie genau wissen, dass der nicht handelt.«

Das Problem der türkischen Zivilgesellschaft insgesamt sei, dass zu viele Leute trotz gegenteiliger Erfahrungen auch heute noch vom Staat Lösungen erwarteten, die dieser gar nicht anbieten könne, so der Historiker und erfahrene Reiseleiter. »Mit der Vorbereitung auf das befürchtete große Erdbeben in Istanbul ist die Kommune völlig überfordert«, ist er sich sicher. Doch die historisch gewachsene Fixierung auf den Staat hat tiefe Spuren hinterlassen. Viele Menschen verstehen unter Selbstorganisation den Eintritt in staatliche Vorfeldorganisationen wie etwa die kemalistischen Vereine zum Gedenken an Atatürk. Oder sie engagieren sich in so genannten patriotischen Organisationen. Deren Aktivitäten bestehen dann beispielsweise darin, gegen eine von mehreren Universitäten geplante Armenien-Konferenz zu protestieren, weil die angeblich einem Ausverkauf der nationalen Interessen gleichgekommen und ein Dolchstoß in den Rücken des türkischen Volkes gewesen wäre.

Auch der ganze Umweltschutzbereich sei häufig ein Tummelplatz für Nationalisten. »Bei den Protesten gegen den Bau der Formel-1-Rennstrecke am Stadtrand von Istanbul habe ich mich zurückgezogen, weil die Leute sich vor allem über die ausländischen Investoren aufgeregt haben«, erzählt Esen. »Dabei war das Hauptproblem, dass die Rennstrecke in einem wichtigen Wasserschutzgebiet gebaut wurde.« Die größte türkische Umweltorganisation »Tema«, deren bleibendes Verdienst es ist, auf die Gefahren der verheerenden Erosion in Zentralanatolien aufmerksam gemacht und ein Bewusstsein für den ständigen Raubbau am Boden geschaffen zu haben, ist mittlerweile auch von konservativen Honoratioren dominiert. Sie unterstützen Tema, weil sie die Wiederaufforstung verkarsteter Gebiete in Anatolien als patriotische Pflicht ansehen.

Doch trotz solcher Einschränkungen ist Orhan Esen überzeugt, dass die Bereitschaft zum Engagement, auch im Sinne
von klassischen Bürgerinitiativen, in den letzten zehn Jahren
erheblich zugenommen hat. Das treffe vor allem auf die wohl-
habenderen Viertel der Stadt zu.

Die Mütter von Cihangir

Ein besonders erfolgreiches Beispiel für Engagement sind
die »Mütter von Cihangir«. Diese Initiative, aus der später der
Stadtteilverein von Cihangir hervorging, entstand im Einsatz
für einen großen Kinderspielplatz. Cihangir ist das bevorzugte
innerstädtische Viertel für den liberalen, westlich orientierten
Mittelstand in Istanbul. Wer möglichst keine kopftuchbedeck-
ten Frauen sehen will und die unmittelbare Nähe des belebten
Zentrums einem Leben in reichen Vorortgebieten vorzieht,
wohnt in Cihangir. Auch viele Deutsche und andere West-
europäer haben sich hier niedergelassen. Mitten im Viertel
liegt ein großes freies Grundstück, das eine Industriellenfami-
lie der Stadt in den 1940er Jahren unter der Auflage geschenkt
hatte, dort einen Kinderspielplatz zu errichten. Im Laufe der
Zeit verwahrloste der Platz und wurde kaum noch genutzt.
Mitte der 1990er Jahre wollte die zuständige Stadtverwaltung
den Ort dann zweckentfremden und in ihrem Sinne profitabel
machen: Ein achtstöckiges Parkhaus sollte entstehen.

Gegen dieses Vorhaben formierte sich eine Elterninitiative,
die im Wesentlichen aus Müttern bestand und der es gelang, das
gesamte Viertel gegen das geplante Parkhaus zu mobilisieren.
Die Stadtverwaltung musste einlenken. Es entstand lediglich
eine Tiefgarage, und darüber wurde der Spielplatz hergerich-
tet. Necile Deliceoğlu ist eine der Mütter, die sich seitdem im

Stadtteilverein von Cihangir engagieren. Der Verein dient als Treffpunkt im Stadtteil und kümmert sich um alle kommunalen Belange, die die Stadtverwaltung vernachlässigt. Eine der Hauptaktivitäten der Bürgerinitiative besteht darin, ihr Viertel vor Spekulanten zu schützen. Cihangir besteht zu einem großen Teil aus denkmalgeschützten Häusern, die dem Viertel seinen besonderen Charakter verleihen. Da Grund und Boden in diesem Teil des Zentrums aber bereits sehr teuer sind, versuchten Spekulanten immer wieder, alte Häuser abreißen zu lassen und durch größere Betonappartements zu ersetzen.

Das spektakulärste Beispiel in Cihangir betrifft eine prominente Familie: Der Familie von Hülya Avşar, der Claudia Schiffer der Türkei, gehörten zwei historische Holzhäuser an prominenter Stelle, mit unverbautem Blick auf den Bosporus und auf die historische Halbinsel. Um diesen Blick zu vergolden, sollte ein Luxusbau mit 28 Etagen anstelle der Holzhäuser errichtet werden. »Die Holzhäuser wurden abgebrannt«, erzählt Deliceoğlu, »ein Zeuge hat sogar gesehen, wie mehrere Männer Benzin aufs Dach gegossen haben.« Anschließend sollen der Bezirksstadtverwaltung mehrere Millionen Dollar Schmiergeld angeboten worden sein, um eine in Wahrheit illegale Baugenehmigung zu erteilen. Das hat die Stadtteilinitiative verhindert: »Wir haben geklagt und gewonnen.« Eine Baugenehmigung gab es nicht. »Doch die versuchen es immer wieder. Kürzlich hat uns ein Mitarbeiter aus dem zuständigen Amt angerufen und erzählt, zurzeit würden gerade die Akten gesäubert. Wir haben umgehend unseren Anwalt wieder eingeschaltet.«

Bis jetzt hat die Bürgerinitiative es geschafft zu verhindern, dass in Cihangir illegal ein Hochhaus gebaut wird. Auch anderswo haben sich Bürger in ihren Vierteln zusammengeschlossen, um sich gegen Spekulation und Stadtzerstörung zu wehren. »Weil wir bereits viel Erfahrung mit Prozessen haben, wenden sich andere Bürgerinitiativen an uns, wenn sie klagen wollen«, berichtet die aktive Mutter Deliceoğlu. So wurden mit der Zeit aus den Müttern von Cihangir Expertinnen im Denkmalschutz. Sie tragen dazu bei, dass auch andere Stadtteilbewohner erfolgreich gegen Korruption und Zerstörung kämpfen.

Das aktuelle Projekt der Mütter von Cihangir geht über den Schutz der Gebäude jedoch weit hinaus. Sie wollen in Gesprächen mit den alten Bewohnern die lebendige Geschichte ihres Viertels erforschen und festhalten. Cihangir wird bald das erste Viertel Istanbuls sein, das als »oral history« seine Vergangenheit dokumentiert hat.

Keine Autos am Himmel

Einmal in der Woche trifft sich die Bürgerinitiative von Arnavutköy in einem kleinen restaurierten Holzhaus. Das Häuschen gehört der Gemeinde und die Aktivisten haben es in Eigenarbeit restauriert. »Auf diese Weise«, sagt Mahmut Çelebi stolz, »konnten wir den Nachbarn zeigen, dass man sein Haus auch ohne viel Geld renovieren kann.« Das Treffen selbst ist unspektakulär. Es geht um die Vorbereitung des jährlich stattfindenden Stadtteilfestes, das hier nun schon Tradition hat. Einen Tag vorher hatte der türkische Ministerpräsident Erdoğan, der in den 1990er Jahren Oberbürgermeister von Istanbul war, in einem Interview erklärt, die Regierung halte parallel zum Bau des S-Bahn-Tunnels daran fest, eine dritte Brücke über den Bosporus zu bauen.

Die Aufregung der Arnavutköy-Aktivisten hielt sich dennoch in Grenzen: »Die Diskussion um die dritte Brücke ist nie verstummt, die Erklärung von Erdoğan überrascht uns deshalb nicht«, erläutert der Verkehrsexperte Üstün die Gelassenheit der Runde. »Wenn man bedenkt, dass ein Drittel aller PKWs der Türkei im Großraum Istanbul fahren, kann man sich vorstellen, welchen Druck die Autokonzerne auf die Regierung ausüben, damit eine weitere Brücke gebaut wird.« Üstün weiß, welche Folgen das hätte. Der Bau der ersten beiden Brücken brachte jeweils eine erhebliche Zunahme des Autoverkehrs in Istanbul mit sich. Eine dritte Brücke wäre nach ungefähr einem Jahr ebenso verstopft wie die beiden bereits vorhandenen. »Was wir bräuchten, wäre eine Bewegung für eine autofreie Innenstadt, sonst erstickt die Stadt bald am Verkehr. Wir arbeiten dafür, dass immer mehr Menschen das verstehen und sich dafür einsetzen.«

Ein paar Tage später wird gefeiert. Auf der Bühne direkt am Bosporus singt Baba Zula, eine populäre Rockband. Die Musiker sind gerne nach Arnavutköy gekommen, um den Protest gegen die dritte Brücke zu unterstützen. Das ganze Viertel ist auf den Beinen und freut sich, wenn der Sänger der Gruppe ins Mikrofon ruft: »Wir lieben die Möwen am Himmel und wollen keine Autos über uns.« Nicht nur in Arnavutköy, auch überall sonst am Bosporus wird man diese Forderung unterstützen. Für die Entwicklung der Zivilgesellschaft in der Türkei gibt es deshalb einen weithin sichtbaren Gradmesser: Sie wächst und gedeiht, solange es über dem Bosporus keine dritte Brücke geben wird.

-müşsünü:

müşüz.

Deutsch-türkischer Dialog
auf dem Prüfstand

Wertediskussionen

Ein deutscher und ein türkischer Blick

Jürgen Gottschlich:

Auf die Suche nach den Quellen europäischer Werte, insbesondere in den archaischen Tiefen der Religion, begaben sich türkische und deutsche Teilnehmer des 11. deutsch-türkischen Symposiums auf dem Petersberg im Mai dieses Jahres. Ein schwieriges Thema, denn die Werte Europas, ihre christlichen, islamischen und säkularen Grundlagen, verlangen ja geradezu nach philosophischen Höhenflügen, nach Bekenntnissen zu den Vorvätern und stolzen Verweisen auf den eigenen zivilisatorischen Beitrag.

Werte als Modeerscheinung und ewige Werte

Während der zwei Tage auf dem Petersberg konnte nicht wirklich geklärt werden, was denn nun Europas Werte seien. Doch man konnte sich darauf einigen, was gegen die europäischen Werte verstößt: Mord aus falsch verstandener Tradition beispielsweise oder auch Zwangsverheiratungen. Einen kleinen Schritt weiter, bei den arrangierten Ehen, war dann aber schon nicht mehr so recht klar, ob die nicht auch ihr Gutes hätten: »Meine längste Beziehung dauerte bislang nicht länger als zwei Jahre«, bemerkte ein Diskutant in der Kaffeepause, »vielleicht ist der individuelle Beziehungsmarkt doch nicht der Weisheit letzter Schluss.« Trotzdem wollte derselbe Teilnehmer natürlich nicht, dass demnächst seine Mutter die Freundin für ihn aussucht. Andere waren da nicht so zimperlich. »Wenn zwei Menschen heiraten, heiraten doch auch immer zwei Familien. Deshalb ist es doch wichtig, dass sich auch die Familien verstehen, wie soll sonst die Ehe glücklich werden?« Dass diese Tradition noch eher in der Türkei als im westlichen Europa verbreitet ist, bestritt niemand. Aber zeigt sich darin eine Einstellung, die sich außerhalb des europäischen Wertekanons bewegt? Wohl kaum, eher entspricht sie einer in Westeuropa heute nicht mehr verbreiteten Praxis, die aber vor zwei, drei Generationen durchaus noch gang und gäbe war.

Sind Werte also immer nur etwas Vorübergehendes, wie gesellschaftliche Moden, manchmal auch Ausdruck saisonaler Geschmacksverirrungen? Zweifellos, daran erinnerte auch der Gastgeber in seinem Eingangsstatement, unterliegen unsere Auffassungen von Schicklichkeit, unsere Vorstellungen über sexuelle Moral und das Verhältnis zwischen den Geschlechtern einem steten Wandel, der gerade in Deutschland in der zweiten Hälfte des 20. Jahrhunderts rasant war. Gibt es die ewigen Werte Europas demnach gar nicht?

Natürlich, so hieß es, gebe es sie. Sie speisten sich aus der Religion und währten vielleicht nicht ewig, aber immerhin doch schon fast 2000 Jahre. Denn woher sonst, wenn nicht aus dem Christentum, stammten die Menschenrechte? Und sei nicht auch die Grundlage der heutigen Gewaltenteilung, auf die jetzt selbst die Katholiken stolz seien, dem jahrhundertealten Dualismus zwischen geistlicher und weltlicher Macht entsprungen, der in den Worten »So gebet dem Kaiser, was des Kaisers ist, und Gott, was Gottes ist« (Matthäus 22, 21) mündete?

Über diesen Diskussionspunkt entstand die erste Kontroverse der Tagung. Sind die christlichen Werte – die guten selbstverständlich, denn die Scheiterhaufen der Inquisition waren ja wohl eher nur eine gesellschaftliche Modeerscheinung –, ist also das Christentum die eigentliche Quelle der europäischen Werte? Ist ein islamisches Land damit nicht implizit dazu verurteilt, in Europa Zaungast zu bleiben? Die Auffassung, alles Gute käme aus dem Christentum, blieb selbstverständlich nicht unwidersprochen: Die Menschenrechte könne man genauso gut aus dem Koran ableiten, hieß es. Wenn man allzu oft betone, die Menschenrechte seien eigentlich eine europäische Erfindung, könnte es passieren, dass einige arabische Länder diese plötzlich nicht mehr als universellen Wert, sondern als Teil des westlichen Imperialismus ansähen.

Das war das Stichwort für die Säkularisten. Sie sagten, jede in Deutschland geführte Wertedebatte ende beim Grundrechtekatalog des Grundgesetzes und nicht bei der Bibel. In den ersten zwanzig Artikeln des Grundgesetzes seien, wenn nicht die europäischen, so doch zumindest die deutschen Werte dargelegt. Alles andere sei Wortgeklingel. Auch die türkischen Laizisten merkten mehrfach an, dass es zur Wertschöpfung in Ankara nicht der Religion bedürfe und die Türkei keinesfalls ein muslimisches Land, sondern eine laizistische Republik sei. So sei die Todesstrafe im Angesicht einer humanen Zivilgesellschaft, die keiner religiösen Belehrung bedürfe, abgeschafft worden.

Als Zwischenstand der Debatte schien man sich dann darauf verständigen zu können, dass Menschenrechte, die Trennung von Staat und Religion und die Gewaltenteilung grundlegende europäische Werte seien, die man vom Bosporus bis zum Polarkreis teile. Niemand in der Runde wollte das infrage stellen – bis ein anwesender Professor darauf hinwies, dass es Datenmaterial gebe, das diesem Eindruck widerspreche. Bei Umfragen in der Türkei zeigte sich, ganz im Gegensatz zu Deutschland und anderen westeuropäischen EU-Ländern, dass Religion in der Politik durchaus erwünscht ist. Ungefähr 60 Prozent der

Türken, so der Professor, hätten die Frage, ob sie sich Politiker mit religiösen Überzeugungen wünschten, bejaht. Überhaupt bezeichneten sich fast 90 Prozent aller Türken als religiös, während in Deutschland nur noch ein Drittel der Befragten sich selbst so einstufe. Sei die Türkei also doch nicht reif für die europäische Zivilisation? Der Clou des Akademikers kam am Schluss: Die Umfragen hätten in einem anderen großen Land genau die gleichen Ergebnisse wie in der Türkei gebracht. Er sprach von den USA. Die Amerikaner wollten der EU zwar nicht beitreten, aber seien die USA deshalb ein rückständiges, unzivilisiertes Land?

Die wirklich wichtigen Fragen stellen sich immer außerhalb der Tagesordnung

Am Rande der Tagung, vom Diktat der Tagesordnung befreit, konnte man über die Fragen diskutieren, die allen auf den Nägeln brannten: Kann die Türkei jemals EU-Mitglied werden? Ist die Stimmung innerhalb der EU nicht längst gegen jede weitere Erweiterung, völlig unabhängig davon, ob der Beitrittskandidat die Werte der EU teilt oder nicht? Geht es nicht in Wahrheit weniger um Werte als um Geld und Wohlstand?

Zweifellos fiel die Tagung in eine Zeit, in der Angst in Zentraleuropa zu einem immer stärkeren politischen Faktor zu werden droht: Angst vor dem Verlust der Arbeit, vor dem Verlust an Wohlstand und staatlicher Fürsorge sowie Angst vor einem Identitätsverlust, die Bedrohung durch den Anderen, den Fremden. Wenn im Sommer 2005 in EU-Europa über den Beitritt der Türkei abgestimmt worden wäre, darüber war sich die Mehrheit der Gäste auf dem Petersberg wohl einig, hätte das Land keine Chance gehabt. Allein die Entscheidung des französischen Parlaments, auf diese Ängste einzugehen und gesetzlich zu fixieren, dass am Ende des auf 15 Jahre angelegten Verhandlungsmarathons eine Volksabstimmung über einen Beitritt der Türkei entscheiden soll, wirkte auf die türkischen Reformer bereits wie ein Damoklesschwert.

Werte im politischen Tagesgeschäft

Als es anschließend am großen Rechteck wieder um die großen Werte ging, war von diesen Aspekten allerdings keine Rede mehr. Weitgehend losgelöst von der tatsächlich sehr nationalistischen Stimmung in der Türkei im Frühjahr 2005, die sich teilweise auch aus der Enttäuschung über die europäischen Abschottungstendenzen nährt, ging es zunächst recht akademisch um den türkischen »Nationalismus als Zivilreligion«. In einem Land unterschiedlicher Ethnien und Kulturen sollte der Nationalismus das identitätsstiftende Element für die Einheit der Nation sein. Erst einmal so weit gekommen, ließen sich die konkreten Probleme dann doch nicht länger ausklammern.

Wie korrespondieren Werte mit den konkreten Alltagsproblemen? Was ist mit der Armenierfrage, was mit den Kurden? Plötzlich kam Spannung auf, für einige Momente lebten die schwelenden Konflikte der türkischen Politik zwischen Liberalen, Kemalisten und Islamisten auf. Radikales Umdenken wurde angemahnt, man suchte nach Lösungsstrategien. Es gab Bekenntnisse zur eigenen Herkunft, und jeder war aufgefordert, in den Spiegel zu sehen, um selbst festzustellen, ob ihm da ein Kurde, Jude, Armenier, Türke oder Lase entgegenblicke oder nicht vielmehr ein Bürger der Republik Türkei. Es versteht sich von selbst, dass eine Tagung über die europäischen Werte die Minderheitenprobleme der Türkei nicht lösen kann. Man plädierte also für den Citoyen, den Bürger Europas. »Immer wenn man konkrete Probleme nicht bewältigen kann, wendet man sich der Wertedebatte zu«, bemerkte einer der Teilnehmer.

Ist der Islam an allem schuld?

Wer den Islam automatisch mit Türken in Verbindung bringt, behindert die Integration der türkischen Minderheit – das war ein Diktum, dem zwar nur indirekt widersprochen wurde, doch es legte einen unterschwelligen Konflikt offen. Die deutschen Teilnehmer waren der Meinung, der Einfluss der türkischen Religionsbehörde auf den Moscheenverband DITIB sei dafür verantwortlich, dass die bei DITIB organisierten Muslime in der deutschen Gesellschaft nur schwer ankämen. Die türkischen Teilnehmer vertraten indes die Ansicht, DITIB sorge in Deutschland, genau wie Diyanet in der Türkei, dafür, dass extremistische islamische Gruppierungen keine Chance hätten, sich weit auszubreiten.

Es ging auf der Tagung dann nicht mehr darum, ob die türkische Religionsbehörde Diyanet oder DITIB europäische Werte teilen, sondern um die Frage, ob die beiden Organisationen auf Dauer nicht die Entstehung eines westeuropäischen Islam behinderten und damit auch zunehmend zu einem Integrationshindernis würden. Mit dem zuständigen Minister für religiöse Angelegenheiten, dem obersten Dienstherrn des Diyanet, war es der Körber-Stiftung gelungen, gleich auch den zuständigen Gesprächspartner an den Tisch zu bekommen.

Doch der Minister wollte sich nicht zum Inbegriff des Integrationshemmnisses machen lassen. Er räumte zwar Versäumnisse in der Vergangenheit ein, versprach aber, zukünftig nur noch beste Deutschlandkenner als Imame an den Rhein zu senden. So richtig konnte der Minister damit allerdings nicht punkten. Der eigentliche Star auf dem Petersberg war deshalb nicht der Minister, sondern ein muslimischer Universitätsprofessor, der nicht etwa an der Kairoer Al-Aqsa lehrt, sondern in der Westfalenmetropole Münster. An diesem ersten deutschen Lehrstuhl für islamische Theologie werden seit einem Jahr zukünftige Imame und Religionslehrer ausgebildet, die den Islam mit der deutschen Gesellschaft in Einklang bringen sollen. Der türkische Staat, so wurde dem Minister mit auf den Weg gegeben, solle sich aus Deutschland doch eher zurückziehen; nicht sofort, denn schließlich solle kein Vakuum entstehen, das womöglich noch der saudische Petrodollar-Islam fülle, aber dennoch in absehbarer Zeit. Das, so fand man, sollte am besten in zeitlicher Abstimmung mit den Universitäten geschehen, die demnächst islamische Theologen in Deutschland ausbilden und dann die Lücken füllen könnten, die Ankara hinterlässt.

Mit diesem Standpunkt war sogar die katholische Konkurrenz zufrieden, die beim versöhnlichen Ausklang der Tagung nicht mehr darauf bestand, dass Europa ausschließlich auf christlichen Werten beruhe: Auch der islamische Humanismus habe einen großen zivilisatorischen Beitrag geleistet, auf den man zukünftig hoffen könne.

Dilek Zaptçıoğlu:

»Was sind meine Werte?« »Woran glaube ich, worauf möchte ich nicht verzichten und was kann ich unter keinen Umständen akzeptieren?« Jeder Teilnehmer dieses Symposiums muss sich diese Fragen zwei Tage lang im Stillen gestellt haben. Schwere Fragen mit keinen eindeutigen, subjektiv und zeitlich bedingten Antworten. Was wir als junge Menschen vor zwei Jahrzehnten schnell und eindeutig definierten, bekommt mit zunehmendem Alter einen anderen Geschmack: Die Zeit macht in der Regel konservativ. Welche Werte haben wir sozusagen mit der Muttermilch aufgesogen, wie weit sind wir mit unserer Arbeit an uns selbst gekommen? Wo stehen wir im Leben und warum?

Private und gesellschaftliche Werte

»Werte« sind nicht nur schwer zu umschreiben, sondern zugleich auch sehr privat.

Auf dem deutsch-türkischen Symposium sprach man nicht über diese private Ebene, sondern über die Punkte, die auch die Öffentlichkeit seit der Ermordung des niederländischen Regisseurs Theo van Gogh im November 2004 am meisten beschäftigen: »Zwangsehen«, bei denen türkische Eltern ihre Töchter unter Zwang mit unbekannten Männern verheiraten; »Ehrenmorde«, denen Mädchen und Frauen aus türkischen Familien zum Opfer fallen; der angeblich zu hohe Stellenwert der Religion in der Türkei; der »Nationalismus« der Türken, ihre »Staatsgläubigkeit« und andere Eigenschaften, die viele Europäer im Allgemeinen mit ihren Werten für unvereinbar halten.

Sowohl die türkischen als auch die deutschen Teilnehmer stammten aus unterschiedlichen gesellschaftlichen Milieus und politischen Zusammenhängen. Für die im deutschen Journalisten- und Orientalistenjargon abfällig als »Kemalisten« bezeichneten Gäste begann der Wertewandel in der Türkei mit den radikalen Reformen des Republikgründers Mustafa Kemal Atatürk und seiner Mitstreiter. Obwohl in den 1920ern und 30ern im Einparteiensystem diktatorisch durchgesetzt, bereiteten diese Reformen ohne Zweifel den Boden für die heutige türkische Gesellschaft. Indem sie den sozialen Stellenwert der Frau erheblich verbesserten, modernisierten sie die Türkei weitaus mehr als jedes andere mehrheitlich islamische Land. Die Abschaffung des Kalifats und das Verbot der religiösen Stiftungen etwa waren Versuche, der zu weit führenden Kontrolle eines selbsternannten islamischen Klerus im Alltag und in der Staatsführung Einhalt zu gebieten. Der Wechsel von der arabischen zur lateinischen Schrift machte den Bruch vollkommen und wird von den islamisch-konservativen Kräften heute am meisten diskutiert. Diese Kräfte halten die kemalistischen Reformen für ein Projekt des »social engineering«, das heute auf keinen Fall gutgeheißen werden könne, weil es von oben herab dem Volk einzutrichtern versuchte, was gut und böse sei, ohne ihm eine eigene Wahl zu lassen.

Die konservativ-islamischen Werte im Aufschwung

Auf dem Symposium waren Verfechter dieser islamisch-konservativen Position, die zu diesem Zeitpunkt auch alleine die Regierung in Ankara stellten, genauso eingeladen wie die Gegenseite der sozialdemokratischen Kemalisten. Auch vertreten waren diejenigen, die den EU-Annäherungsprozess der Türkei befürworten, auch wenn am Ende niemals eine Vollmitglied-schaft stünde – eine sehr strittige Position, die viele Türken daheim als »freiwillige kolonialistische Unterwerfung« kritisie-ren und die 2005 maßgeblich zum Erstarken des Nationalis-mus in der Türkei beigetragen hat.

Zu den auf dem Petersberg geäußerten wichtigsten Kritik-punkten an der Türkei gehörte, dass die türkische Frau trotz der kemalistischen Reformen immer noch nicht gleichberech-tigt sei und sich in der Gesellschaft kaum so frei und modern bewegen könne wie im Westen. Es kam aber trotz der Anwe-senheit von Teilnehmern mit einem erklärten islamisch-kon-servativen Standpunkt nicht zu einer kontroversen Diskussion über die Gründe. Die Gelegenheit verstrich, die zutiefst kon-servative Weltsicht der moderaten Islamisten in der Türkei zu diskutieren. Die Stellung der Frau im Westen wirkte dabei perfekt und nicht mehr veränderungsbedürftig. Der gemein-same Nenner, auf den sich alle gerne einigten, war, Ehrenmor-de zu verdammen und Maßnahmen zu ihrer Bekämpfung zu fordern.

Auch die Möglichkeit, über religiöse Gebote zu diskutieren, die man heute durchaus als Werte neu entdecken könnte – wie etwa die Solidarität mit den Armen und Benachteiligten oder das Verbot des Tötens – wurde nicht genutzt. Die meis-ten Teilnehmer aus Deutschland zeigten sich mit dem Zustand ihrer Gesellschaft zufrieden, weil sie wohl erstens diese mit jenen verglichen, die ökonomisch und sozial viel schlechter stehen, und zweitens, weil während der ganzen Tagung eine Atmosphäre entstand, in der man eher über türkische Proble-me sprach und nicht über die eigenen Mängel, und schon gar nicht über die Wechselwirkung der beiden Länder nicht nur auf sozialer oder psychologischer Ebene, sondern gerade auch auf wirtschaftlichem und politischem Gebiet. Die Hinweise türkischer Teilnehmer, dass mit steigender Stellung auf der sozialen Skala westliche Werte auch in der Türkei dominierten, veranlasste die deutschen Teilnehmer zu keiner tiefgreifenden Diskussion.

Gerade die konservativ-islamischen Teilnehmer hätten viel zu einem lebhaften Dialog über Werte beitragen können. Denn sie halten trotz ihrer wirtschaftlichen Prosperität und ihrer hohen Bildung weiter an den »religiösen Werten« fest, die sie auf ihre eigene Art interpretieren und jenseits des westlichen Lifestyles in der Türkei in eigenen Wohnvierteln, Ausgehplätzen, Firmen, Schulen, Universitäten und Urlaubsorten zu leben versuchen. Was unterscheidet die Werte der islamisch-konservativen Kreise von den westlichen? Tatsächlich stehen hier die Frau und der menschliche Umgang miteinander im Vordergrund. Die Frau ist nicht allein, sondern Teil eines ganzen Pakets, das im Türkischen »Aile«, Familie, heißt. Sie ist die tragende Säule des konservativ-islamischen Lebensstils, der sich um die eigene Kernfamilie und die weiteren, ineinander übergreifenden Kreise der Verwandtschaft, Freunde und Nachbarn dreht.

Unsere Werte, eure Werte

Indem sich alles auf die negativen Aspekte wie die türkische Definition der »Ehre«, für deren vermeintlichen Verlust auch in Deutschland Frauen ihr Leben lassen müssen, konzentrierte, blieben die ebenso vorhandenen positiven Aspekte des Geschlechtersystems vernachlässigt. Die Familie als tragende Säule der Gesellschaft steht in diametralem Gegensatz zum deutschen Gesellschaftssystem, das auf dem Individuum beruht. Ist das Finanzielle nicht mehr sicher, wäre auch in

Deutschland familiäre Solidarität wieder gefragt. Ist also diese Werteentwicklung von heute umkehrbar?

Das augenfälligste Merkmal der Tagung war somit, dass die Gastgeberseite, die deutschen Teilnehmer, vielleicht, weil sie sich zu Hause fühlte, ihre »Werte« gar nicht und schon gar nicht vor den Anderen zur Debatte stellte. Nur wenn es um den Wertekanon der Kirchen ging und um den Stellenwert der Religion im deutschen Gesellschaftsleben, zeigten sich Dissonanzen, aber keine unerwarteten: Die einen traten vehement für eine säkulare, von christlichen Wertvorstellungen unabhängige Lebensweise ein, die anderen sehen im Islam in Deutschland eine Herausforderung, der sie mit mehr Religion von christlicher Seite begegnen wollen. Dass dies in der ziemlich säkularisierten, weitgehend von Kirchen losgelösten deutschen Gesellschaft nicht einfach sein wird, musste von türkischen Beobachtern nicht mehr konstatiert werden. Die Ängste gegenüber der wachsenden muslimischen Gemeinde in Deutschland und der Versuch, ihr internes Gemeindeleben auf die eine oder andere Weise doch staatlich kontrollieren zu wollen, führten mitunter zu einer widersprüchlichen Diskussion zwischen der türkischen und deutschen Seite.

Der türkische Nationalismus am Pranger

Ein weiterer Streitpunkt war der »wachsende Nationalismus« in der Türkei. Die eindeutige Mehrheit der Türken, sowohl in der Türkei als auch in der Diaspora, fühlt sich ihrer Heimat besonders verbunden und empfindet patriotische Bekundungen nicht als aggressiven Nationalismus. »Vatan«, Heimat, Vaterland ist für Türken ohne Zweifel ein positiver Wert. Die nicht unbelastete Beziehung zu Deutschland als neue Heimat treibt viele

Türken dazu, in der Türkei immer noch ihr Vaterland zu sehen. Der von der deutschen Seite häufig beklagte türkische Nationalismus ist keine temporäre Erscheinung. Er ist auch keine Reaktion auf die Versuche der Armenier, ihr Leid von 1915 als »Völkermord« anerkennen zu lassen, oder auf die bewaffnete separatistische Bewegung der Kurdischen Arbeiterpartei (PKK), die sich gern als friedliche Organisation für die Erhaltung der Rechte der Kurden ansieht. Diese Fragen wurden auf dieser Tagung aber nicht diskutiert, obwohl sie in nächster Zukunft den Kern der türkisch-deutschen Auseinandersetzung bilden werden. Dass viele Deutsche die kurdischen Kämpfer der PKK nicht als bewaffnete Terroristen, sondern als Freiheitskämpfer betrachten, bildet eine der schärfsten Kontroversen zwischen beiden Ländern. Allzu oft wird von deutscher Seite ausgeblendet, dass diese kurdischen Kämpfer ihren eigenen Nationalismus mit Waffengewalt auch gegen Unschuldige, Frauen, Kinder und andere Zivilisten, durchzusetzen versuchen.

»Nationalismus« ist im deutschen Nachkriegsjargon nahezu ein Synonym für den Nationalsozialismus Adolf Hitlers geworden und hat deshalb einen schlechten Klang bekommen. Nachkriegsgenerationen, die ihre Eltern mit der Frage »Wie war es möglich?« gequält haben, verbannten die Vokabeln Nationalismus und Patriotismus aus ihrem Wortschatz. Vaterland, Heimat, Nation, Ehre, Fahne oder Vaterlandsliebe sind in Deutschland, in den tonangebenden Kreisen des Establishments, in der Politik, den Medien und im Lehrbereich, quasi tabu – ein Tabu, an dem erst seit Ende der 1980er zaghaft gerüttelt wird. Wer das Tabu infrage stellt, sind eher rechts von der Mitte stehende konservative Kreise. Gerade die aber können sich mit der Gegenwart der Türken in ihrem Land nicht so sehr anfreunden wie die anderen, die Nationalismus fast mit Faschismus gleichsetzen und für eine multikulturelle Gesellschaft eintreten – dabei jedoch auf Türken stoßen, die stolz sind, Türken zu sein. Das gehört zu den vielen Widersprüchen der türkisch-deutschen Beziehungen, wie sie auch auf diesem Symposium in Erscheinung traten.

Ein Fazit

Europas Werte – türkische Werte: Das Fazit des Symposiums war, dass die Französische Revolution Freiheit, Brüderlichkeit und Gleichheit zu universalen Werten erklärt und der ganzen Menschheit den Weg bereitet hat. Gewiss teilte nicht jeder Teilnehmer dieses Resümee. Die Teilnehmer des Symposiums sprachen ernsthaft und nachdenklich miteinander. Zwei Tage lang saßen Akademiker, die ihr ganzes Leben diesen Themen gewidmet haben, Psychologen und Politiker mit tiefer Praxiserfahrung zusammen. »Der Orient und der Okzident diskutieren, was sie eint und verbindet«, hätte die Unterzeile eines Feuilleton-Berichtes lauten können. Und die Schlagzeile? »Mehr Zoff als Einigkeit«? Nein. Denn vieles, was für Ärger hätte sorgen können, blieb unausgesprochen. Die Schlagzeile könnte lauten: »Die Schwierigkeiten eines Dialogs auf gleicher Augenhöhe.«

Kleine Aussprachehilfe

Die türkische Sprache hat zusätzliche Buchstaben, die von dem deutschen Alphabet abweichen. Hier einige Hinweise zur Aussprache:

c: »dsch«; Hoca wird Hodscha ausgesprochen

ç: »tsch«; Çelebi wird Tschelebi ausgesprochen

ğ: der Buchstabe vor dem »ğ« wird gedehnt, ähnlich dem Dehnungs-»h«, das »ğ« selbst wird nicht gesprochen; Karaoğlan wird Karao(h)lan ausgesprochen

h: »ch«, das türkische »h« wird immer betont; Ahmet wird Achmet ausgeprochen

ı: ähnelt einem deutschen »e«; Abalı wird Abale ausgesprochen

j: »sch«, ähnelt einem deutschen »j« wie in Jalousie; Viraj wird virasch ausgesprochen

s: »ß«; Eski wird Esski ausgesprochen

z: »s«; Zafer wird Safer ausgesprochen

Bildnachweis

Alle Fotos: Metin Yılmaz, Berlin
 http://www.yilmaz-foto.de

Seite 25:
Haupteingang der St.-Thomas-Kirche in Kreuzberg, Mariannenplatz. Die 3000 Besucher fassende Kirche ist die zweitgrößte Kirche Berlins und gilt als bedeutendster Kirchenbau der Schinkel-Schule. Aufgenommen: 1984 in Berlin.

Seite 26:
Im Standesamt Wedding erhalten neu eingebürgerte Deutsche ihre Einbürgerungsurkunden. Semra Karataş aus der Türkei mit ihrer Urkunde. Aufgenommen: 1995 in Berlin.

Seite 69:
Hochzeitspaar auf dem Hügel Çamlıca in Istanbul. Im Hintergrund die erste Bosporus-Brücke. Aufgenommen: 1997 in Istanbul.

Seite 70:
Eine junge Frau hält während einer Demonstration gegen Korruption im Staatsapparat ein Porträt des Staatsgründers Atatürk hoch. Aufgenommen: 1997 in Istanbul.

Seite 147:
Mädchen in Schuluniformen warten auf ihren Auftritt bei der jährlichen Parade zum 19. Mai, ein der Jugend und dem Sport gewidmeter Feiertag. Aufgenommen: 2002 in Istanbul.

Seite 148:

Seniorenfest im Garten des AWO-Begegnungszentrums Kreuzberg. Tarantella-Aufführung der italienischen Tanzgruppe »Tarantascalza«. Aufgenommen: 2004 in Berlin.

Seite 242/243:

Am 01.07.1989 trat die »Festschreibung der Berliner Verkehrsauffassung für das Fleischerzeugnis Dönerkebap« in Kraft. Diese – selbsterklärende – Verordnung wird auch als »Döner-Leitsatz« bezeichnet und ist rechtlich bindend. Kurz vor dieser »Festschreibung« trafen sich Beamte aus verschiedenen Ämtern bei einer Vorführung in einer Döner-Fabrik in Berlin, wo sie sich die Herstellung genauer ansahen. Aufgenommen: 1989 in Berlin.

Seite 244:

Die Installation »Am Haus« (1994, im Rahmen einer DAAD-Ausstellung) von Ayşe Erkmen. Hausfassade am Heinrichplatz/Oranienstraße in Berlin-Kreuzberg. »Die Suffixe sind Beugeformen der Vergangenheit und verweisen auf eine Erzähltradition, für die es in den abendländischen Sprachen kein Äquivalent gibt.« (Ayşe Erkmen in einem taz-Interview vom 28.01.2002) Aufgenommen: 1998 in Berlin.

gekommen und geblieben

Elf Geschichten türkischer Einwanderer der ersten Generation

Warum hat Nermin Özdil 1973 als junge Frau die Türkei verlassen? Warum ist sie in Deutschland geblieben? 30 Jahre lebt sie nun schon in Norddeutschland. Hamburg ist ihr Zuhause, die Türkei das Land der Urlaube und Erinnerungen.

So wie Nermin Özdil geht es vielen türkischen Migranten der ersten Generation. In elf Lebensgeschichten erinnern sich mit ihr Arbeiterinnen und Arbeiter, Studenten, Kaufleute, Handwerker und politische Flüchtlinge an ihre Wurzeln in der Türkei, an harte Jahre in der Fremde, schleichende Gewöhnungsprozesse, aber auch an die Erfüllung mancher Lebensträume in der neuen Heimat.

Ebenso einfühlsam wie informativ zeichnet der Journalist und Filmemacher Michael Richter diese Lebensgeschichten auf und rückt damit ein Stück bundesdeutscher Geschichte in den Vordergrund.

»Das Buch zeugt von der ungeheuren Kraft, die im Erzählen von Lebensgeschichten liegt.« DIE WELT

Michael Richter
gekommen und geblieben
Deutsch-türkische Lebensgeschichten

mit einer Einführung von Dilek Zaptçıoğlu
280 Seiten mit 56 s/w-Abbildungen
Softcover | 13 x 20 cm
ISBN 3-89684-048-7
Euro 14,– (D)

Eisbein in Alanya

Ömer Erzeren blickt auf den Alltag
der deutschen und türkischen
Gesellschaft – unverfälscht und
abseits von Vorurteilen

Fremde Herkunft, anderer Glaube, zu dick,
zu alt, behindert, schwul oder lesbisch. Es
gibt viele Gründe, warum Menschen nicht
so akzeptiert werden, wie sie sind. Anderssein kann als Gefahr, aber auch als Chance
wahrgenommen werden. Allerdings wird es
in den deutlich vielfältiger werdenden Gesellschaften schwierig zu definieren, was das Normale, das Durchschnittliche ist.

Anderssein als Chance zu begreifen, ist sowohl in der deutschen als auch
in der türkischen Gesellschaft in der Theorie einfacher als in der Praxis.
Schnörkellos, zuweilen verstörend berichtet der Journalist Ömer Erzeren
über die Erfahrungen Betroffener und macht so deutlich, dass es »die
Norm« nicht gibt. In Deutschland und der Türkei zu Hause, beleuchtet er
den Umgang mit Menschen, die anders sind, in beiden Gesellschaften, und
entdeckt die großen Widersprüche im Kleinen.

*»Eisbein in Alanya ist eine deftige Haxe für Gemütseuropäerinnen
und Überzeugungschristen, aber auch für solche, die es nicht werden wollen.«* Die Wochenzeitung, Zürich

Ömer Erzeren
Eisbein in Alanya
Erfahrungen in der Vielfalt deutsch-türkischen Lebens
mit einem Essay von Thomas Schmid
230 Seiten mit 18 s/w-Abbildungen
Softcover | 13 x 20 cm
ISBN 3-89684-058-4
Euro 14,– (D)

Körber-STIFTUNG
Forum für Impulse

edition Körber-STIFTU

BergegnungsCentr
HAUS
im Parl

USABLE°
TRANSATLANTISCHER
IDEENWETTBEWERB

Demokratie lebt von gesellschaftlichem Dialog und gemeinsamer Suche nach Lösungen. Die Körber-
Stiftung als Forum für Impulse will mit ihren
Projekten Bürgerinnen und Bürger aktiv an gesellschaftlichen Diskursen beteiligen.
Die private und gemeinnützige Stiftung bietet ein Forum zur Mitwirkung in Politik, Bildung, Wissenschaft
und internationaler Verständigung. Wer sich als Bürger
in Wettbewerben und Gesprächskreisen der Stiftung
engagiert, gewinnt auf vielfältige Weise: Er kann Wissen weitergeben, Probleme identifizieren und Aktivitäten anregen.
Die Körber-Stiftung leistet mit diesen Impul-
sen einen Beitrag zur Alltagskultur
der Demokratie.

**Boy
Gobert
Preis**

Deutsch-
Türkischer
Dialog

KÖRBER

Eustory
History Network for Young Europeans

theater
haus im park

Geschichtswettbewerb
des Bundespräsidenten
Jugendliche forschen vor Ort

Deutscher Studienpreis
Der Wettbewerb für junge Forschung

KÖRBER-PREIS
FÜR DIE EUROPÄISCHE
WISSENSCHAFT